भारतीय राष्ट्रीय आन्दोलन और राष्ट्रवाद

भारतीय राष्ट्रीय आन्दोलन और राष्ट्रवाद

इरफ़ान हबीब

सम्पादन एवं अनुवाद

रमेश रावत

वाणी प्रकाशन

वाणी प्रकाशन
4695, 21-ए, दरियागंज, नयी दिल्ली 110 002
फ़ोन : +91 11 23273167 फ़ैक्स : +91 11 23275710
शाखाएँ
अशोक राजपथ, पटना 800 004, बिहार
कॉफ़ी हाउस कैम्पस, महात्मा गांधी मार्ग, इलाहाबाद 211 001, उत्तर प्रदेश
महात्मा गांधी अन्तरराष्ट्रीय हिन्दी विश्वविद्यालय, वर्धा 442 001, महाराष्ट्र
सुल्तानिया रोड, मोतिया पार्क, भोपाल 462 001, मध्य प्रदेश
www.vaniprakashan.com
marketing@vaniprakashan.in
sales@vaniprakashan.in

BHARTIYA RASHTRIYA AANDOLAN AUR RASHTRAVAD
by Irfan Habib
Edited & Translated by Ramesh Rawat

ISBN : 978-93-89915-51-8
History

पेपरबैक प्रथम संस्करण : नवम्बर 2020
पेपरबैक द्वितीय संस्करण : जनवरी 2021

मूल्य : ₹ 299

एशियन ऑफ़सेट प्रेस, दिल्ली-110 093 में मुद्रित
वाणी प्रकाशन का लोगो मक़बूल फ़िदा हुसेन की कूची से

सम्पादकीय

पिछले कुछ दिनों से देश का राजनीतिक वातावरण इतना विक्षुब्ध है कि लोगों की नींद ग़ायब हो गयी है—युवा-वर्ग विशेष रूप से विचलित है। बेरोज़गारी ने जो भयावह रूप धारण किया है, उसके कारण उसे अपना भविष्य अन्धकारमय दिखाई पड़ता है। वह पूरी तरह दिशाहीन और हताश नज़र आता है। इसके बावजूद उसे जिस फ़र्ज़ी और निरर्थक वाद-विवाद के झमेले की ओर धकेला जा रहा है, वह और ज़्यादा चिन्ताजनक है।

इसी बीच राष्ट्र, राष्ट्रवाद, देशभक्ति, राजद्रोह, राष्ट्रद्रोह जैसी अवधारणाओं पर पत्र-पत्रिकाओं और मीडिया में जिस तरह चर्चा हुई है, उसमें अकादमिक और वैचारिक गम्भीरता कम, राजनीतिक खेमेबाज़ी ज़्यादा दिखाई पड़ी। प्रस्तुत लेखों के आयोजन का यही मौजूदा सन्दर्भ है।

ऐसा नहीं है कि इन अवधारणाओं पर पहली बार विचार हो रहा है। राष्ट्रीय आन्दोलन की शुरुआत से ही इन अवधारणाओं पर इतिहासकारों, लेखकों और पत्रकारों ने विचार किया है। यह जानना बड़ा रोचक होगा कि हिन्दी के लेखकों और विचारकों ने भी इन अवधारणाओं पर बड़ी गम्भीरता और संवेदनशीलता के साथ लिखा है। हिन्दी के युग-निर्माता लेखक और पत्रकार आचार्य महावीर प्रसाद द्विवेदी ने लिखा था—

> "आजकल देशभक्ति, देशहित और देशप्रेम आदि शब्द बहुत अधिक सुनाई पड़ते हैं। स्वदेश, स्वदेशी, स्वदेश प्रेम और स्वदेश हितैषणा के गीत गाये जाते हैं। पुस्तकें लिखी जाती हैं, अख़बारों में कविताएँ प्रकाशित होती हैं। परन्तु इस बात का विचार बहुत कम लोग करते होंगे कि हमारी भक्ति और हमारे प्रेम के आसपास देश का क्या अर्थ है। देश किसे कहते हैं? किसकी भक्ति करने, किसका हित साधन करने से मनुष्य देशभक्त कहा जा सकता है? नगर, क़स्बे, गाँव, पेड़, पहाड़, जंगल, नदी या तालाब, मकान, मन्दिर-मस्जिद आदि का समूह

ही देश नहीं। ये सब देश के अन्तर्गत हैं अवश्य, पर देश के साथ जिस भक्ति का ग्रन्थि-बन्धन हुआ है, उस भक्ति का सम्बन्ध एकमात्र इन्हीं से नहीं। इस भक्ति और इस हित का सम्बन्ध देश में रहने वालों से है, पेड़, पहाड़, नगर और क़स्बे आदि से नहीं। अच्छा तो देश में रहते कौन हैं? देश में रहते हैं कोई 70 फ़ीसदी कृषक-किसान, खेतिहर, 11 फ़ीसदी उद्योग-धन्धा करने वाले, 6 फ़ीसदी खनिज का व्यापार और महाजनी करने वाले। बाक़ी 13 फ़ीसदी में आपके वकील, डॉक्टर, बैरिस्टर, मास्टर, डिप्टी कलेक्टर आदि हैं। पर इस आदि में भिखमंगों, वेश्याओं, खानगी नौकरों, पुलिस और पलटन के जवानों और अनिश्चित पैसे वालों ही की संख्या अधिक है। गिनती में वह 12 फ़ीसदी से भी अधिक हैं। अतएव सुशिक्षित कहानी वाले भारतवासियों का औसत से कड़े पीछे एक भी नहीं पड़ता। तुम्हारी रिपोर्ट यही कहती है। इस दशा में, यदि देशभक्ति का अर्थ देश में रहने वालों पर भक्ति करने से है, तो देशवासियों में अधिक संख्या किसानों की है। परन्तु देश की उन्नति के लिए अब तक जो प्रयत्न किया गया है और इस समय भी जो प्रयत्न किया जा रहा है, उसके कितने अंश का सम्बन्ध किसानों से है। हर साल जो यह काँग्रेस होती है, उसने आज तक किसानों पर अपनी कितनी भक्ति प्रकट की है? उसके पास किये हुए प्रस्तावों में कितने प्रस्ताव ऐसे हैं जिनसे किसानों को लाभ पहुँचने की सम्भावना हो? अथवा प्रान्तिक सभाओं ही ने इन विचारों के लिए क्या किया है? काँग्रेस के जो प्रतिनिधि इस समय विलायत की हवा खा रहे हैं, वे इन लोगों की कौन-कौन सी शिकायत सुनाने के इरादे से वहाँ गये हैं? यदि ये 70 फ़ीसदी कृषक दुर्भिक्ष और अत्याचार से पीड़ित होकर नष्ट हो जायें तो फिर देश की क्या दशा हो *(महावीर प्रसाद द्विवेदी रचनावली, भाग-15, पृ. 508)* तो भी क्या यह देश देश रह जायेगा यदि कृषकों से लगान मिलना बन्द हो जाय तो बड़े-बड़े राजा-महाराजाओं और तालुकेदारों की दुर्गति का ठिकाना न रहे, सरकार के शासन चक्र का चलना बन्द हो जाये, वकीलों और बैरिस्टरों के गाड़ी-घोड़े बिक जायें और व्यापारियों तथा महाजनों को शीघ्र ही टाट उलटना पड़ें। जिस अन्न के बिना कंगाल से चक्रवर्ती राजा तक का काम नहीं चल सकता, उसके उत्पादक किसानों की संख्या जिस देश में कुल आबादी की 3/4 हो, उनकी उन्नति की कुछ भी चेष्टा न करके देशभक्ति और देशप्रेम का नाम लेना इन शब्दों की विडम्बना करना है।" *(वही, पृ. 509)*

इसी सन्दर्भ में वे आगे कहते हैं–

"इन 70 फ़ीसदी किसानों की दुर्गति का ज्ञान शहरों में मेज़-कुर्सी लगाकर बैठने और मोटरकार तथा फिटनों पर घूमने वालों को नहीं हो सकता। इन लोगों का हाहाकार इनके गन्दे गाँवों में घूमने, इनके साथ रहने और इनसे बातचीत करने से

हो सकता है। प्रजा के प्रतिनिधि बनने का दम भरने वाले कितने माननीय महाशय वर्तमान काउंसिलों में ऐसे हैं जिन्हें इन बेचारों की दुर्गति का ज्ञान हो? हर साल हज़ारों रुपया नज़राने के नाम से ऐंठा जाता है।" ज़मींदारों और ताल्लुकेदारों की हृदयहीनता के बारे में वे लिखते हैं, "काश्तकार निरन्न होकर मर जायें, कुछ परवा नहीं। उनके हल बैल बिक जायें, कुछ परवा नहीं। देश छोड़कर भी जी जमाइका और ट्रिनिडाड चले जायें, कुछ परवा नहीं। उन्हें रुपये से काम। प्रजा की प्रतिनिधि बतावें, इसके लिए उन्होंने क्या किया?" *(वही, पृ. 509)*

भाषा के सवाल को भी इसी ठोस सामाजिक-राजनीतिक सन्दर्भ से जोड़ते हैं। वे लिखते हैं—

"अंग्रेज़ी भाषा के ज्ञान का तो यह हाल है कि सौ में से मुश्किल से एक आदमी अंग्रेज़ी लिख-पढ़ और समझ सकता है। हमारे प्रान्त की दशा तो और भी गयी-गुज़री है। यहाँ तो सौ में 1/2 आदमी भी अंग्रेज़ी नहीं जानता। फिर भी अंग्रेज़ी का यहाँ इतना पक्षपात! वक्तृताएँ हों भी तो अंग्रेज़ी में, लेख लिखे जायेंगे तो अंग्रेज़ी में। 99.5 के सुभीते की रत्ती भर भी परवा नहीं; 1/2 के सुभीते का ख़याल रखना ही देशभक्ति और देश हित-चिन्ता की पराकाष्ठा है। अंग्रेज़ी से अनभिज्ञ 99.5 आदमियों की बदौलत माननीयता का तमगा लटकाकर भी वे 1/2 ही आदमी की समझ में आने वाली अंग्रेज़ी भाषा लिख और बोलकर अपने कर्तव्य से छुट्टी पा जाते हैं। ऐसे लोग कदापि प्रजा के प्रतिनिधि नहीं माने जा सकते।" *(वही, पृ. 510-11)*

इसी भाव या विचार को आचार्य रामचन्द्र शुक्ल इस प्रकार विकसित और परिभाषित करते हैं। अपने निबन्ध 'लोभ और प्रीति' में देशभक्ति और देशप्रेम के विषय में वे अपनी विशिष्ट शैली में लिखते हैं—

"यदि किसी को अपने देश से प्रेम है तो उसे अपने देश के मनुष्य, पशु, पक्षी, लता, गुल्म, पेड़, पत्ते, वन, पर्वत, नदी, निर्झर, सबसे प्रेम होगा। सबको वह चाह भरी दृष्टि से देखेगा, सबको याद करके वह विदेश में आँसू बहायेगा। जो यह भी नहीं जानता कि कोयल किस चिड़िया का नाम है, जो यह भी नहीं सुनते कि चातक कहाँ चिल्लाता है, जो आँख भर कर यह भी नहीं देखते कि आम प्रणय सौरभ पूर्ण मंजरियों से कैसे लदे हुए हैं, जो यह भी नहीं झाँकते कि किसानों के झोंपड़ों के भीतर क्या हो रहा है, वे यदि 10 बने-ठने मित्रों के बीच प्रत्येक भारतवासी की औसत आमदनी का पता बताकर देशप्रेम का दावा करें तो उनसे पूछना चाहिए कि भाइयो! बिना परिचय का यह प्रेम कैसा? जिनके सुख-दुख के तुम कभी साथी न हुए, उन्हें तुम सुखी देखना चाहते हो, यह समझते नहीं बनता। उनसे कोसों दूर बैठे, पड़े-पड़े या खड़े-खड़े, विलायती बोली में तुम अर्थशास्त्र की दुहाई दिया करो, पर प्रेम का नाम उनके साथ न घसीटो। प्रेम हिसाब-किताब की बात नहीं है, हिसाब-किताब करने वाले भाड़े पर भी मिल सकते हैं, पर प्रेम करने वाले नहीं। हिसाब-किताब से देश की दशा का ज्ञान मात्र हो सकता है। हित-चिन्तन और हित-साधन की प्रवृत्ति

इस ज्ञान से भिन्न है। वह मन के वेग पर निर्भर है, उसका सम्बन्ध लोभ या प्रेम से है जिसके बिना आवश्यक त्याग का उत्साह हो ही नहीं सकता। जिसे ब्रज की भूमि से प्रेम होगा, वह इस प्रकार कहेगा—

'नैंनन सो रसखान जबै ब्रज की बन बाग तड़ाग निहारौं
केतिक ही कलधौत के धाम करील की कुंजन ऊपर बारौं'

रसखान तो किसी की लकुटी अरु कमरिया पर तीनों पुरों का राज सिंहासन तक त्यागने को तैयार थे, पर देशप्रेम की दुहाई देने वालों में से कितने अपने किसी थके-माँदे भाई के फटे-पुराने कपड़ों और धूल भरे पैरों पर रीझकर या कम-से-कम खीझकर, बिना मन मैला किये कमरे की फ़र्श भी मैली होने देंगे। मोटे आदमियो तुम ज़रा-सा दुर्बल हो जाते, अपने अन्देशे से ही सही, तो ना जाने कितनी ठठरियों पर मास चढ़ जाता।" *(देखें, ओमप्रकाश सिंह (सम्पा.), आचार्य रामचन्द्र शुक्ल ग्रन्थावली, भाग-3, नयी दिल्ली 2007, पृ. 389)*

प्रेमचन्द ने राष्ट्रवाद को, जिसके लिए वे राष्ट्रीयता शब्द का प्रयोग करते हैं, एक भिन्न और ऐतिहासिक परिप्रेक्ष्य में परिभाषित किया है। अपने प्रसिद्ध निबन्ध 'पुराना ज़माना, नया ज़माना' में उन्होंने लिखा है—

"वर्तमान सभ्यता का सबसे अच्छा पहलू राष्ट्रीयता की भावना का जन्म लेना है। उसे इस पर गर्व है और उचित गर्व है। लेकिन पुराने ज़माने में भी राष्ट्रीयता की भावना बिल्कुल लुप्त न थी। यूनान और ईरान की लड़ाइयाँ, स्पेन और अरब की लड़ाइयाँ, हिन्द और अफ़ग़ानिस्तान के झगड़े किसी-न-किसी हद तक राष्ट्रीयता के उदय और राष्ट्र के गौरव पर आधारित थे, लेकिन आधुनिक सभ्यता ने इस भावना को एक संगठित, अनुशासित, एकताबद्ध और व्यवस्थित रूप दे दिया है। पुराने ज़माने में इसका बोध विशेष अवसरों पर होता था। किसी अपमान का बदला, किसी ताने की चुभन या केवल वीरता का प्रदर्शन और विजयी बनने का उत्साह कुछ व्यक्तियों को एकता की डोर में बाँध देता था, लेकिन उबाल के उतरते ही, तूफ़ान का ज़ोर ख़त्म होते ही अलग-अलग तत्त्व अपनी स्वाभाविक स्थिति पर आ जाते थे और कुछ दिनों बाद इन लड़ाइयों की याद भी ख़त्म हो जाती थी और ज़िन्दा रहती थी तो कवीश्वरों के कवित्तों में। बहुत बार धर्म के प्रचार के लिए ज़बान से ख़ंजर की मदद ली जाती थी। पुरानी रवायतें आज तक नार-ए-तकबीर व तक-फिर-तकफीर से गूँज रही हैं, मगर वे अस्थायी क्षणिक उद्‌गार होते थे। उन्होंने सल्तनतें तबाह कर दीं; राष्ट्रों को गारत कर दिया, प्रलय के दृश्य खड़े कर दिये, संस्कृति के चिह्न मिटा दिये, मगर इससे इनकार नहीं किया जा सकता कि वे वैयक्तिक और अस्थायी चीज़ें थीं। इसके विपरीत आधुनिक राष्ट्र एक स्थायी, टिकाऊ, सामूहिक और अनिवार्य भावना है। उसकी बुनियाद व्यक्तिगत सत्ता पर है, न कि धार्मिक प्रचार पर, बल्कि निश्चित समुदायों की भलाई और सेवा, शान्ति और दृढ़ता पर। वह पारिवारिक-सांस्कृतिक सम्बन्धों से पृथक् है। वह बाह्यतः भौगोलिक

सीमा पर आधारित है और आन्तरिक रूप से उद्देश्यों की एकता पर।" *(प्रेमचन्द रचनावली, भाग-7, पृ. 190-191)*

"देखिए आज राष्ट्रीय मेलजोल ने मानव सम्बन्धों को कितना दृढ़ बना दिया है। एक अंग्रेज़ व्यापारी के साथ चीन में कोई बेइन्साफ़ी होती है और सारे इंग्लिस्तान में शोर मच जाता है। ख़ून की क़ीमत और क़ानूनी जंग की दुहाई मचने लगती है। एक फ्रांसीसी अख़बार का प्रवेश किसी राज्य में बन्द कर दिया जाता है और फ्रांसीसी दुनिया में उथल-पुथल मच जाती है। निस्सन्देह यह नये युग का एक अच्छा पहलू है। इसके ज़ोर पर हम दुनिया के हर कोने में चैन से रह सकते हैं। हर प्रदेश में व्यापार कर सकते हैं। मगर सच्चाई यह है कि यह एकता और सहमति इन्सानियत की बनिस्बत राष्ट्रीय प्रभुत्व पर अधिक निर्भर है, वरना क्या वजह है कि किसी दूरदराज मुल्क में एक आदमी की तकलीफ़ या बेइज़्ज़ती क़ौम के दिल को हिला देती है, मगर अपने दोस्तों की भूख और ग़रीबी पर ज़रा भी दिल नहीं पसीजता। क्या वजह है कि यूरोपियन पूँजीपति धन और ऐश्वर्य की शानदार नैया पर बैठा हुआ, उन अनाथों की परवाह नहीं करता जो ग़रीबी और बदहाली के भँवर में पड़े हुए हैं। यही कि स्वार्थपरता, इन्द्रियपरायणता राष्ट्र की आत्मा है।" *(वही, पृ. 194)*

राष्ट्रीयता की इसी स्वार्थपरता और इन्द्रियपरायणता की विस्तृत व्याख्या करते हुए वे कहते हैं–

"वह शहद और दूध की नदी अपने क़ब्ज़े में रखना चाहती है और किसी दूसरे को उसका एक घूँट भी देना नहीं चाहती। वह ख़ुद आराम से अपना पेट भरेगी, चाहे दुनिया भूखों मरे। ख़ुद हँसेगी, चाहे दुनिया ख़ून के आँसू रोये। अगर उसे लाल कपड़े पहनने की धुन हो जाये और लाल रंग ख़ून से निकलता हो तो उसे दूसरों का ख़ून करने में भी झिझक न होगी, अगर इन्सान के लिए दिल का टुकड़ा उसके शरीर को ताक़त पहुँचाने वाला हो तो निश्चय ही हज़ारों आदमी उसके ख़ंजर के नीचे तड़पते नज़र आयेंगे। उसे अपना अस्तित्व संसार में आवश्यक मालूम होता है, बाक़ी दुनिया मिट जाये, उसे इसकी परवाह नहीं। स्वार्थपरता उसका धर्म, उसकी पुस्तक, उसका रास्ता, सब कुछ है। सारी मानवीय भावनाएँ, सारे नैतिक प्रश्न इस हवस के पुतले के आगे सिर झुका लेते हैं। यह कल और मशीन का युग है और राष्ट्र इस मशीन की सबसे स्पष्ट अभिव्यक्ति है। यह देव जैसी मशीन दिन-रात पागलों जैसी तेज़ी, मगर सिपाहियों जैसी पाबन्दी के साथ चलती रहती है। कोई इसके घेरे में आ जाय, यह उसे देखते-ही-देखते निगल जायेगी, उसे पीस डालेगी, वह एक भीमकाय रोलर है जिसमें व्यापार और प्रभुत्व की दो लाल-लाल आँखें घूर-घूर कर बेख़बर लोगों को चेतावनी देती हैं कि ख़बरदार सामने न आना, वर्ना पलक झपकते भर में मारे जाओगे। इस आधुनिक राष्ट्र ने संसार में रक्ताक्त जीवन संघर्ष छेड़ दिया है। जिन मानव समुदायों ने अभी तक राष्ट्र का रूप नहीं ग्रहण किया,

वे उसके अत्याचारों का क्षेत्र है। वह अफ़्रीका में जाती है, वह वहाँ के जंगलों और घाटियों को काले रंग के क़ाफ़िरों से पाक कर देती है। वह एशिया में आती है और सभ्यता व शिक्षा का नारा बुलन्द करती है। उसके नेक इरादों में शक नहीं। वह किसी को गुलामी का तौक़ नहीं पहनाती, मर्दों और औरतों को गुलाम नहीं बनाती। शहरों को जलाकर ख़ाक नहीं करती, मगर एक विचित्र-सा संयोग है कि जो अराष्ट्र-प्रदेश इस राष्ट्र के हाथों बन्दी हुआ, उसका जीवन निराशा और अपमान की भेंट चढ़ जाता है।" *(वही, पृ. 191-192)*

नेहरू ने भी 'डिस्कवरी ऑफ़ इंडिया' में अपनी राष्ट्र-भावना को इन्हीं लाखों-करोड़ों ग़रीबों के सन्दर्भ में पहचाना था। साथ ही नेहरू की इस भावना के पीछे भारत के समृद्ध अतीत और उसकी अनुभूति की प्रेरणा भी थी। *(देखें, नयी दिल्ली, 1981, पृ. 40)*

इरफ़ान हबीब देश के जाने-माने इतिहासकार हैं—यह कहकर मैं पाठकों के ज्ञान में कोई वृद्धि नहीं करूँगा, लेकिन इतना ज़रूर कहूँगा कि इरफ़ान हबीब के इतिहासकार का फलक इतना व्यापक है कि उस पर पुरातत्त्व से लेकर आधुनिक भारत का इतिहास पढ़ा जा सकता है। साथ ही, वे समय-समय पर उभरने वाले ज्वलन्त मुद्दों पर अपनी बेबाक राय रखने वाले जन पक्षधर बुद्धिजीवी (पब्लिक इंटेलेक्चुअल) भी हैं, जहाँ वे इतिहास के ज्ञान अनुशासन की सरहदों को भी तोड़ते हैं और इतिहास की व्याख्या मौजूदा समस्याओं के सन्दर्भ में करते हैं। राष्ट्रीय आन्दोलन के अध्ययन में उनकी विशेष रुचि रही है। इस पुस्तक में राष्ट्र और राष्ट्रीय आन्दोलन से सम्बन्धित निबन्धों को संकलित किया गया है, जिनमें उनकी गहरी ऐतिहासिक और राजनीतिक दृष्टि की झलक मिलती है। अपने अनेक समकालीन बुद्धिजीवियों के साथ उन्होंने भारतीय राष्ट्र के निर्माण की प्रक्रिया, उसकी प्रकृति और भविष्य को लेकर अपनी चिन्ता व्यक्त की है। प्रगतिशील राष्ट्रवाद अथवा समावेशी राष्ट्रवाद उन्हें विरासत में मिला है। उनके घर में गाँधीजी का नाम बड़े आदर के साथ लिया जाता था। बिना 'जी' के कोई उनके नाम का उच्चारण नहीं करता था, पिता मो. हबीब मध्यकालीन इतिहास के जाने-माने विद्वान थे, अलीगढ़ मुस्लिम विश्वविद्यालय का इतिहास-विभाग प्रकारान्तर से उन्हीं की रचना है। 1967 में उन्होंने देश के उपराष्ट्रपति पद का चुनाव भी लड़ा। ऐसे बौद्धिक-राजनीतिक परिवेश में इरफ़ान हबीब की परवरिश हुई। बाद में उनका परिचय मार्क्सवाद से हुआ और छात्र आन्दोलन से होते हुए वे कम्युनिस्ट पार्टी से जुड़े। प्रस्तुत पुस्तक में राष्ट्रीय आन्दोलन और राष्ट्रवाद से सम्बन्धित उनके ग्यारह निबन्ध संकलित हैं जिनमें राष्ट्र और

राष्ट्रीय आन्दोलन के इतिहास और राजनीति के विभिन्न पहलुओं की चर्चा की गयी है। गाँधीजी पर उनके विचार विशेष रूप से ध्यानाकृष्ट करते हैं। पाठकों को यदि इन निबन्धों से किसी भी स्तर पर कोई लाभ होगा तो मैं अपना श्रम सार्थक समझूँगा।

रमेश रावत

प्रोफ़ेसर एवं अध्यक्ष

हिन्दी विभाग,

अलीगढ़ मुस्लिम विश्वविद्यालय, अलीगढ़

अनुक्रम

महात्मा गाँधी और राष्ट्रीयता का प्रश्न

'राष्ट्र' एक आधुनिक अवधारणा है। जॉन स्टुअर्ट मिल से लेकर स्टालिन तक कई लेखकों द्वारा इस शब्द की विभिन्न परिभाषाएँ दी गयी हैं। इन परिभाषाओं में एक समान तत्त्व है; राष्ट्र होने के लिए एक देश अथवा क्षेत्र के द्वारा एक पृथक् राजनीतिक इकाई के रूप में देखा जाना आवश्यक है जहाँ की जनता के पास या तो एक सम्प्रभु राज्य है अथवा उसे स्थापित करने की महत्त्वाकांक्षा है। अंग्रेज़ों में 'राष्ट्र' (नेशन) शब्द का अर्थ एक समय में व्यक्तियों का एक वर्ग अथवा समुदाय हुआ करता था।[1] जहाँ तक स्पष्ट है, राष्ट्र को उसका मौजूदा भाव तब प्राप्त हुआ जब फ्रांसीसी क्रान्ति (1789-94) ने यूरोप में राष्ट्रों की स्वतन्त्रता के लिए आह्वान किया। इस समय यूरोपीय महाद्वीप पर रूस तथा पवित्र रोमन साम्राज्य जैसे राजतन्त्रीय राज्यों और साम्राज्यों का प्रभुत्व था। उन्नीसवीं शताब्दी में यूरोप में आधुनिक श्रमिक वर्ग आन्दोलन की शुरुआत हुई। उस समय स्वाभाविक रूप से एक तीव्र इच्छा उत्पन्न हुई कि 'सभी देशों' के श्रमिकों को अपनी राष्ट्रीय सीमाओं के परे एकजुट होने की आवश्यकता है (यह *कम्युनिस्ट मैनिफ़ेस्टो*, 1848 का नारा था)। यह स्वाभाविक था कि श्रमिक वर्ग आन्दोलन में 'राष्ट्र' को एक विभाजक कारक मानते हुए उसके प्रति सन्देह की भावना उत्पन्न हुई। शास्त्रीय मार्क्सवादी प्रयोग में 'राष्ट्रवाद' को हमेशा एक आलोचनात्मक नज़र से देखा जाता था जो एक क्षेत्र अथवा देश के लोगों को अन्य क्षेत्र अथवा देश के लोगों के विरुद्ध करता था। लेनिन ने इस दिशा में एक महत्त्वपूर्ण योगदान दिया। लेनिन ने यह घोषित किया कि 'राष्ट्रीय आत्मनिर्णय' एक लोकप्रिय और न्यायसंगत हक़दारी थी जिसके माध्यम से श्रमिक वर्ग की एकजुटता की भावना को एक पृथक् राष्ट्रीय-राज्य के निर्माण की भावना के साथ जोड़ने की आवश्यकता थी।[2] फिर भी, जिस विवाद के सन्दर्भ में लेनिन का पर्चा आया था, हमें वह याद रखने की आवश्यकता है। यूरोप की परिस्थिति बहस के दोनों पक्षधरों के दिमाग़ में थी जहाँ राजनीतिक सीमाएँ भाषायी क्षेत्रों

अथवा राष्ट्रीयताओं के बीच से गुज़रती थी। जर्मनी और इटली का एकीकरण हाल की घटनाएँ थीं। ऑस्ट्रिया-हंगरी और रूस की सीमाओं में अभी तक विविध राष्ट्रीयताओं का वास था। इस परिस्थिति ने एक राष्ट्रीयता द्वारा दूसरी राष्ट्रीयताओं पर प्रभुत्व के हालात बना दिये थे। फिर भी, श्रमिक वर्ग के संघर्ष को किसी भी हालत में किसी एक राष्ट्र अथवा राष्ट्रीयता द्वारा किसी अन्य राष्ट्र अथवा राष्ट्रीयता के विरुद्ध संघर्ष से कम महत्त्व का नहीं माना गया। दूसरे शब्दों में, एक औपनिवेशिक परिस्थिति-जहाँ एक राष्ट्र दूसरे राष्ट्र अथवा राष्ट्रों के समूह पर अधिकार रखता है और उसका शोषण करता है, पर इस विवाद में कोई ध्यान नहीं दिया गया था।

यूरोप और उत्तर अमेरिका के बाहर के जीवन का एक महत्त्वपूर्ण तथ्य यह रहा था कि विश्व के बचे हुए हिस्सों पर औपनिवेशिक शक्तियों का प्रभुत्व था। इसी कारण यहाँ प्रमुख अन्तर्विरोध औपनिवेशिक शक्ति और उसके उपनिवेश (कॉलोनी) के मध्य ही रहा। और इसी कारण उपनिवेश-विरोधी संघर्ष की प्रमुख आवश्यकता यह रही की गुलाम बनाये गये अथवा आश्रित लोगों का छोटे तथा पृथक् क्षेत्रों में पुनः विभाजन न हो। अगर ऐसा होता तो औपनिवेशिक विजय की प्राप्ति और औपनिवेशिक पराधीनता को क़ायम रखना बहुत आसान होता। भारत ने इसका एक उदाहरण प्रस्तुत किया। भारत को 18वीं शताब्दी में कई राज्यों में विभाजित किया गया था और ब्रिटिश द्वारा इन राज्यों को एक-एक करते हुए अधीनता और विलोपन का सामना करना पड़ा था। अपनी औसत माँगों के बावजूद भी भारतीय मध्यम वर्ग ने यह मान लिया कि औपनिवेशिक स्वामियों के समक्ष उनकी शिकायतों को सुनने के लिए प्रान्तीय स्तर के संगठन काफ़ी नहीं थे। साथ ही उन्होंने यह माना कि एक अखिल भारतीय प्रयास की आवश्यकता है। इस कारण 1885 में बम्बई में भारतीय राष्ट्रीय काँग्रेस की स्थापना हुई। यहाँ 'राष्ट्रीय' शब्द का प्रयोग ख़ास ध्यान देने लायक़ है। 'राष्ट्रीय' शब्द के प्रयोग से इस बात पर बल दिया गया कि भारत एक 'राष्ट्र' है। इसी समय पश्चिम की औपनिवेशिक शक्तियों का विरोध करने के लिए जमालुद्दीन अफ़ग़ानी 'अखिल इस्लामवाद' (पैन इस्लामिज़्म) का नारा देते हुए पश्चिम एशिया के मुस्लिम देशों से एकजुट होने का अनुरोध कर रहे थे।[3] यह नारा अवास्तविक सिद्ध हुआ, लेकिन यह इस बात पर बल देने के कारण महत्त्वपूर्ण रहा कि छोटे राज्यों की मौजूदगी ने औपनिवेशिक शक्तियों द्वारा प्रभुत्व के आरोपण को बहुत सुगम बना दिया। चीन का मामला और अधिक प्रासंगिक रहा। यहाँ स्थानीय उपभाषाओं और बोलचाल की भाषाओं के बाहुल्य के बावजूद चीनी लोगों में एकता का एक

प्रबल बोध था। यह एक प्रमुख कारण रहा कि औपनिवेशिक शक्तियों को चीन पर 1840-60 के अफ़ीम युद्ध और 1911 के रिपब्लिकन क्रान्ति के बीच केवल सीमित प्रभुत्व ही प्राप्त हुआ था। इस क्रान्ति के बाद औपनिवेशिक शक्तियों ने प्रान्तीय 'युद्ध सामन्तों' को चीन की राजनीतिक एकता नष्ट करने और अपने प्रभाव क्षेत्र का पुनःस्थापन करने के लिए प्रोत्साहित करना आरम्भ किया।[4]

भारत के मामले में यह स्पष्ट था कि यदि भारतीय क्षेत्रीय और धार्मिक आधार पर आपस में विभाजित रहेंगे, तो ब्रिटिश शासकों को लाभ मिलेगा। इसलिए दिसम्बर 1887 में लखनऊ में सैयद अहमद ख़ान को एक असंयमी भाषण के दौरान बंगाली प्रभुत्व के हौवे को उठाने का प्रोत्साहन मिला। इस हौवे के विरोध में उत्तर भारतीय, हिन्दू और विशेष रूप से मुसलमान भद्र लोगों को एकजुट करने का प्रयास हुआ।[5] इसके बाद 1905 के बंगाल विभाजन और 1909 के मॉर्ले-मिंटो सुधार (जो पृथक् साम्प्रदायिक निर्वाचक मण्डल लाया था) को हिन्दुओं और मुसलमानों के बीच दरार पैदा करने के लिए बनाया गया। साथ ही क्षेत्रीय भिन्नताओं को उत्तेजित करने की नीति को भी जारी रखा गया।

इसी कालावधि में 1909 में राष्ट्र के रूप में भारत पर अपनी राय देते हुए मोहनदास करमचन्द गाँधी ने *हिन्द स्वराज* प्रकाशित किया। इंग्लैंड में अपने तीन वर्ष के अल्पवास (1888-91) के दौरान गाँधी का ध्यान अपने लोगों के संकटों के बजाय शाकाहारवाद और धर्म पर अधिक था। हालाँकि वे कहते हैं कि वे भारतीय राष्ट्रवाद के 'वयोवृद्ध पुरुष' दादाभाई नौरोजी के सभी सार्वजनिक भाषणों में उपस्थित रहे। गाँधी का राजनीतिक दृष्टिकोण वास्तव में उस समय विकसित हुआ जब वे 1893 में एक व्यावसायिक कम्पनी की ओर से वकील के रूप में दक्षिण अफ़्रीका पहुँचे। दक्षिण अफ़्रीका अपनी स्थानीय श्वेत आबादी द्वारा कठोर नस्लीय सिद्धान्त के आधार पर शासित होने वाला एक देश था। सभी भारतीयों के साथ एक पृथक् नस्ल के रूप में व्यवहार किया जाता था। चाहे वे गुज़रात से आये हों, तमिलनाडु से अथवा बिहार से, चाहे वे हिन्दू हों या मुसलमान, उन सबको अलग-अलग तरीक़े के भेदभाव का सामना करना पड़ता था। यह तर्क दिया जा सकता है कि उत्पीड़क द्वारा एक साथ एक समूह में होने के कारण विभिन्न भाषायी तथा क्षेत्रीय पृष्ठभूमि के भारतीयों में एकता की संवेदना उत्पन्न हो सकती है। यह स्पष्ट है कि आयरिश प्रतिमान पर आधारित 'निष्क्रिय प्रतिरोध' हेतु लोगों को एकजुट करने के गाँधी के प्रतापी प्रयास इस पूर्वधारणा पर आधारित थे कि सभी एक बन्धुत्व का हिस्सा थे। धार्मिक असमानता को विशेष रूप से दूर रखने की आवश्यकता थी। आरम्भिक पड़ावों

में गाँधी के अधिकांश समर्थक (और आन्दोलन के वित्त-पोषक) गुज़राती मुस्लिम सेठ रहे थे। यह अनुभव निश्चित ही उनके मन में रहा होगा जब वे दक्षिण अफ्रीकी संघर्ष के बीच में भारत पर अपना घोषणा-पत्र लिखने बैठे होंगे। यह घोषणा-पत्र, *हिन्द स्वराज*, 1909 में अटलांटिक के रास्ते उनके सफ़र के दौरान लिखा गया था।[6]

गाँधी ने *हिन्द स्वराज* में भारत के उर्दू नाम का प्रयोग किया था ('भारत' की जगह 'हिन्द')। इस मूल ग्रन्थ का नाम ही गाँधी की उस सावधानी को दर्शाता है जो उन्होंने यह सुनिश्चित करने के लिए बरता कि 'इंडिया' को किसी एक विशेष परम्परा मात्र के साथ जोड़कर न देखा जाये। इसके अतिरिक्त उन्होंने यह भी स्पष्ट किया कि भारतीय राष्ट्र किसी एक धर्म से जुड़ा हुआ नहीं है। उन्होंने लिखा–

> "हिन्दुस्तान में चाहे विभिन्न धर्म के लोग निवास करें, यह राष्ट्र उस कारण मिटने वाला नहीं है ...अगर हिन्दू यह मानकर चलें कि सारा हिन्दुस्तान केवल हिन्दुओं से ही भरा होना चाहिए, तो यह एक निरा सपना होगा। हिन्दू, मुसलमान, पारसी और ईसाई, सभी इस देश के वासी हैं और उन्हें एकजुट होकर रहना होगा...विश्व के किसी भी हिस्से में एक राष्ट्र को एक धर्म का पर्याय नहीं माना गया है और हिन्दुस्तान में भी ऐसा नहीं हुआ।"[7]

फिर भी, *हिन्द स्वराज* में राष्ट्र के प्रति अपने दृष्टिकोण के आधार पर गाँधीजी धर्मनिरपेक्ष नहीं थे। उनका मानना था कि एक ऐसा धर्म है जो 'सभी धर्मों का आधार' है। इसलिए उनका मानना था कि विद्यालयों में पारम्परिक शिक्षा 'मुल्लाओं, (पारसी) दस्तूरों और ब्राह्मणों' द्वारा इसी क्रम में दी जानी चाहिए। इसका यह भी अर्थ था कि समुदायों के बीच इस बात पर लड़ाई नहीं होनी चाहिए कि किसे क्या इनायत मिली है। इसी कारण उन्होंने ऐसे हिन्दुओं की निन्दा की जो 1909 के मॉर्ले-मिंटो सुधार में मुसलमानों को मिली रियायतों का विरोध कर रहे थे।[8] यह सब राष्ट्रवाद के उस स्वरूप के अनुकूल माना जा सकता है जिसकी वकालत गोखले के नेतृत्व में काँग्रेस के नरम-दल के पक्षधर करते रहे थे। गाँधी अक्सर गोखले को अपना गुरु भी कहते थे।

लेकिन *हिन्द स्वराज* में राष्ट्र की परिकल्पना में और कुछ भी ऐसा नहीं था जिसे गोखले अपना मानते। आरम्भिक भाग में गाँधी यह दिखाते हैं कि किस प्रकार ब्रिटिश शासन ने ख़िराज (ट्रिब्यूट) ऐंठने और मुक्त व्यापार आरोपित करने के माध्यम से भारत को आर्थिक रूप से नष्ट किया और दरिद्र बनाया। यह दिखाते हुए गाँधी दादाभाई नौरोजी और रोमेश दत्त की सेवाओं का आभार स्वीकार करते हैं, लेकिन एक बार जब गाँधी उस मुक़ाम पर पहुँच गये जहाँ

स्वराज की प्राप्ति दृष्टिगत होने लगी, भारत की ग़रीबी की चिन्ता ग़ायब-सी हो गयी। इसके विपरीत, ग़रीबी का अब महिमामण्डन होने लगा। रेल, उद्योग, महिला रोज़गार, आधुनिक शिक्षा और आधुनिक चिकित्सा जैसी हर उस चीज़ की आधुनिक सभ्यता की अस्वीकार्य बुराइयों के रूप में निन्दा होने लगी जिनका स्वराजोत्तर भारत में कोई स्थान नहीं हो सकता था। आधुनिक संस्थानों और मूल्यों की थोक में हो रही निन्दा के समर्थन में गाँधी के पास केवल टॉलस्टॉय द्वारा औद्योगीकृत समाज की नैतिक विफलता की आलोचना और रस्किन द्वारा इसकी सामाजिक असमानताओं की आलोचना का ही सहारा था। गाँधी ने इन आलोचनाओं में इस दावे को जोड़ दिया कि पारम्परिक भारत एक लगभग दोषहीन विकल्प प्रस्तावित करता है। 'निश्चित उपजीविका' के आधार पर स्थापित जाति व्यवस्था को प्रतिस्पर्धा के विकल्प के रूप में देखा गया। जिसे गाँधी जान-बूझकर आविष्कृत तकनीक के निम्न स्तर पर मानते थे, उसमें वे मशीनों के विकास की सम्भावना और फलस्वरूप आधुनिक उद्योग की बुराइयों का अन्त देखते थे।[9] 'मुल्लाओं, दस्तूरों और ब्राह्मणों' द्वारा प्रदान की जाने वाली धार्मिक शिक्षा 'आधुनिक शिक्षा' के किसी भी अतिक्रमण को नामुमकिन कर देगी।[10]

किसी भी राष्ट्र का सर्वाधिक महत्त्वपूर्ण संस्थान, अर्थात् भविष्य की राज्य शासन विधि, के बारे में गाँधी बहुत कम बोलते हैं। निश्चित ही यह एक प्रातिनिधिक लोकतन्त्र नहीं होने वाला था। इसका कारण यह है कि 'संसद वास्तव में दासता के प्रतीक होते हैं'।[11] गाँधी यह सुझाव देते प्रतीत होते हैं कि 'निष्क्रिय प्रतिरोध' कुशासन को ठीक करने का एकमात्र तरीक़ा था। यह निष्क्रिय प्रतिरोध उनके द्वारा होना चाहिए जो 'पूरी सादगी अथवा ब्रह्मचर्य का पालन करने, ग़रीबी को अपनाने', इत्यादि के लिए वचनबद्ध रहेंगे।[12] शायद ही यह स्थिर राज्य के लिए एक निर्धारित नुस्ख़ा था।

आधुनिक सभ्यता का औपनिवेशवाद के साथ पहचाना जाना गाँधी के भावी भारतीय राष्ट्र की अवधारणा के केन्द्र में रहा। इस समय भारत के राष्ट्रवादी नेताओं के मध्य यह बात विशेष थी कि गाँधी द्वारा अपने मूलपाठ में ब्रिटिश राज के प्रति निष्ठा अथवा जुड़ाव की अभिव्यक्ति का परिहार किया गया था, लेकिन यह गुण भारत के अतीत के प्रति उनकी परिकल्पना की अवास्तविकता और भारत के भविष्य के लिए उनकी योजनाओं की अव्यावहारिकता को कम नहीं करता।

गाँधी द्वारा एक स्वतन्त्र राष्ट्र के रूप में भारत की परिकल्पना और यूरोपीय मार्क्सवादियों द्वारा मन में समाजवादी भविष्य की महत्त्वाकांक्षा के बीच न के बराबर समानता थी। फिर भी यह कहा जा सकता है कि दोनों ने इस तथ्य को नज़रअन्दाज़ किया कि भारत जैसे देश में कृषक वर्ग को इस संघर्ष का आधार बनना था। साथ ही इस भूमिका को निभाने के लिए उस कृषक वर्ग के सामने स्वतन्त्र भारत की एक व्यवहार्य परिकल्पना की आवश्यकता थी जिससे उनकी भौतिक महत्त्वाकांक्षाओं की पूर्ति होती। वह वी.आई. लेनिन की निपुणता थी जिसने 1920 में मॉस्को में कम्युनिस्ट इंटरनेशनल की दूसरी काँग्रेस के दौरान अपने निबन्ध 'द नेशनल-कोलोनियल क्वेश्चन' में एक पृथक् सैद्धान्तिक रूपरेखा निरूपित करने की आवश्यकता को समझा। यहाँ 'राष्ट्रीय' (नेशनल) शब्द को 'औपनिवेशिक' (कोलोनियल) शब्द के साथ जोड़ने में इस बात का अभिज्ञान निहित था कि औपनिवेशिक देशों में राष्ट्र-निर्माण उपनिवेश-विरोधी संघर्ष का महत्त्वपूर्ण हिस्सा था। इस प्रयोजन हेतु साम्यवादियों से सभी औपनिवेशिक देशों में 'बूर्जुआ लोकतान्त्रिक मुक्ति आन्दोलनों में सहायता' करने का आह्वान किया गया। इसके साथ 'पिछड़े देशों में भू-स्वामियों के विरुद्ध कृषक वर्ग आन्दोलनों में विशेष सहायता' देने का आग्रह भी किया गया।[13] इस सिद्धान्त का स्पष्ट निहितार्थ यह था कि कोई भी राष्ट्र स्वतन्त्र होने के उपरान्त बूर्जुआ-लोकतान्त्रिक रहेगा। मार्क्सवादी बोलचाल के अनुसार इसका अर्थ था 1789-94 के फ्रांसीसी क्रान्तिकारी राज्य के प्रतिमान पर आधारित ऐसा राष्ट्र जहाँ कृषक वर्ग को भूमि मिले, श्रमिकों को संरक्षण मिले, लेकिन पूँजीवाद जारी रहे।

1915 में गाँधी ने भारत वापसी की तथा ऐसे संघर्ष के जीवन में स्वयं को स्थापित किया जिसे वे *स्वराज* के निमित्त और लोक-सम्मत शिकायतों के समाधान हेतु आवश्यक मानते थे। इसके बाद गाँधी ने भी यह पाया कि प्रभावी 'निष्क्रिय संघर्ष' में जनसमूह की सहभागिता आवश्यक थी। शायद वे पहले ऐसा मानने के लिए अनिच्छुक रहे थे। अब वे यह मानने लगे थे कि संघर्ष के उद्देश्यों में लोगों की भौतिक महत्त्वाकांक्षाओं को शामिल किये बिना उनकी सहभागिता की प्राप्ति नहीं हो सकती। *हिन्द स्वराज* में, बाद के विचारों की भाँति ही गाँधी ने सैद्धान्तिक रूप से भी किसी की सम्पत्ति के अधिकारों को कम करने के लिए किसी भी उपाय की अनुमति नहीं दी थी, लेकिन असल में अपने पहले वास्तविक आन्दोलन, 1917 के चम्पारण सत्याग्रह के दौरान गाँधी का संघर्ष सीधे तौर पर यूरोपीय नील बाग़ान मालिकों के सम्पत्ति अधिकारों और विशेषाधिकारों के विरुद्ध खड़ा था। इस सत्याग्रह के अगले वर्ष जब गाँधी ने अपनी पहली भूख

हड़ताल आरम्भ की, वह भी अहमदाबाद के कपड़ा मिल के श्रमिकों के वेतन में वृद्धि के लिए था। निश्चित ही यह गाँधी के दर्शकजनों को शायद ही आकर्षित करता यदि वे *हिन्द स्वराज* के उस सन्देश को पढ़ते जिसके अनुसार भारत द्वारा *स्वराज* की प्राप्ति के उपरान्त सभी मिल बन्द कर दिये जाते। *हिन्द स्वराज* के सन्देश के अनुसार 'हमारे लिए यह बेहतर होगा कि भारत में मिलों की संख्या में बढ़ोतरी करने के बजाय हम मैनचेस्टर में पैसे भेजें और मैनचेस्टर के महीन कपड़ों का इस्तेमाल करें'।[14]

यह तर्क किया जा सकता है कि *हिन्द स्वराज* की योजना के कम-से-कम एक तत्त्व अर्थात् धार्मिक प्रेरणा पर भरोसे को राष्ट्रीय लामबन्दी के लिए प्रयोग में लाया जा सकता है। राष्ट्रीय आन्दोलन के आरम्भिक चरणों में बाल गंगाधर तिलक ने भी इसकी वकालत की थी। 1920 में ख़िलाफ़त के मुद्दे (तुर्की में ख़लीफ़ा के स्वतन्त्र पद का बचाव अथवा पुनःस्थापन जिसे इंग्लैंड और फ्रांस से ख़तरा था) पर गाँधी द्वारा असहयोग का अनुरोध तिलक के विचारों में बढ़ोतरी थी क्योंकि यहाँ साफ़तौर पर ग़ैर-संकीर्ण सिद्धान्तों के लिए धर्म का आह्वान किया जा रहा था। फिर भी, इस प्रयोजन (*स्वराज* को ख़िलाफ़त क़ायम रखने की माँग के साथ जोड़ दिया गया था) हेतु व्यापक अशान्ति का दोहन करने के लिए *हिन्द स्वराज* के निर्धारित नुस्ख़ों से बहुत दूर हटने की आवश्यकता थी। *हिन्द स्वराज* के अनुसार जाति व्यवस्था का (नाम लिए बग़ैर) महिमामण्डन किया गया था और मौजूदा सम्पत्ति सम्बन्धों में कोई बदलाव नहीं किया गया था। अतः 3 मार्च 1921 को जारी किये गये उनके 'इंस्ट्रक्शंस टु यू.पी. पेज़ेंट्स' (उत्तर प्रदेश के कृषकों को अनुदेश) के नियम स्पष्ट रूप से गाँधी के उस अहसास को दर्शाते थे कि सरकार को कर न देना अथवा भू-स्वामियों को किराया न देना कृषकों की प्रबल इच्छा थी। हालाँकि नियम 4 में गाँधीजी इस समय उन्हें कर और किराया देने के लिए कह रहे थे। नियम 12 और 13 हिन्दू-मुस्लिम एकता को बढ़ावा देने की और जातिगत हीन भावना तथा अस्पृश्यता को समाप्त करने की माँग कर रहे थे।[15] ये 'अनुदेश' स्पष्ट रूप से हमें यह बतलाते हैं कि ब्रिटिश सरकार के विरुद्ध 'निष्क्रिय प्रतिरोध' मात्र के लिए लामबन्द होने के लिए भी इस बात पर ध्यान देना आवश्यक था कि कृषक वर्ग अपने हित के लिए क्या प्राप्त करना चाहते थे। साथ ही इस तथ्य का भी सामना करना था कि यदि कृषक जन और ग्रामीण ग़रीब जाति व्यवस्था के द्वारा विभाजित रहेंगे तो उन्हें कभी एकजुट नहीं किया जा सकता। इस कारण जाति व्यवस्था का सीधे तौर पर मुक़ाबला करना था। *हिन्द स्वराज* में जाति व्यवस्था का जो युक्तिकरण किया गया था, अब उसके लिए कोई जगह नहीं थी।

जैसा कि हमने देखा, *हिन्द स्वराज* में गाँधी ने संसदीय व्यवस्था की निन्दा की थी और एक बार *स्वराज* की प्राप्ति हो जाने के बाद उन्होंने सत्ता को सँभालने में जनता की भूमिका पर कभी ध्यान नहीं दिया। गाँधी यह प्रस्तावित करते प्रतीत होते हैं कि यह कार्य नेताओं की एक विशेष क़िस्म पर छोड़ दिया जायेगा जो 'सादगी अथवा ब्रह्मचर्य' और 'ग़रीबी' का अनुपालन करेंगे, लेकिन अब यह स्पष्ट था कि यदि *स्वराज* के संघर्ष में शामिल होने के लिए भारतीय जनसमूह को बुलाया जायेगा, तो उन्हें इस बात का आश्वासन भी देना होगा की एक बार *स्वराज* प्राप्ति हो जाने के बाद शासन व्यवस्था में उनको अपनी अभिव्यक्ति का अवसर मिलेगा। 1924 में गाँधीजी ने पहली बार एक विकल्प के रूप में ही सही, सार्वजनीन मताधिकार की वकालत की। 1928 में उन्होंने मोतीलाल नेहरू समिति की अनुशंसा को पूर्णतः स्वीकार किया जिसमें वयस्क मताधिकार का सिद्धान्त शामिल था ('दोनों लिंगों के वे सभी लोग जिनकी आयु 21 वर्ष की हो चुकी है और जिनको विधि द्वारा अयोग्य नहीं माना गया है, वे मतदान के हक़दार होंगे')।[16]

गाँधीजी के विकसित होते विचारों का एक अन्य पहलू भाषा के प्रयोग से जुड़ा हुआ था। यह विशेष रूप से हिन्दी-उर्दू के कड़वे विवाद का मुद्दा था जो उन्नीसवीं शताब्दी के अन्त में उत्पन्न हुआ था। गाँधीजी ने 'हिन्दुस्तानी' के प्रयोग को बढ़ावा दिया जो एक आम बोलचाल की भाषा थी और हिन्दी तथा उर्दू, दोनों का आधार बनती थी। गाँधीजी का तर्क था कि हिन्दुस्तानी को राष्ट्रीय भाषा के रूप में बढ़ावा दिया जाना चाहिए। निस्सन्देह वे हिन्दुस्तानी को ऐसी भाषा मानते थे जिसके माध्यम से देशभर के लोग एक-दूसरे को समझ सकते थे।[17] लेकिन उन्हें यह आभास हो गया कि लोगों तक केवल उनके क्षेत्र की ही भाषा के माध्यम से पहुँचा जा सकता है। इस कारण उनके द्वारा तैयार किये गये और नागपुर अधिवेशन (1920) में पारित कराये गये काँग्रेस संविधान में प्रान्तीय काँग्रेस समितियाँ ब्रिटिश द्वारा संगठित प्रान्तों के अनुरूप न होकर भाषायी क्षेत्रों पर आधारित थीं। मद्रास (तमिल भाषा के साथ), आन्ध्र (तेलुगू), कर्नाटक (कन्नड़), केरल (मलयालम), महाराष्ट्र (मराठी), गुज़रात (गुज़राती), सिन्ध (सिन्धी), इत्यादि इसके उदाहरण थे।[18] यह व्यवस्था भारत में विभिन्न 'राष्ट्रीयताओं' के मौजूद होने के किसी विश्वास पर आधारित नहीं थी। इसके पीछे का प्रमुख कारण यह था कि विभिन्न क्षेत्र के लोगों तक उनकी भाषा में पहुँचना सुविधाजनक होता। यह स्पष्ट था कि ब्रिटिश शासन का मुक़ाबला करने के लिए भारत के लोगों के बीच भाषा अथवा आद्य-राष्ट्रीयता के विभेद की तुलना में उनकी एकता अत्यधिक महत्त्वपूर्ण थी।

1920 के दशक के आरम्भ तक आते-आते गाँधीजी *हिन्द स्वराज* के विचार से बहुत आगे निकल चुके थे। सविनय अवज्ञा का पहला चरण (1930-31) उन्हें और आगे ले गया। असहयोग आन्दोलन की तुलना में इस आन्दोलन के दौरान कृषकों और महिलाओं ने अत्यधिक महत्त्वपूर्ण भूमिका अदा की थी। काँग्रेस के भीतर और बाहर के अतिसुधारवादी तत्त्व भी अधिक प्रबल हो गये थे। 1929 में गाँधीजी द्वारा अपने क़रीबी साथी और लगभग उत्तराधिकारी के रूप में जवाहरलाल नेहरू (जो सुभाष चन्द्र बोस के साथ अतिसुधारवादी तत्त्वों का नेतृत्व करते थे) के चुनाव ने आंशिक रूप से इस नयी परिस्थिति की शिनाख़्त की थी। इस कारण गाँधी नेहरू के साथ सहमत हुए कि काँग्रेस को एक नये कार्यक्रम की आवश्यकता थी। नेहरू ने इस कार्यक्रम का मसौदा तैयार किया और यह 29 मार्च 1931 को कराची अधिवेशन में मौलिक अधिकारों के प्रस्ताव के रूप में स्वयं गाँधी द्वारा पेश किया गया। अखिल भारतीय काँग्रेस समिति द्वारा और विस्तारित किये जाने के बाद इस मसौदे को कराची प्रस्ताव के रूप में जाना गया। इसने 1947 में स्वतन्त्रता की प्राप्ति तक काँग्रेस द्वारा प्रस्तावित मुक्त भारत (फ्री इंडिया) की मानक परिकल्पना का रूप लिया।

कराची प्रस्ताव ने भारतीय जनता से कई ऐसे वादे किये थे जिनके प्रति गाँधी पहले से ही कमोबेश वचनबद्ध थे। स्वतन्त्रता, विधि के सामने समानता, अल्पसंख्यकों की संस्कृति का संरक्षण, जातिगत अक्षमता का उन्मूलन, सभी धर्मों के प्रति राज्य की 'निष्पक्षता', और सार्वजनीन वयस्क मताधिकार उन वादों में शामिल थे। इस सूची में 'कृषि ऋणग्रस्तता में छूट और ब्याज दर पर नियन्त्रण' गाँधी ने शायद खुद ही जोड़ा था। लेकिन यह सन्देहास्पद है कि गाँधी ने स्वयं ही कृषि नीति पर उपनियम 7 को बनाया होगा जो 'कृषि के किराये और राजस्व में भारी कमी' और भूमि से मिलने वाली शुद्ध आय पर क्रमिक कर की बात करता था। उपनियम 13 में यह व्यापक वादा किया गया था कि 'प्रमुख उद्योग और सेवाओं पर राज्य का स्वामित्व अथवा नियन्त्रण' रहेगा। गाँधी के लिए यह भी पहले समान रूप से अरुचिकर होता क्योंकि उनकी आम धारणा थी कि सम्पत्ति के अधिकार को संरक्षित करना आवश्यक है।[19] सर तेज बहादुर सप्रू ने उस समय आंशिक रूप से सफल अन्दाज़ा लगाया था जब उन्होंने कहा कि यह प्रस्ताव गाँधी द्वारा 'जवाहरलाल के प्रति निष्ठा की बहुत बड़ी क़ीमत थी'।[20] सम्भवतः इस टिप्पणी को संशोधित करते हुए यह भी कहा जा सकता है कि उन लाखों ग़रीबों का भरोसा रखने की ज़रूरत के मद्देनज़र यह प्रस्ताव पारित हुआ था जिन्होंने सविनय अवज्ञा का समर्थन किया था और बिना किसी लाभ

के वह आन्दोलन अचानक समाप्त कर दिया गया था। कराची प्रस्ताव द्वारा एक अर्द्ध-समाजवादी न सही, कम-से-कम एक आधुनिक कल्याणकारी राज्य की परिकल्पना के आधारभूत सिद्धान्तों में इधर-उधर कुछ सम्भावित ख़ामियाँ थीं।[21] फिर भी, इन ख़ामियों के बावजूद गाँधीजी ने इन सिद्धान्तों पर बाद में सवाल नहीं उठाये।

ऐसा पूरे विश्वास के साथ नहीं कहा जा सकता है, लेकिन यह सम्भव है कि ज़मींदारों और राजाओं[22] के भी प्रति गाँधीजी के रवैया का कारण उनकी यह कार्यनीतिक बुद्धिमत्ता थी कि राष्ट्रीय आन्दोलन को बहुत सारे दुश्मन तैयार नहीं करने चाहिए, लेकिन यह भी सम्भव है कि गाँधीजी स्थापित अधिकारों के प्रति बहुत सम्मान रखते थे। वे इन अधिकारों पर सवाल नहीं उठाना चाहते थे, लेकिन अपने न्यासिता (ट्रस्टीशिप) दायित्व के सिद्धान्त के आधार पर इसमें कुछ बदलाव करना चाहते थे। इस सिद्धान्त के अनुसार अमीरों को ग़रीबों की सहायता मात्र करने का कर्तव्य दिया गया था।[23] फिर भी गाँधीजी ने 1931 में लन्दन में दूसरे गोलमेज सम्मेलन के दौरान यह घोषणा की–

> "वे सभी हित जो काँग्रेस की राय में संरक्षण के योग्य हैं, उन हितों को लाखों मूक जनों के हित को आगे बढ़ाना होगा...मुझे काँग्रेस की ओर से यह कहने में कोई संकोच नहीं है कि इन लाखों मूक जनों के हित के लिए काँग्रेस अपने सभी हितों का बलिदान करेगी।"[24]

इस दृष्टिकोण की आख़िरकार जीत हुई जो इस तथ्य द्वारा प्रदर्शित हुई कि कराची प्रस्ताव उन कार्यक्रमों की आधारशिला बना जिन्हें काँग्रेस ने 1937 और 1946 के चुनावों के दौरान निर्वाचकों (सीमित ही सही) के समक्ष रखा। गाँधीजी ने पहले सम्पत्ति के अधिकारों की पूर्ण सर्वोच्चता के बारे में सोचा होगा, लेकिन 8 अगस्त 1946 को काँग्रेस प्रान्तीय शासन के अधीन उत्तर प्रदेश विधानसभा ने जब ज़मींदारी व्यवस्था को समाप्त करने के लिए प्रस्ताव पारित किया, गाँधीजी ने इसकी कोई आलोचना नहीं की। उनको यह ज्ञात था कि अब यह अनिवार्य था। लिहाज़ा गाँधी द्वारा स्वतन्त्र राष्ट्र के रूप में भारत की परिकल्पना को एक ऐसी परिस्थिति को समायोजित करने के लिए मजबूर होना पड़ा जहाँ ग़रीबों को अपनी देखभाल के लिए किसी न्यासी की ज़रूरत नहीं थी। ग़रीब स्वयं ही अपनी देखभाल की महत्त्वाकांक्षा रख सकते थे।

भारतीय राष्ट्र की किसी भी संकल्पना को जाति और धर्म की समस्या का आवश्यक रूप से सामना करना था। अस्पृश्यता के प्रश्न पर गाँधी ने कभी कोई रियायत नहीं दी। 1915 में अहमदाबाद में अपने आश्रम की स्थापना के बाद अपने आरम्भिक दिनों से ही गाँधी की यही अवस्थिति रही। उस समय तुरन्त

ही उन्हें एक 'अस्पृश्यता परिवार' द्वारा आश्रम में शामिल होने के कारण संकट का सामना करना पड़ा था।[25] 1930 के दशक के आरम्भ में साम्राज्यिक ब्रिटेन ने दलित जातियों को सम्भावित रूप से मुसलमानों के साथ जोड़ने पर ध्यान दिया क्योंकि हिन्दू वर्ण के साथ उनकी विभिन्नता का उपयोग किया जा सकता था। इस प्रकरण और दलित जाति के लिए पृथक् निर्वाचक मण्डल की स्थापना करने वाले साम्प्रदायिक पंचनिर्णय (कम्युनल अवार्ड) के विरोध में गाँधीजी तब अनशन पर चले गये जब वे कारावास में थे (सितम्बर 1932)। इसके कारण दलित जाति संघ (डिप्रेस्ड कास्ट्स फ़ेडरेशन) के नेता अम्बेडकर के साथ 24 सितम्बर 1932 को पूना समझौता हुआ। इस समझौते ने प्रान्तीय विधान मण्डलों में दलित जातियों के लिए आरक्षित सीटों की संख्या को दोगुना करने की बात कही, लेकिन यह प्रावधान पृथक् निर्वाचक मण्डल के स्थान पर संयुक्त निर्वाचक मण्डल पर आधारित था। तथापि, उम्मीदवारों को पहले पृथक् दलित जाति निर्वाचक मण्डल का सामना करना था जो उन चार उम्मीदवारों को स्पष्ट कर देता जिन्हें दलित जाति के सर्वाधिक मत प्राप्त होते। यह आम निर्वाचक मण्डल के विकल्प को कम कर देता और केवल वे ही बचते जिनके अनुयायी दलित जातियों के भीतर भी होते। केन्द्रीय विधानमण्डल में 18 प्रतिशत सामान्य सीटों को दलित जातियों के सदस्यों के लिए आरक्षित किया जाना था। हालाँकि साम्प्रदायिक पंचनिर्णय ने ऐसा कोई प्रावधान नहीं बनाया था।[26] स्पष्ट रूप से ये शर्तें न्यायसंगत थीं। अतः पूना समझौते को दलित जातियों के ध्येय के साथ विश्वासघात मानते हुए निन्दा करने वाली आलोचनाओं में कोई आधार नहीं था।[29]

वास्तव में गाँधीजी ने दलित जातियों, जिन्हें उन्होंने 'हरिजन' कहने का फ़ैसला किया, की समस्याओं का समाधान करना अत्यावश्यक माना। इस दिशा में मई 1933 में उन्होंने उच्च जाति द्वारा हरिजनों के उत्पीड़न के विरुद्ध अनशन शुरू किया। बड़ी संख्या में काँग्रेस कार्यकर्ता और वामपन्थी हरिजन बस्तियों में रहने (और भोजन करने) जाने लगे। वे भारत की आबादी के सबसे ग़रीब लोगों के कल्याण पर ध्यान देने लगे। यह दयनीय है कि उनके आदर्शवाद को अब भुलाया जा चुका है और जिन दलित जातियों को वे राष्ट्रीय आन्दोलन में लाये, उनको पेरी एंडरसन के शब्दों में 'अंकल टॉम' कहा जा रहा है। वास्तव में, जाति व्यवस्था को सामने से चुनौती देते हुए उसे भंग करने वाले ये सच्चे राष्ट्र-निर्माता थे।

अफ़सोस कि साम्प्रदायिक विभेद का हिन्दू-मुस्लिम पहलू असाध्य सिद्ध रहा। मुस्लिम लीग की ओर से मोहम्मद अली जिन्ना की सभी माँगों को मानने में

1928 के नेहरू रिपोर्ट की विफलता के बाद मुस्लिम नेतृत्व अपनी माँगों की पूर्ति के लिए काँग्रेस के बजाय अब सीधे ब्रिटेन की ओर उन्मुख हुआ। गाँधीजी ने *हिन्द स्वराज* में हिन्दू-मुस्लिम एकता को भारत के भविष्य की परिकल्पना के लिए अत्यन्त महत्त्वपूर्ण तत्त्व माना था, लेकिन दोनों पक्षों की साम्प्रदायिक भावनाओं के कारण इस दिशा में वे लगातार बाधित होते रहे। पाकिस्तान से कई दशकों पहले 'हिन्दी, हिन्दू, हिन्दुस्तान' का नारा आविष्कृत हो चुका था।[27] इस नारे के समर्थकों में से कई काँग्रेस में भी पाये गये। जवाहरलाल नेहरू की कुशाग्रतापूर्ण टिप्पणी में कहा गया कि भारतीय राष्ट्रवाद का चेहरा हिन्दूवादी था।[28]

पारम्परिक हिन्दूवाद से बढ़ती दूरी के बावजूद गाँधीजी ने इस बात पर बल दिया कि वे सनातनी हिन्दू थे। ग़रीबी अपनाने के कारण बनी अपनी आत्मसंयमी जीवनशैली के कारण गाँधीजी को महात्मा की उपाधि मिली। फिर भी, सभी धर्मों का सम्मान करने पर उनके बल ने शासन प्रणाली की एक ऐसी परिकल्पना प्रस्तावित की जो जवाहरलाल नेहरू द्वारा अपनायी गयी धर्म-निरपेक्षता के स्वरूप की आवश्यकताओं का समायोजन कमोबेश कर सकती थी। 1920 में गाँधी ने 'ख़िलाफ़त' के मुद्दे पर असहयोग का समर्थन किया। यह मुद्दा तुर्की की स्वतन्त्रता के मुद्दे के बजाय एक मुस्लिम असन्तोष के रूप में उठाया गया था।[29] मुस्लिमों द्वारा मुस्लिम लीग की ओर नज़दीकी बढ़ने और अन्ततोगत्वा तत्त्वतः एक पृथक् मुस्लिम राज्य अथवा राज्यों के लिए लीग के लाहौर प्रस्ताव के प्रकरण के लिए गाँधीजी में ख़ामियाँ ढूँढ़ना मुश्किल है।[30] हालाँकि गाँधीजी में कुछ सम्भव कार्यनीतिक कमियाँ रही होंगी। लाहौर प्रस्ताव के बाद से यह भारत के भीतर मुस्लिम अल्पसंख्यक हितों के संरक्षण का मुद्दा न रहकर हिन्दू बाहुल्य भारत और मुस्लिम बाहुल्य पाकिस्तान के रूप में देश के विभाजन का मुद्दा बन गया। इस नये घटनाक्रम के मद्देनज़र गाँधी संयुक्त भारत की अपनी धारणा के साथ अटल रहे जिसके तहत मुस्लिम माँगों को ज़्यादा-से-ज़्यादा रियायत दी जा सकती थी। यह दृष्टिकोण सितम्बर 1944 में मो. अली जिन्ना के साथ गाँधी की 'वार्ता' का आधार बना था, लेकिन जिन्ना अब कुछ भी समझने-समझाने के परे थे। इस विवाद के बीच आद्य-राष्ट्रीयताओं (प्रोटोनेशनेलटीज) के रूप में भाषायी क्षेत्रों की कोई भी भूमिका नहीं थी। हालाँकि कम्युनिस्ट पार्टी नेतृत्व का एक भाग पाकिस्तान की धारणा को ऐसी राष्ट्रीयताओं के समुच्चय के रूप में उचित सिद्ध करने का प्रयास कर रहा था।[31] अगस्त 1946 में एक केन्द्रीय समिति के प्रस्ताव के माध्यम से ही इस दृष्टिकोण को छोड़ा गया। इसके बाद से गाँधी और वामपन्थ के दृष्टिकोण में कम ही मौलिक अन्तर रह गया था। फिर भी,

इस समय तक कम्युनिस्ट पार्टी को विचारों के युद्ध में पराजय मिल चुकी थी। जैसा कि 1946 के चुनावों ने दिखाया, बादशाह ख़ान के गढ़ नॉर्थ-वेस्ट फ्रंटियर प्रोविंस के सिवाय मुस्लिम निर्वाचक वर्ग का अधिकांश मुस्लिम लीग की ओर जा चुका था।

चाहे कितना भी खेद व्यक्त किया जाये, राजनीतिक परिस्थिति और साम्प्रदायिक विभेद के मद्देनज़र अब विभाजन अपरिहार्य हो चुका था और गाँधीजी को आख़िरकार इसे स्वीकार करना ही पड़ा, लेकिन उनके लिए 15 अगस्त 1947 ने पाकिस्तान को ऐसा देश नहीं बनाया था जिसकी सेवा वे नहीं कर सकते थे। 15 अगस्त के बाद वे वापस पूर्वी पाकिस्तान के नोआखाली जाने की योजना बना रहे थे। कुछ समय पहले गाँधीजी साम्प्रदायिक शान्ति की विनती करते हुए वहाँ गाँव-से-गाँव पदयात्रा कर चुके थे, लेकिन कलकत्ता के दंगों और पंजाब तथा दिल्ली के क़त्लेआम ने उन्हें अब भारत में ही रोक दिया था। उनका अन्तिम अनशन (13-18 जनवरी 1947) न केवल नरसंहार और दिल्ली से मुस्लिमों के निष्कासन को रोकने के लिए था बल्कि यह भारत द्वारा पाकिस्तान को 55 करोड़ रुपये (उस समय के हिसाब से बहुत बड़ी रक़म) देने की माँग के लिए भी था। पाकिस्तान विधिवत इस रक़म का हक़दार था। यह इस बात का ऐलान था कि गाँधीजी दोनों देशों की परवाह करते थे। दरअसल गोडसे ने 30 जनवरी 1948 को उनकी हत्या की जब वे पश्चिमी पाकिस्तान जाने की योजना बना रहे थे।[32]

निश्चित ही, अपने सर्वश्रेष्ठ समय में अपने आचरण के द्वारा गाँधीजी ने राष्ट्रवाद में एक नया आयाम जोड़ दिया था। यह आयग्म था हर राष्ट्र के हितों पर उचित ध्यान देना, भले ही वह राष्ट्र आपके अपने राष्ट्र के साथ विवाद में हो। महात्मा की विरासत का यही हिस्सा है जिसकी निश्चित ही आज के विश्व में सबसे अधिक ज़रूरत है।

सन्दर्भ

1. ओ.ई.डी., *अन्यत्र भी नेशन,* भाव सं. 6, प्रथम उद्धरण 1382
2. इस प्रश्न पर रोज़ा लक्ज़मबर्ग से विवाद में लेनिन के विचार 1914 में प्रकाशित उनके 'द राइट्स ऑफ़ नेशंस टु सेल्फ डिटर्मिनेशन' में विस्तार से वर्णित थे (वी.आई. लेनिन, *सेलेक्टेड वर्क्स,* मॉस्को, 1947, खण्ड I, पृ. 552-98)। 1913 में प्रकाशित स्टालिन का पर्चा 'मार्क्सिज़म एंड द नेशनल क्वेश्चन' (*वर्क्स,* मॉस्को, 1953, खण्ड 2, पृ. 300-81) इस विवाद की ही पृष्ठभूमि में प्रकट हुआ।

3. यहाँ पाठकों को यह याद दिलाना लाज़मी है कि 1882 में जब जमालुद्दीन अफ़ग़ानी कलकत्ता में थे, उन्होंने युवा मुस्लिमों को ब्रिटिश शासन के विरुद्ध संघर्ष में अपने हिन्दू सहधर्मियों का साथ देने की सलाह दी थी।
4. चीन को अधीन करने के लिए औपनिवेशिक शक्तियों के प्रयासों के लिए देखें, सू हो शेंग, *इम्पीरियलिज़्म एंड चाइनीज पॉलिटिक्स*, पेकिंग, 1955। यह वृत्तान्त 1925 तक आता है।
5. लखनऊ में 28 दिसम्बर 1887 को सैयद अहमद ख़ान के भाषण से तुलना करें (इरफ़ान हबीब, *द नेशनल मूवमेंट : ऑरिजिंस एंड अर्ली फेज़,* टु 1918, नयी दिल्ली, 2017, पृ. 72-73 में उद्धृत)।
6. *हिन्द स्वराज* का मानक संस्करण एम.के. गाँधी, *हिन्द स्वराज एंड अदर राइटिंग्स,* सं. ऐन्थनी जे. परेल, कैम्ब्रिज, 1997, पृ. 1-125 है।
7. पूर्वोक्त, पृ. 52-53
8. पूर्वोक्त, पृ. 57
9. पूर्वोक्त, पृ. 67-69
10. पूर्वोक्त, पृ. 106
11. पूर्वोक्त, पृ. 38
12. पूर्वोक्त, पृ. 96
13. वी.आई. लेनिन, *सेलेक्टेड वर्क्स,* लन्दन, 1938/1946, खण्ड X, पृ. 236
14. *हिन्द स्वराज,* एम.के. गाँधी, *हिन्द स्वराज एंड अदर राइटिंग्स,* सं. ऐन्थनी जे. परेल, पृ. 107-08 में।
15. *कलेक्टेड वर्क्स ऑफ़ महात्मा गाँधी,* प्रकाशन विभाग, भारत सरकार, नयी दिल्ली, 1966/1990, खण्ड XIX, पृ. 419-20
16. अनिल चन्द्र बनर्जी, *इंडियन कॉन्सटिच्यूशनल डॉक्यूमेंट्स,* कलकत्ता, 1946, खण्ड II, पृ. 294
17. बोलचाल की भाषा के लिए प्रयुक्त शब्द 'हिन्दुस्तानी' पहले बहुत प्रचलित था। अब काफ़ी समय से यह शब्द मूक रूप से निषिद्ध-सा हो चुका है। गाँधीजी के कलेक्टेड वर्क्स के खण्ड IX की अनुक्रमणिका में से 'हिन्दुस्तानी' शब्द हटा दिया गया है और इसके सभी सन्दर्भों को 'हिन्दी' में स्थानान्तरित कर दिया गया है।
18. *कलेक्टेड वर्क्स ऑफ़ महात्मा गाँधी,* खण्ड XIX, पृ. 191
19. सहमत (सफ़दर हाशमी मेमोरियल ट्रस्ट) ने इस प्रस्ताव के मूलपाठ को अपनी पुस्तिका, *इंडियन पीपुल इन द स्ट्रगल फ़ॉर फ़्रीडम : फाइव एस्सेज़,* नयी दिल्ली, 1998, के परिशिष्ट के रूप में प्रकाशित कर अच्छा काम किया है (पृ. 132-43)। इस अभिलेख को अब शायद ही याद किया जाता है।
20. ज्यूडिथ एम. ब्राउन, *गाँधी एंड सिविल डिसओबेडियेंस,* कैम्ब्रिज, 1977, पृ. 203 में उद्धृत।
21. गाँधीजी द्वारा जुलाई 1934 में कानपुर में ज़मींदारी और तालुक़दारी व्यवस्था के बचाव में दिये गये बयान के प्रति जवाहरलाल नेहरू (*ऑटोबायोग्राफ़ी,* संशोधित संस्करण, 1942/1953, लन्दन, पृ. 534-36) ने अपनी चिढ़ की भावना को दबाया नहीं था।

22. राजाओं पर रवैये कि लिए देखें, पूर्वोक्त पृ. 532-33
23. गाँधीजी के न्यासिता के सिद्धान्त के प्रति निराशा की भावना के लिए देखें, पूर्वोक्त पृ. 585
24. यह बयान नेहरू की *ऑटोबायोग्राफ़ी* के पृ. 528 से उद्धृत है, लेकिन यह मुझे गाँधीजी के *कलेक्टेड वर्क्स,* खण्ड LXVIII में नहीं मिला जो दूसरे गोलमेज सम्मेलन की अवधि को सम्मिलित करता है। गाँधीजी ने काँग्रेस के प्रतिनिधि के रूप में इस सम्मेलन में हिस्सा लिया था। शायद मैं ही अपनी खोज में पर्याप्त रूप से परिश्रमी नहीं रहा।
25. एम.के. गाँधी, *द स्टोरी ऑफ़ माई एक्सपेरिमेंट्स विद ट्रुथ,* अनुवाद महादेव देसाई, अहमदाबाद, 1940/1945, पृ. 320-21
26. देखें ए.सी. बनर्जी, *इंडियन कॉन्सटिच्यूशनल डॉक्यूमेंट्स,* खण्ड II, 'कम्युनल अवार्ड' के लिए पृ. 320-44 और पूना समझौते के लिए पृ. 324-25
27. प्रतापनारायण मिश्र द्वारा एक कविता में इसका आह्वान है जहाँ 'हिन्दी, हिन्दू, हिन्दुस्तान' वाक्यांश हर दोहे के अन्त में आता है (वसुधा डालमिया, *द नेशनलाइजेशन ऑफ़ हिन्दू ट्रेडीशन,* रानीखेत, 1997, पृ. 27)। यह कविता 1895 में *ब्राह्मण* पत्रिका के बन्द होने पर लिखी गयी थी (तिथि के लिए देखें, पूर्वोक्त, पृ. 141)। इस नारे ने यथेष्ट लोकप्रियता पायी और यह हिन्दू महासभा का आधिकारिक युद्धघोष बन गया।
28. *डिस्कवरी ऑफ़ इंडिया,* लन्दन, 1946/1956, पृ. 354
29. विशेष रूप से इस पर देखें, गेल मिनॉल्ट, *द ख़िलाफ़त मूवमेंट : रिलीजन, सिम्बॉलिज़्म एंड पॉलिटिकल मोबिलाइजेशन इन इंडिया,* नयी दिल्ली, 1982/1999, पृ. 67-72, 96-102
30. इस प्रस्ताव के मूलपाठ के लिए देखें, ए.सी. बनर्जी, *इंडियन कॉन्सटिच्यूशनल डॉक्यूमेंट्स,* खण्ड II, पृ. 408-09
31. मैंने कम्युनिस्ट पार्टी के इस दृष्टिकोण पर अपने आलेख 'द लेफ्ट एंड द नेशनल मूवमेंट' जो *द नेशनल मूवमेंट : स्टडीज इन आइडियोलॉजी एंड हिस्ट्री,* नयी दिल्ली, 2011, है (पृ. 106-08, 110)। विचार-विमर्श किया है।
32. वर्तमान लेखक लोगों के उस सिकुड़ते समूह का हिस्सा है जो उस समय वयस्क अथवा वयस्कता की आयु के क़रीब थे। 30 जनवरी की उस शाम और रात राष्ट्रीय स्वयंसेवक संघ (आरएसएस) और हिन्दू महासभा के लोगों ने जश्न मनाया और मिठाइयाँ बाँटीं। वे तब जाकर डर कर चुप हुए जब उन्होंने अगले दिन अति शोकाकुल जनसैलाब, जिन्होंने सड़कों और गलियों को भर दिया था, में घृणा उत्तेजित की। उनके, अर्थात् पाकिस्तान के, प्रमुख शहर लाहौर में मुस्लिम महिलाओं ने विलाप के प्रतीक के रूप में अपनी चूड़ियाँ तोड़ीं।

भारतीय राष्ट्र

बेनेडिक्ट ऐंडरसन ने 1983 में अपनी *इमैजिंड कम्युनिटीज़, रिफ्लेक्शंस ऑन द ऑरिजिंस एंड स्प्रेड ऑफ़ नेशनलिज़्म* उपशीर्षक के साथ प्रकाशित की थी। उस समय पश्चिमी यूरोप के बाहर रहने वाले लोगों द्वारा राष्ट्रत्व के दावों के प्रति एक लाजवाब आलोचना के रूप में इसका व्यापक तौर पर स्वागत किया गया था। ज़ाहिर तौर पर ऐंडरसन के कुछ ही पाठकों में इतना संयम था कि वे इस बात पर ध्यान दे पाते कि शायद इस नये शब्द 'कल्पित' की कुछ अधिक व्याख्या की जा रही थी। पहले के लेखकों ने 'चेतना' (कॉन्शसनेस), 'धारणा' (बिलीफ़), 'विचार करने' (कंसिडर) (सेटन-वॉटसन में अन्तिम, स्वयं ऐंडरसन द्वारा उद्धृत) जैसे शब्दों का प्रयोग किया था। ऐसे शब्दों का प्रयोग इस बात की ओर संकेत करने के लिए किया गया था कि राष्ट्र तब अस्तित्व में आता है जब बड़ी संख्या में लोग आश्वस्त होते हैं कि उन्होंने एक राष्ट्र का निर्माण किया है, लेकिन इस सम्बन्ध में, राष्ट्र किसी अन्य 'समुदाय' अथवा संघ, जैसे कि एक धार्मिक समुदाय अथवा परिवार अथवा जनजाति अथवा जाति अथवा व्यवसाय से भी भिन्न नहीं है। अपनी 'कल्पना' मात्र में ही हम किसी आस्था में साहचर्य अथवा समान वंशावली अथवा समान रूप से कार्य करने के तरीक़ों के कारण कुछ समूहों को समान समुदाय अथवा वर्ग के रूप में देखते हैं। वास्तव में, यह हमारी 'कल्पना' ही है जो हमें पशुओं से इतना पृथक् करती है।

राष्ट्रत्व की चेतना का उद्भव सापेक्षिक रूप से हाल में ही हुआ है। ऐंडरसन की किताब में यह एक बिन्दु है जिसे याद रखना आवश्यक है। पश्चिमी यूरोप के बाहर की अधिकांश दुनिया के लिए राष्ट्रत्व की चेतना मुख्य रूप से फ्रांसीसी क्रान्ति (1789) के बाद की घटना है, लेकिन ऐंडरसन के कथनों के बावजूद ऐसा केवल इस कारण नहीं हुआ क्योंकि फ्रांसीसी क्रान्ति ने लैटिन अमेरिका में सिमोन बोलिवर जैसे महत्त्वाकांक्षी व्यक्तियों की कल्पना को आकर्षित किया था। राष्ट्रत्व के उदय का महत्त्वपूर्ण आधार उपनिवेशवाद द्वारा प्रदत्त हुआ था।

यह लैटिन अमेरिका अथवा एशिया और अफ़्रीका के लिए कोई कल्पित घटना नहीं थी। उपनिवेशवाद निर्दयी ढंग से शोषणकारी था। इसका विरोध केवल तब हो सकता था जब उत्पीड़ित लोगों को सबसे बड़े पैमाने पर साथ लाया जाता। 'राष्ट्र' ने एकीकरण की प्रक्रिया के लिए बिल्कुल ऐसा ही मंच प्रदान किया।

विचारों के विशाल स्थानान्तरण के लिए उपनिवेशवाद एक अनजाना माध्यम भी रहा। यह यूरोप (और अमेरिका) में था और इसका आर्थिक तन्त्र महानगरीय (मेट्रोपॉलिटन) देशों की पूँजीवादी अर्थव्यवस्था पर टिका हुआ था। उपनिवेशवाद के लिए यह आवश्यक था कि पूँजीवादी संरचना के आधारभूत ढाँचे के कुछ अवयव जैसे रेल, संसाधित करने वाले कारख़ाने, प्रोद्योगिकी आदि उपनिवेशों तक पहुँचें। साथ ही यह भी आवश्यक था कि औपनिवेशिक आबादी की कुछ संख्या शासन की सुविधा के लिए शासकों की भाषाएँ सीखे। इन क़दमों ने यूरोप से विचार और ज्ञान के प्रसारण के दरवाज़े खोल दिये। मार्क्स ने इसका वर्णन शोषित लोगों के 'पुनर्जनन' के स्रोत के रूप में किया (वे 1853 में भारत के सन्दर्भ में बोल रहे थे)। यह वर्णन उस 'विनाश' की भूमिका के विपरीत था जो उपनिवेशवाद समकालिक रूप से औपनिवेशिक लोगों की अर्थव्यवस्था और समाज के क्षेत्र में निभा रहा था।

एडवर्ड सईद ने 1978 में पहली बार प्रकाशित अपनी *ओरियेंटलिज़म* में विनाश और पुनर्जनन की द्वैत प्रक्रिया की इस धारणा को चुनौती दी। 1995 के संस्करण में संलग्न 'आफ्टरवर्ड' में खण्डन किये जाने के बावजूद, सईद मुख्य पाठ में यह तर्क स्पष्ट रूप से करते हैं कि पूर्वी देशों और लोगों के यूरोपीय अध्ययन पूर्व की वास्तविक संस्कृति की छवि को विकृत करते हैं। शीघ्र ही, हम 'औपनिवेशिक विमर्श' और 'औपनिवेशिक ज्ञान' को भी सुनने लगे। रोनाल्ड इंडेन की पुस्तक *इमैजिनिंग इंडिया,* पहली बार 1990 में प्रकाशित हुई। इस पुस्तक में इंडेन ने यह ज़ोर दिया कि "भारतीयों का अभिकरण, अपनी दुनिया बनाने की भारतीयों की क्षमता, इन प्राच्यवादी ओरियेंटलिस्ट, ज्ञानों (बहुवचन का प्रयोग यह दिखाता है कि अब हम उत्तर-आधुनिकतावादी 'ज्ञान' के तन्त्र में हैं!) में अन्य कर्ताओं को विस्थापित किये जा चुके हैं।" अपने आफ्टरवर्ड में एडवर्ड सईद यह मानते हैं कि वे 'प्राच्यवादियों' की 'तकनीकी' उपलब्धियों को अस्वीकार नहीं करना चाहते। हालाँकि उन्हें इस बात का परीक्षण करने के लिए रुकना चाहिए था कि इन तकनीकी तत्त्वों का तात्पर्य क्या होगा। संक्षेप में, यह इस पूर्वधारणा पर आधारित है कि ग़ैर-यूरोपीय लोगों का अध्ययन उन तरीक़ों और मापदण्डों से किया जा सकता है जिनसे यूरोपीय लोगों का अध्ययन किया

जाता है। इस कारण औपनिवेशिक विमर्श के आरम्भिक बिन्दु, अर्थात् 'अन्य' की संकल्पना को उस वैज्ञानिक पद्धति की सार्वभौमिकता ने लगातार आहत किया जिसके प्रति प्राच्यवादियों को प्रतिबद्ध रहने की आवश्यकता थी। इसी कारण प्रायः प्राच्यवादियों की एक पीढ़ी के पूर्वाग्रह और पथभ्रष्टता को उनकी अगली पीढ़ी द्वारा उजागर और ख़ारिज किया गया।

वास्तव में, पश्चिम से पूर्व की ओर विचारों के प्रसारण के लिए सार्वभौमिकता की अवधारणा का विशेष महत्त्व है। 'स्वाधीनता', 'संविधान' और 'राष्ट्र' के सिद्धान्त केवल यूरोप के अनुकूल नहीं थे। समान परिस्थितियों में ये सम्पूर्ण मानव जाति पर लागू होते थे। इसी कारण पूर्व के देश भी 'राष्ट्र' बन सकते थे। राजा राममोहन राय ने 1830 के एक पत्र में इस बात पर बल दिया कि भारत एक राष्ट्र नहीं था क्योंकि भारतीय 'जातियों में बँटे हुए थे', ऐसा कहते हुए उन्होंने अन्तर्निहित रूप से यह स्वीकार किया कि भारत एक राष्ट्र तब बन सकता है जब यहाँ के लोग अपनी प्राथमिक निष्ठा जाति के बजाय देश के प्रति रखेंगे। 1870 में केशव चन्द्र सेन पहले से ही भारत के शैक्षणिक विकास और सामाजिक सुधार के विकास में इस सम्भावना के प्रति आशावान थे। जिस संगठन को नरम दल भारतीय नेताओं ने 1885 में बम्बई में स्थापित किया, उसका नाम भारतीय राष्ट्रीय काँग्रेस रखा गया। इस नामकरण ने एक राष्ट्र के रूप में भारत के प्रस्ताव की बृहत् उद्घोषणा की।

लेकिन भारत को उसके भीतर अलग-अलग क्षेत्रीय विभाजनों के बजाय एक राष्ट्र के रूप में किस कारण चुना गया? शायद ऐसा इस कारण हुआ कि केवल भारत को ही देश के रूप में देखा जाता था। अमेरिका, इक्वाडोर, बोलीविया, अथवा काँगो जैसे कई राष्ट्रों का निर्माण हुआ है जिनका पहले देश के रूप में कोई अस्तित्व नहीं था, लेकिन ऐसे उदाहरण उन क्षेत्रों में पाये जाते हैं जहाँ किसी-न-किसी कारण से देश की कोई पूर्ववर्ती स्वीकार्य संकल्पना नहीं थी। जहाँ ऐसी संकल्पनाएँ पूर्व-आधुनिक काल से अस्तित्व में रही थीं, वे देश पहले से ही जनमानस में रहने के कारण राष्ट्रत्व का स्वाभाविक उम्मीदवार बन गये। स्पष्ट रूप से इसी कारणवश बाथवादी अथवा नासेरवादी अरब राष्ट्रवाद के लिए मिस्र, सीरिया और इराक के पृथक् राष्ट्रों के स्थान पर एक एकल, अविभाज्य 'अरब राष्ट्र' लाने की कोशिश इतनी मुश्किल है। देश के रूप में भारत का अस्तित्व ब्रिटिश शासन के आने से बहुत पहले से था। निस्सन्देह यह आंशिक रूप से भूगोल के तथ्यों के कारण था जहाँ पहाड़ और समुद्र भारतीय प्रायद्वीप को यूरेशियाई महाद्वीप से अलग करते थे। ऐसी सीमाओं के भीतर इस प्रकार की

सांस्कृतिक समानताएँ विकसित हुईं जिस कारण भारत के लोगों को बाक़ी की दुनिया के लोगों से अलग करना सम्भव हुआ। इन समानताओं में से कई हिन्दू परम्परा के पहलुओं जैसे प्रतीत होते हैं। यह निर्विवाद है कि जाति व्यवस्था तथा ब्राह्मणवादी विचार और रिवाज सांस्कृतिक रूप से साझा होने वाले तत्त्वों में महत्त्वपूर्ण थे, लेकिन यह प्रदर्शित किया जा सकता है (जैसे मैंने कुछ निबन्धों में करने का प्रयास किया है) कि देश के रूप में भारत की संकल्पना संस्कृत में किसी पहचानने योग्य पूर्ववर्ती लेखक के बजाय फ़ारसी में लिखने वाले अमीर ख़ुसरो (मृत्यु 1325) अथवा अबुल फ़ज़ल (मृत्यु 1603) जैसे लेखकों में अधिक प्रबल रही। ऐसा निश्चित ही इस कारण है क्योंकि सांस्कृतिक समानताएँ केवल धार्मिक नहीं थीं। अपने *इनफ्लुएंस ऑफ़ इस्लाम ऑन इंडियन कल्चर* में ताराचन्द ने यह टिप्पणी की कि दिल्ली सल्तनत और मुग़ल साम्राज्य जैसी विस्तृत राजनीतिक संरचनाएँ बृहत्तर राजनीतिक निष्ठा उत्पन्न करने में सहायक रहीं। इस कारण देश की एकता की चेतना अधिक प्रबल हुई। सत्रहवीं-अठारहवीं शताब्दी में अपनी सारी शक्तियों को खोने के बाद भी मुग़ल सम्राट को हिन्दुस्तान के स्वाभाविक सम्प्रभु के रूप में देखा जाता था। अवध के विद्रोहियों ने राजकुमार बिरजिस क़द्र के नाम पर, रानी विक्टोरिया की 1858 की उद्घोषणा पर अपना अवज्ञापूर्ण उत्तर लिखा था। इस उत्तर में वे अंग्रेज़ों द्वारा हिन्दुस्तान के राजकुमारों, अर्थात् मैसूर के टीपू सुल्तान और पंजाब के महाराजा दलीप सिंह, के साथ हुई नाइन्साफ़ी की बात कर रहे थे। उनके शब्दों में 'हिन्दुस्तान की सेना और उसके लोग' अंग्रेज़ों शासन को चुनौती देने के लिए अब खड़े हुए थे। इसलिए 1857 के विद्रोहियों ने बहुत स्पष्ट रूप से भारत को अपने देश के रूप में देखा। साथ ही उन्होंने भारत के लोगों को अपने समर्थकों के स्वाभाविक कोष के रूप में देखा। अगर उनकी कल्पना का भारत अभी तक एक राष्ट्र नहीं था, तो इसका कारण केवल यह था कि उनके पास अभी तक एक देश पर एकल राज्य स्थापित करने की धारणा नहीं थी और एकीकृत राजनीतिक सत्ता राष्ट्रत्व का मूल बिन्दु है।

उन्नीसवीं शताब्दी के उत्तरार्द्ध में रेल के निर्माण और टेलीग्राफ़ की शुरुआत द्वारा एक आर्थिक धरातल पर देश का एकीकरण आरम्भ हुआ। संचार और परिवहन की नयी प्रणाली ने प्रशासन के केन्द्रीकरण को सम्भव बनाया। इन सब का आरम्भ औपनिवेशिक शासन द्वारा अपने ख़ुद के फ़ायदे के लिए किया गया था। फिर भी भारतीयों द्वारा भारत को एक भावी एकल राजनीतिक सत्ता के रूप में देखने के लिए उन्हें सक्षम बनाया। आधुनिक शिक्षा (जो बहुत हद तक स्वदेशी प्रयासों द्वारा आरम्भ की गयी) और प्रेस के उदय ने भारत के राष्ट्रत्व के

और संवैधानिक सुधार की आवश्यकता के विचारों को प्रचारित-प्रसारित किया। भारत के राष्ट्रत्व का एक मौलिक आधार तब रखा गया जब दादाभाई नौरोजी (*पोवर्टी एंड अनब्रिटिश रूल इन इंडिया,* 1901) और आर.सी. दत्त (*इकोनॉमिक हिस्ट्री ऑफ़ इंडिया,* 2 खण्ड, 1901 एवं 1903) जैसे राष्ट्रवादियों ने भारतीय लोगों की ग़रीबी और औपनिवेशिक शोषण के बोझ के मुद्दे उठाये। इन मुद्दों का आभास देशभर में समान रूप में हो रहा था।

इसलिए राष्ट्र के रूप में भारत के उद्‌भव का प्रयास हम तीन जटिल प्रक्रियाओं में उलझा हुआ देखते हैं। पहला, देश के रूप में भारत की पूर्ववर्ती धारणा। दूसरा, आधुनिक राजनीतिक विचार का अन्तर्वाह। और तीसरा, उपनिवेशवाद के विरुद्ध संघर्ष। इनमें से अन्तिम प्रक्रिया निर्णायक रही। भारतीय राष्ट्र के निर्माण को यथोचित रूप से राष्ट्रीय आन्दोलन की एक प्रमुख उपलब्धि मान सकते हैं।

इस प्रतिपादित विचार को अनेक आलोचकों से रक्षित करने की आवश्यकता थी। साइमन कमीशन रिपोर्ट (1930) ने भारत की सांस्कृतिक विविधताओं, धार्मिक विभेदों और भाषाओं की बहुतायत की ओर संकेत किया। स्विट्ज़रलैंड के उत्कृष्ट उदाहरण के माध्यम से इसका प्रत्युत्तर दिया जा सकता है जो कैथलिकों, प्रोटेस्टैंटों और चार भाषाओं की भूमि है, लेकिन इन तकनीकी दलीलों के परे यह तर्क था कि लोगों को एक एकीकृत, स्वतन्त्र भारत में देखने के लिए तैयार किया जा सके। इसलिए मार्च 1931 का कराची प्रस्ताव साइमन कमीशन का असली जवाब था। इस प्रस्ताव में काँग्रेस द्वारा भविष्य के ऐसे स्वतन्त्र भारत के लिए राजनीतिक, सामाजिक और आर्थिक रूपरेखा की व्याख्या की गयी, जहाँ राज्य सभी के लिए 'मौलिक अधिकार' सुनिश्चित करता। यह प्रण भी लिया गया कि भारतीय राज्य 'सभी धर्मों के सम्बन्ध में निष्पक्षता' का पालन करेगा, और 'विभिन्न भाषायी क्षेत्रों' की संस्कृतियों और भाषाओं को संरक्षित रखेगा।

निस्सन्देह धार्मिक विभेदों ने एक धर्मनिरपेक्ष और एकल भारत राष्ट्र की इस धारणा को दुर्बल किया। यह माना जा सकता है कि 'बाँटो और राज करो' की नीति उपनिवेशवाद के लिए फ़ायदेमन्द थी। हालाँकि विभेद के बीज मौजूद न होने की स्थिति में ऐसी नीति सफल नहीं हो सकती। विशेष रूप से संचार के तीव्र साधन और प्रेस जैसी नयी परिस्थितियाँ राष्ट्रवादी ध्येय के लिए सहायक रहीं। बिल्कुल उन्हीं परिस्थितियों ने हिन्दू और मुस्लिम, दोनों के सम्प्रदायवादी मतप्रचार के लिए भी मंच प्रदान किया। इस मतप्रचार की माप इतनी विशाल और प्रकार इतना भिन्न था कि 1857 से पहले की अवधि में इसकी कोई

कल्पना भी नहीं कर सकता था। आरम्भिक चरणों में राष्ट्रवाद का एक रूप धर्म के साथ भी जुड़ा रहा। अन्य उपकरणों के अभाव में धर्म बहुव्यापक लामबन्दी के स्रोत की आपूर्ति कर सकता था। शिवाजी के महत्त्व पर बल तथा 1890 के दशक में एज ऑफ़ कंसेंट विधेयक और प्लेग टीकाकरण के विरुद्ध तिलक का आन्दोलन, इस प्रवृत्ति का उत्कृष्ट उदाहरण प्रस्तुत करता है। अरविन्द घोष ने समकालिक रूप से 'हिन्दू राष्ट्रवाद' का एक सैद्धान्तिक आधार प्रदान किया। तिलक के वरिष्ठ समकालीन रहे जमालुद्दीन अफ़ग़ानी ने यूरोपीय औपनिवेशिक शक्तियों के विरुद्ध सभी मुसलमानों को एकजुट करने के लिए इसी प्रकार अखिल इस्लामवाद का सिद्धान्त प्रतिपादित किया। एकीकरण का कारक फिर से धर्म ही था। अफ़ग़ानी द्वारा अपनी योजना में भारत के अपवर्जन का अर्थ यह नहीं था कि इस प्रतिपादित परिकल्पना का भारतीय मुस्लिमों के दिमाग़ पर कोई प्रभाव नहीं होगा।

एक बार जब राष्ट्रवादी लामबन्दी का क्षेत्र राजनीतिक और आर्थिक धरातल की ओर बढ़ा, साम्प्रदायिक राजनीति के उपनिवेशवाद-विरोधी तत्त्व स्वाभाविक रूप से कमज़ोर हो गये। 1893 से 1914 तक दक्षिण अफ्रीका में संघर्ष की अपनी लम्बी कालावधि के दौरान गाँधीजी ने भारतीय आदिवासियों को अपनी नागरिकता के अधिकार के लिए निष्क्रिय प्रतिरोध हेतु संगठित किया। इस कारण गाँधीजी अपने *हिन्द स्वराज* में यह दृढ़ता से कह सकते थे कि 'राष्ट्र' का धर्म से कुछ लेना-देना नहीं था और भारत में हिन्दुओं और मुसलमानों को 'एकता में' रहना चाहिए। उन्हें यह आभास था कि 1909 के भारत परिषद् अधिनियम के तहत मुसलमानों को मिली रियायतों का विरोध करने के लिए हिन्दू नेतागण ग़लत थे। अपनी गहरी धार्मिक आस्था के बावजूद गाँधी भारत के इस दृष्टिकोण के प्रति दृढ़ रहे और वास्तव में उन्होंने इसके बचाव में अपनी जान तक दे दी। यदि गाँधी उन सभी में सर्वश्रेष्ठ और सर्वप्रसिद्ध व्यक्ति थे, जो भारत को उन सभी लोगों का माना जो यहाँ रहते थे, तो यह कहना भी आवश्यक है कि जवाहरलाल नेहरू, सुभाषचन्द्र बोस और ख़ान अब्दुल ग़फ़्फ़ार ख़ान जैसे राष्ट्रवादी नेता, वामपन्थी और क्रान्तिकारी लोगों की भी यही समझ थी। गाँधी के साथ उन्होंने भी एक स्वतन्त्र और धर्मनिरपेक्ष भारत के जन्म को सम्भव बनाया।

राष्ट्रीय आन्दोलन के अग्रगामी प्रसार के कारण साम्प्रदायिकता की देशभक्तिपूर्ण साख छिन चुकी थी। इसलिए अपरिहार्य रूप से इसके द्वारा 'द्विराष्ट्र' सिद्धान्त को उत्पन्न किया गया जहाँ उस 'अन्य' राष्ट्र को मुख्य शत्रु

के रूप में और ब्रिटिश को सम्भव मित्र-राष्ट्र के रूप में देखा गया। 1925 में आरएसएस की स्थापना हुई। इसने हिन्दू महासभा से 'हिन्दू-हिन्दी-हिन्दुस्तान' का नारा दिया। दूसरी ओर डॉ. सर मोहम्मद इक़बाल द्वारा ऑल इंडिया मुस्लिम लीग को 1930 में दिये गये भाषण से, एक पृथक् मुस्लिम राष्ट्र की धारणा ने जड़ें जमायीं और लीग के लाहौर प्रस्ताव (1940) ने पाकिस्तान (इस नाम के बग़ैर) के लक्ष्य का मुखर प्रतिपादन किया। अपनी ऑटोबायोग्राफ़ी में जवाहरलाल नेहरू द्वारा यह कुशाग्र टिप्पणी की गयी कि बहुसंख्यक साम्प्रदायिकता खुद को राष्ट्रवाद का जामा पहना सकती है, जबकि अल्पसंख्यक साम्प्रदायिकता को उसके स्वभाव से आसानी से जोड़कर देखा जाता है। साम्प्रदायिकता के कई मौजूदा मुखौटों की ही भाँति राष्ट्रवादी 'जामा' भी जल्दी ही घिस गया था, और मुस्लिम लीग की ही भाँति न तो हिन्दू महासभा ने, न ही आरएसएस ने सविनय अवज्ञा आन्दोलन (1930-31) के बाद किसी प्रमुख राष्ट्रीय आन्दोलन में हिस्सा लिया।

जैसा कि हमने देखा, राष्ट्र मन में बसता है। 1947 में भारत का विभाजन जो आज़ादी के साथ हुआ, मन की लड़ाई में निस्सन्देह एक धक्का था। फिर भी, यह एक बड़ी उपलब्धि थी कि भारत ने अपना धर्मनिरपेक्ष चरित्र बरक़रार रखा और कराची प्रस्ताव के सिद्धान्त काफ़ी हद तक 1949 के भारतीय संविधान का हिस्सा बने। इसके लिए उस समय का राष्ट्रीय नेतृत्व सर्वोच्च श्रेय का हक़दार है। विधि में, और उससे भी अधिक व्यवहार में, अफ़सोसजनक ख़ामियाँ रहीं और समझौते करने पड़े, लेकिन यह इस उपलब्धि के सार पर सवाल नहीं उठा सकता।

विभाजन के बाद पचास वर्षों से अधिक गुज़र चुके हैं। अब इस बात से इनकार करना मूर्खतापूर्ण होगा कि अच्छे या बुरे के लिए भारतीय राष्ट्र की सीमाएँ पुनः परिभाषित हो चुकी हैं। पाकिस्तान और बांग्लादेश दो राष्ट्रों के रूप में वास्तविकता में हैं। 'अखण्ड भारत' की माँग से अधिक ग़ैर-ज़िम्मेदाराना नारा कोई हो नहीं सकता। विडम्बना यह है कि यह नारा नये सिरे से उन तत्त्वों द्वारा ही उठाया जा रहा है जिनके ढँके हुए द्विराष्ट्र सिद्धान्त का विभाजन में बड़ा योगदान रहा था। इस तथ्य को अनदेखा नहीं किया जा सकता कि हमारे उपमहाद्वीप की साझी सांस्कृतिक विरासत है। और उम्मीद है कि एक ऐसा समय आयेगा जब बिना किसी शर्मिन्दगी के यह बात हर पक्ष द्वारा पूरी तरह से स्वीकार की जायेगी, लेकिन आज हमारी प्रमुख दिलचस्पी यह पूछने में है कि क्या अभी भी भारत को एक राष्ट्र के रूप में मान्यता दी जा सकती है।

यह सवाल थोड़ी उदासी के साथ पूछा जाता है। सोवियत संघ और यूगोस्लाविया जैसे मज़बूत राष्ट्र नक़्शे से ग़ायब हो चुके हैं। ब्रिटिश इतिहासकार वस्तुनिष्ठ ढंग से यह विवेचना करते दिखते हैं कि ब्रिटेन कब तक राष्ट्र बना रह सकता है। क्या वह इंग्लैंड, स्कॉटलैंड और वेल्स जैसे पृथक् राज्यों में विभाजित नहीं हो जायेगा। वे यह विवेचना भी करते हैं कि ऐसा कब तक सम्भव है। कराची प्रस्ताव के शब्दों में कहें तो इनसे काफ़ी बड़े राज्य भारत में कई 'भाषायी क्षेत्र' हैं। सैद्धान्तिक झुकाव रखने वाले लोगों ने लम्बे समय से इन्हें भावी राष्ट्रीयताओं के रूप में पहचाना है।

1920-21 में जब काँग्रेस ने भाषायी भू-खण्डों के आधार पर अपनी प्रान्तीय समितियों को संगठित किया, उसने प्रत्येक क्षेत्र में वक्ताओं पर मातृभाषा के शक्तिशाली प्रभाव पर ध्यान दिया। 1956 में राज्यों के पुनर्गठन ने वास्तव में भारतीय संघ को भाषायी क्षेत्रों के संघ के रूप में पुनः परिभाषित किया। यह प्रयोग कमोबेश सफल प्रतीत हुआ।

भारत ने आज़ादी के पहले चार दशकों में बुनियादी उद्योगों के निर्माण के साथ सन्देहरहित आर्थिक विकास देखा। इस विकास ने एक ऐसे भारत में विश्वास को स्थिर किया जिसकी एकता से सभी हिस्सों को फ़ायदा मिलेगा। हालाँकि 1990 के दशक से 'वैश्वीकरण' और 'निजीकरण' की प्रक्रियाओं को अपनाने के बाद से आर्थिक विकास के लिए भारतीय राज्य की प्रासंगिकता कम-से-कम होती जा रही है। इसलिए परिस्थिति अब मौलिक रूप से बदल चुकी है अथवा बदल रही है। क्या केन्द्रीय सरकार ऐसी परिस्थितियों में बेहतर स्थिति वाले राज्यों की महत्त्वाकांक्षाओं अथवा कम भाग्यशाली राज्यों की व्यग्रता, दोनों का सामना कर पायेगी?

सांस्कृतिक विभिन्नताओं का मुद्दा भी महत्त्वपूर्ण है। भाजपा सरकार भारतीय शैक्षणिक व्यवस्था पर स्पष्ट रूप से एक विभाजनकारी प्रकृति की विचारधारा थोपने के लिए तत्पर है। इस विचारधारा के अनुसार वेदों को भारतीय संस्कृति का एकमात्र मूल स्रोत माना जाता है, द्रविड़ भाषाओं को वैदिक संस्कृत से व्युत्पन्न देखा जाता है और सिन्धु सभ्यता को द्रविड़ के बजाय आर्यन कहा जाता है। इसके अतिरिक्त, स्कूलों के पाठ्यक्रम में आमतौर पर मुस्लिम-विरोधी और ईसाई-विरोधी पूर्वग्रह आरम्भ किया जा रहा है। यह किसी को नहीं मालूम कि भविष्य में हमारी राष्ट्रीय एकता पर इन सबका क्या प्रभाव होगा। उदाहरणतया, एक तमिल अथवा एक कश्मीरी विद्यार्थी ऐसे संकीर्ण उद्गार का उत्तर कैसे देगा?

मेरा मानना है कि भारतीय राष्ट्र का पक्ष मज़बूत है, लेकिन यह आर्थिक रूप से सक्रिय, महत्त्वाकांक्षी कल्याणकारी राज्य के पक्ष के साथ बहुत क़रीबी से जुड़ा हुआ है। साथ ही समान रूप से यह वैज्ञानिक और लौकिक/धर्मनिरपेक्ष मनोदशा के साथ भी बहुत क़रीबी से जुड़ा हुआ है। सम्प्रदायवाद और संकीर्णतावाद राष्ट्रवाद का कोई भी मुखौटा पहन ले, वे इसके सबसे बुरे दुश्मन हैं। आशा है कि भारतीय जनता भारतीय राष्ट्र की परिकल्पना को क़ायम रखेगी और हर उस चीज़ को अस्वीकार करेगी जो इसे दुर्बल बनाती है।

भारतीय राष्ट्र का निर्माण

एक विचार के इतिहास पर टिप्पणियाँ

महान फ्रांसीसी इतिहासकार और प्रतिरोध (रेजिस्टेंस) के शहीद मार्क ब्लॉक अपनी अन्तिम किताब *द हिस्टोरियंस क्राफ्ट* की शुरुआत अपने पुत्र द्वारा पूछे गये सवाल का ज़िक्र करते हुए करते हैं, 'इतिहास का उपयोग क्या है?' बच्चा यह भी पूछ सकता था कि, 'इतिहास का कितना दुरुपयोग किया जा सकता है?' अल्पकालिक रूप से विजयी नाज़ियों ने अपनी नस्ली विशुद्धता के सिद्धान्त, नॉर्डिक श्रेष्ठता और उनके विरुद्ध लम्बे समय से चल रहे यहूदी षड्यन्त्र की बात का औचित्य साबित करने के लिए ठीक इसी इतिहास का आस्वान किया था। ब्लॉक इसी इतिहास का बड़ी सावधानी से अनुशीलन करते थे। ऐसी धारणाओं के ख़ौफ़नाक परिणामों के बावजूद, इतिहास की ऐसी व्याख्या न तो हिटलर के साथ समाप्त हुई न तो दक्षिण अफ्रीका में हाल में रंगभेद नीति (अपर्थाइड) के अन्त के साथ इसका अन्त हुआ। हम सबके भीतर संकीर्णता और तर्कहीनता का एक अवशेष बचा रहता है। निश्चित ही, इसी कारण इतिहास की ऐसी व्याख्या जीवित और पुनर्जीवित होती है। यदि कोई हमसे यह कहता है कि हम पहले महान रह चुके हैं, तो हमें सन्तुष्टि मिलती है, और यदि हमारे पास मौजूदा समय में हमारी आकांक्षा के अनुसार उपलब्धियाँ नहीं हैं, तो हम इसका दोष किसी विकृत आन्तरिक अथवा बाहरी विध्वंसकों पर मढ़ देते हैं। बेनेडिक्ट ऐंडरसन की *इमैजिंड कम्युनिटीज़* (1983) ने आधुनिक समय में नवअर्जित राष्ट्रीय चेतना के आधार पर अतीत के कल्पित पुनर्निर्माण की ओर ध्यान आकर्षित किया, लेकिन संकीर्णतावाद विकृत राष्ट्रवाद मात्र नहीं है। अन्ततोगत्वा, धर्म, प्रजाति, जाति, और जनजाति के समुदाय, सभी राष्ट्र जितने ही 'कल्पित' तथ्य/घटनाएँ हैं। भारत में ये विभिन्न पहचान मिश्रित होती हैं, एक-दूसरे का विरोध करती हैं, और अन्तःक्रिया करती हैं। यहाँ हम ऐसे

इतिहासों को पुनर्निर्मित करने के प्रयासों में जुटे हुए हैं जो किसी के विशेष आसक्तियों की औचित्य सिद्ध कर सके।

पहली नज़र में ऐसा लग सकता है कि यदि कल्पित अथवा एकतरफ़ा इतिहास लोगों को आत्मविश्वास का पैमाना प्रदान करता है, तो ऐसे रोगनाशक उपचार को अस्वीकार करना बचकाना होगा, लेकिन हमें यह याद रखने की आवश्यकता है कि लोगों के लिए इतिहास का वही महत्त्व है जो व्यक्तियों के लिए उनके अतीत की स्मृति का होता है। यदि मैं अपने मन में अपने लिए एक कल्पित महानता का निर्माण करता हूँ जिसे कुछ लोगों की साज़िशों के कारण दुनिया पहचानने में असफल रही, ऐसा दृष्टिकोण सहचर मानवजाति के साथ मेरे सम्बन्धों की बेहतरी में शायद ही मदद करे। साथ ही, शायद ही यह मुझमें मौजूद कुल त्रुटियों को मुझसे अलग करने में सहायक हो। जो व्यक्तियों पर लागू होता है, वही जातियों पर भी लागू होना चाहिए। एक झूठे इतिहास का जो भी समीपवर्ती अथवा अल्पकालिक प्रलोभन हो, वह नैतिक प्रकृति और विकास की क्षमता के लिए एक वास्तविक ख़तरा होता है। इसी कारण मिलावटी इतिहास का कभी कोई औचित्य नहीं हो सकता।

1938 में आरएसएस के गुरु गोलवलकर ने अपने *वी आर आवर नेशनहुड डिफाइंड* में नस्ल के सिद्धान्त के लिए नाज़ियों की प्रशंसा की थी। गोलवलकर के अनुयायी आज देश में सत्ता में हैं। अब 'नस्ल' का ऐसा मुखर आह्वान करना मुश्किल है, लेकिन 'आर्य' बनने की अवचेतन अभिलाषा और 'आर्यों' की मातृभूमि के रूप में भारत का अपना दावा पेश करने की आकांक्षा बहुत स्पष्ट है। प्रख्यात पुरातत्त्वविदों के लेखन में तथा 'पुरातत्त्व' जैसे अर्ध-सरकारी पत्रों के पृष्ठों पर ऐसा प्रयास दिखता है। इसलिए, अब समय है कि हम भारतीय लोगों की नस्ली और शारीरिक उत्पत्ति से जुड़े इस जटिल प्रश्न पर विश्वसनीय शोधों को फिर से सुनें।

1994 में दो बहुत महत्त्वपूर्ण किताबें आयीं जो विश्वभर में हुए विशाल शोध के परिणामों का विश्लेषण करती हैं। एस.जे. डिलैट द्वारा सम्पादित यूनेस्को की *हिस्ट्री ऑफ़ ह्युमैनिटी, खण्ड-I* ने मुख्य रूप से पुरातात्विक प्रमाणों का सारांश प्रस्तुत किया है। दूसरी पुस्तक, ए.एल.एल. केवेली-स्फोर्ज़ा एवं अन्य की *हिस्ट्री एंड ज्योग्राफ़ी ऑफ़ द ह्यूमन जींस* ने आनुवंशिक सामग्री का विश्लेषण किया है। हालाँकि ये दोनों कृतियाँ स्वतन्त्र हैं किन्तु इनके परिमाणों में आश्चर्यजनक ढंग से समानता है। मौजूदा साक्ष्य के आधार पर होमो सेपियंस की प्रजाति का उद्भव अफ़्रीका में हुआ था। यहाँ 1,30,000 से 50,000 वर्ष पूर्व मानव वंश-वृक्ष

में पहला बृहत् विभाजन ('अश्वेत अफ़्रीकी' और अन्य लोगों के बीच) घटित हुआ अर्थात्, अफ़्रीका में इस प्रजाति की सबसे पहली उपस्थिति और पश्चिम एशिया में इसकी पहली उपस्थिति के बीच। यूरेशिया में जैसे-जैसे मानव आगे बढ़ा, यूरोपीय और मंगोलकल्प लक्षण, दोनों अपने क्षेत्रों में 10,000 वर्ष पूर्व से पहले ही अच्छी तरह से स्थापित हो गये। भारत में कोई मानव जीवाश्म नहीं मिला है, लेकिन फिर भी यह मानना ठीक है कि भारत में भी मानवों ने अपना मौजूदा शारीरिक रूप उसी सुदूर काल में प्राप्त किया था जिस समय ऐसा यूरोप और चीन में हुआ होगा। यह काल उस कालावधि के बहुत अधिक परे है जब हिन्द-यूरोपीय और द्रविड़ भाषा परिवारों की सम्भावित उत्पत्ति हुई होगी। इसलिए, कम-से-कम भारत में 'नस्ल' और भाषा के बीच कोई सम्बन्ध स्थापित नहीं है। जैसा केवेली-स्फोर्ज़ा की *जेनिटिक ट्री* में दिखाया गया है, आर्य और द्रविड़ भाषाएँ बोलने वाले आनुवंशिक चिह्नकों के आधार पर व्यावहारिक रूप में अविभेद्य हैं। इसी प्रकार अरबी बोलते हुए ईरानी (ईरानी शाखा की आर्य भाषाएँ बोलते हुए) और दक्षिण-पश्चिम एशियाई भी अविभेद्य हैं। हालाँकि ये दोनों भारतीयों से आनुवंशिक रूप से भिन्न हैं, इनके बीच शायद केवल दो या तीन 'खण्ड' (स्पिट्स) का ही अन्तर है। इस कारण हमें भारत में हिन्द-यूरोपीय भाषाओं के आगमन को बहुव्यापक प्रवास के रूप में नहीं देखना चाहिए। यह प्रक्रिया छोटे प्रभावकारी, प्रधान समूहों के आवागमन के माध्यम से सम्भव हुई। इस बिन्दु पर कॉलिन रेनफ़्रू द्वारा *आर्किओलॉजी एंड लैंग्वेज़* (1987) में उचित बल दिया गया है।

यह दावा किया जाता है कि भारतीय आबादी के कुछ भाग 'देशज' हैं जिनमें कई अनुसूचित जनजातियाँ शामिल हैं, जबकि बाक़ी भारतीय आबादी बाद के आप्रवासियों के वंशज हैं। इन दावों पर ध्यान देते समय उपरोक्त बिन्दुओं को ध्यान में रखने की आवश्यकता है। निश्चित ही इस धारणा का आयात नयी दुनिया (न्यू वर्ल्ड) से हुआ है, जहाँ देशज और आप्रवासी के बीच का अन्तर ऐतिहासिक रूप से विधिसंगत है। इस वैधता को भारत में नहीं ढूँढ़ा जा सकता, लेकिन इसके विपरीत यह दावा भी किया जाता है कि हिन्द-यूरोपीय भाषाएँ और उसे बोलने वाले भारत के देशज हैं। संघ परिवार से जुड़े इतिहासकार और पुरातत्त्वविज्ञानी आजकल बहुत ऊँचे स्वर में इस दावे का समर्थन कर रहे हैं। यह दावा भी समान रूप से दोषयुक्त है। भाषा कालानुक्रम विज्ञान (ग्लॉट्टोक्रोनोलॉजी) की पद्धति द्वारा बृहत्तर हिन्द-यूरोपीय परिवार से आर्य शाखा का पृथक्करण चौथी सहस्राब्दी ई.पू. के परे नहीं जा सकता। भारत में इस समय तक किसी अलग

और विलुप्त बोली बोलते हुए हमारे पूर्वज हज़ारों साल से रह रहे होंगे। यदि भाषा कालानुक्रम विज्ञान द्वारा प्रस्तावित सटीक काल-निर्धारण को कुछ संशय के साथ भी लिया जाये, तो भी समय-सीमाओं को उतना अधिक खींचना सम्भव नहीं है। साथ ही यह तथ्य कि हिन्द-यूरोपीय भाषा-समूह में हत्ती और अल्बानियाई भाषा भाषायी रूप से सबसे पुरानी भाषाएँ हैं, इस मान्यता के अनुकूल नहीं है कि आद्य-हिन्द-यूरोपीय भाषा का घर भारतीय है। हम यह स्वीकार कर सकते हैं कि मानव के रूप में हमारे पूर्वज शायद अफ़्रीका से आये। हम यह भी स्वीकार कर सकते हैं कि हमारे बीच अधिकांश लोगों द्वारा बोली जाने वाली भाषाएँ मौलिक रूप से यूरेशिया में अन्यत्र बोली जाने वाली भाषाओं से उत्पन्न हुई हैं। हमारे द्वारा इन बातों को स्वीकार किये जाने से हमारा आत्म-सम्मान किसी भी हालत में ख़तरे में नहीं पड़ता। आख़िरकार मानव इतिहास एक प्रकार की एकता का निर्माण करता है। हमारी मौजूदा प्रादेशिक सीमाओं का सृजन सापेक्षिक रूप से हाल में हुआ है। इसलिए विगत काल में जब बाह्य भाषाओं के वक्ता उन सीमाओं से गुज़रे होंगे, तब शायद ही उन्हें यह अहसास हुआ होगा कि वे किसी अलंघनीय सीमा का उल्लंघन कर रहे हैं।

सुनील खिलनानी की पुस्तक *द आइडिया ऑफ़ इंडिया* का शीर्षक उद्धृत करते हुए, 'भारत की अवधारणा' का उदय कब हुआ, यह एक महत्त्वपूर्ण ऐतिहासिक प्रश्न है। यह महत्त्वपूर्ण इसलिए है क्योंकि इसी समय यह चेतना भी उत्पन्न हुई होगी कि क्या भारतीय है और क्या विदेशी। ऐसी 'भारतीय' चेतना ऋग्वेद और अन्य वैदिक ग्रन्थों के लिए अनजानी है जिनकी भौगोलिक और सांस्कृतिक दुनिया अवेस्ता के साथ काफ़ी मेल खाती है। आरम्भिक पालि ग्रन्थों में छठी शताब्दी ई.पू. में विद्यमान सोलह महाजनपदों की सूची एक ऐसे देश की अवधारणा की ओर संकेत करना आरम्भ करती है जहाँ ये सभी रियासतें मौजूद थीं। प्रख्यात मौर्य सम्राट अशोक के लघु शिलालेख I (लगभग 260 ई.पू.) में भारत का एक आरम्भिक नाम 'जम्बुदीप' पाया गया है जहाँ अब मानव देवताओं के साथ 'मिश्रित' हो गये थे। अशोक के शिलालेख XIIII में 'यौना' (यूनानी) की भूमि का ज़िक्र यथावत विदेशी भूमि के रूप में मिलता है। यह कहा गया है कि इस भूमि में ब्राह्मण और श्रमण (बौद्ध और जैन भिक्षु), दोनों की अनुपस्थिति थी। उस समय भारत को घेरता हुआ सम्पूर्ण ईरानी विश्व सिकन्दर के बाद के यूनानी शासकों के अधीन था। इस कारण यह सम्भव है कि अशोक के 'यौना' में यूनानी और ईरानी, दोनों शामिल थे। अशोक उन्हें भली-भाँति जानते होंगे क्योंकि उनके पास यूनानी और ईरानी अधिकारी थे।

इन अधिकारियों ने ही अध्यादेशों का साहित्यिक यूनानी और आरामाईक में अनुवाद किया था और उन्हें उन शिलालेखों में उत्कीर्ण किया जो पिछले चालीस वर्ष में खोजे गये हैं। इसलिए भारतीय और विदेशियों में उनका अन्तर मौलिक रूप से संस्कृति का था। विदेशियों में समरूप पुरोहित का पद नहीं होता। यहाँ आरम्भिक ग्रन्थों में बुद्ध के कथन की याद आती है जिसका यह तात्पर्य है कि 'यौना' के मध्य में कोई जातियाँ नहीं हैं, बल्कि केवल स्वामी और दास हैं। दूसरी शताब्दी ई.पू. के आसपास रचित ब्राह्मणवादी वैधानिक ग्रन्थ मनुस्मृति में हमारे पास मौजूदा उत्तर भारत की सीमाओं की अस्पष्ट परिभाषा आर्यावर्त के रूप में है। आर्यावर्त में 'काले मृग प्राकृतिक रूप से विचरन करते हैं'। इसके विपरीत 'म्लेच्छ' की भूमि का उल्लेख है जहाँ ब्राह्मण धार्मिक संस्कार नहीं कर सकते अथवा 'द्विज' निवास नहीं कर सकते (II, 22-24)। म्लेच्छों को दस्यु की श्रेणी में रखने अर्थात् ब्राह्मण से निर्मित न माने जाने के माध्यम से उनके प्रति शत्रुता प्रदर्शित होती है (X, 48)।

ऐसे वक्तव्य यह दिखाते हैं कि निश्चित सामाजिक और धार्मिक संस्थाओं द्वारा चिह्नांकित देश के रूप में भारत का अभिज्ञान केवल उस समय आरम्भ हुआ जब मौर्य साम्राज्य (लगभग 320-185 ई.पू.) स्थापित हुआ। अधिकांश भारत को समाविष्ट करते हुए इस साम्राज्य ने निस्सन्देह ही सांस्कृतिक समाकलन की प्रक्रिया को कम-से-कम देश के उच्च वर्ग में प्रचलित किया। अशोक के लिए मित्रवत रूप में और मनु के लिए शत्रु के रूप में 'विदेशी' का परिज्ञान देश के रूप में भारत की परिकल्पना का एक आवश्यक पूरक था। भारत के निवासियों के लिए (अथवा उनके उच्च वर्ग के लिए) ऐसी परिकल्पना को प्राप्त करना अपने आप में ही एक महत्त्वपूर्ण उपलब्धि थी। चूँकि भारत स्वाभाविक रूप से 'अनन्त काल से' एक देश नहीं था। भारत का विकास सांस्कृतिक और सामाजिक गतिविधियों द्वारा और अपने निवासियों के साथ नज़दीकी अन्तःक्रिया के माध्यम से हुआ। इसमें भौगोलिक समीकरण सहायक रहे, लेकिन आवश्यक रूप से निर्णायक नहीं।

अगले हज़ार वर्षों में संस्कृत साहित्य भारत के भौगोलिक भू-खण्ड की ओर संकेत करने में समृद्ध बनता है। समुद्रगुप्त (लगभग 350) के विजय अभियानों की सूची अथवा *मेघदूत* में कालिदास द्वारा बादल की यात्रा का विवरण इसके उदाहरण हैं। भारत पर बल दिया जाना प्राचीन भारतीय लेखनी की एक अन्य अनोखे अभाव द्वारा रेखांकित होती है। यह अभाव इस जिज्ञासा की कमी है कि भारतीय दुनिया की सीमाओं के परे क्या है। इस पर ख़्वारिज़्मी

वैज्ञानिक अलबरूनी भारत पर अपनी उत्कृष्ट किताब (1035) में प्रतिकूल रूप से टिप्पणी करने वाले थे। एक बहुधा उद्धृत वाक्य (सखाऊ द्वारा अनुवादित) में वे कहते हैं–

> "हिन्दू यह मानते हैं कि उनके जैसा कोई देश नहीं, उनके जैसा कोई राष्ट्र नहीं, उनके जैसा कोई राजा नहीं, उनके जैसा कोई धर्म नहीं, उनके जैसा कोई विज्ञान नहीं', लेकिन साथ ही उन्होंने यह भी कहा कि 'उनके पूर्वजों के मानसिकता वर्तमान पीढ़ी जैसी संकीर्ण नहीं थी', साथ ही वे वराहमिहिर (लगभग 550) के कथन को उद्धृत करते हैं कि 'हालाँकि यूनानी अशुद्ध थे, उनका आदर होना चाहिए, क्योंकि वे विज्ञान में प्रशिक्षित थे और वहीं अन्य भी अग्रगण्य हुए।"

बाह्य तत्त्वों से वंचित, 'हिन्दू' सभ्यता से भारतीय विरासत के उत्पन्न मानने की समकालीन प्रवृत्ति इस कारण एकान्त प्राचीन भारतीय संस्कृति के विकास में केवल एक ही चरण से सामंजस्य स्थापित करता है, और इसमें भी बाहरी दुनिया की अस्वीकृति की बात को कुछ महान बुद्धिजीवियों द्वारा किसी भी प्रकार साझा नहीं किया गया था। वास्तव में, शायद ही विश्व के किसी भो भाग में ऐसी कोई संस्कृति किसी भी ऊँचाई तक गयी होगी जिसने स्वयं के मौलिक हिस्सों के निर्माण में बाहरी तत्त्वों को ग्रहण न किया हो।

जब अलबरूनी अपनी किताब लिख रहे थे, उस समय भी भारत में सांस्कृतिक प्रसार की एक नयी लहर शुरू हो चुकी थी। इसका एक हिंसक पक्ष भी था, जिसे वैज्ञानिकों ने महमूद ग़ज़नवी (1000-30) के 'अद्भुत पराक्रमों' की चर्चा करते हुए पहचाना 'जो बड़े-बूढ़ों की कहानियों की भाँति चमत्कारी था और जिस कारण हिन्दू सभी दिशाओं में धूल के कण जैसे बिखर गये थे।' लेकिन ज्ञान का विस्तार अभी शुरू नहीं हुआ था। अलबरूनी आगे बताते हैं कि लाहौर में हिन्दू अध्येताओं से बातचीत के दौरान जब उन्होंने स्वयं ही विज्ञान और तर्कशास्त्र (यूनानवादी-अरबी परम्परा से व्युत्पन्न) के सिद्धान्तों का अर्थ प्रतिपादन शुरू किया, "वे सभी हिस्सों से आते हुए मेरे पास एकत्र हुए। वे अंचम्भित थे और मुझसे सीखने के लिए आतुर थे।"

समय के साथ भारत में मुस्लिम समुदाय का विस्तार हुआ और दरबार और स्थानीय कुलीन तन्त्रों के बीच समझौतों के विभिन्न स्तरों के आधार पर स्थापित सल्तनत का उदय हुआ। ऐसी अन्तःक्रिया के कारण भारत की अवधारणा को नयी सम्पन्नता प्राप्त हुई।

जैसा कि मशहूर है, हिन्द-आर्य 'स' के लिए व्यंजन 'ह' के प्राचीन ईरानी प्रयोग के कारण संस्कृत 'सिन्धु' के लिए 'हिन्द(ु)' का ईरानी रूप प्रयुक्त हुआ। इसके बाद इसी कारण सम्पूर्ण परा-इंडस देश के लिए पुराने नाम 'इंडिया' का

प्रयोग हुआ जो यूनानी 'इंडॉस' का रूप था और इसी कारण भारत के निवासियों के लिए बाद का फ़ारसी नाम 'हिन्दू' और भारत के लिए 'हिन्दुस्तान' का प्रयोग होने लगा। हिन्दुस्तान में 'हिन्द(ु)' के साथ आम ईरानी क्षेत्रीय प्रत्यय-स्तान को जोड़ा गया था। वैसे प्रत्यय-स्तान फ़ारसी में आम है। उदाहरण के लिए सीस्तान, गुरजिस्तान, खुज़िस्तान। हिन्दुस्तान का सीधा अर्थ 'भारतीय भूमि' है, न कि 'हिन्दुओं (धार्मिक समुदाय के रूप में) की भूमि' जैसा कि हिन्दू महासभा के नेताओं द्वारा अर्थ लगाया जाता है। हिन्दू महासभा के नेताओं ने इसे एक संस्कृत रूप, *हिन्दू-स्थान,* देने का भी प्रयत्न किया। हालाँकि ऐसा शब्द इस भाषा में कभी भी अस्तित्व में नहीं था। इसलिए मध्यकालीन फ़ारसी और अरबी प्रयोगकर्ताओं के लिए हिन्द/हिन्दुस्तान एक देश था। साथ ही उन्होंने इसकी विविधता को नज़रअन्दाज़ करते हुए एक आस्था और एक संस्कृति को यहाँ के लोगों का लक्षण बताया। उनके लिए सभी हिन्दू एक ऐसे धर्म के अनुयायी थे जो 'हिन्द' के लिए विशिष्ट था। साथ ही हिन्दुस्तान में निवास करने वालों से एक विशेष धर्म के अनुयायी बनने में यहाँ लगभग एक स्वाभाविक संक्रमण हुआ। यह संक्रमण पहले से ही अलबरूनी में मौजूद है जिस भाव में वे हिन्दू की बात करते हैं। 14वीं अथवा 15वीं शताब्दी के बाद ही यह पूरी तरह से अनजाना नाम उन लोगों द्वारा अपनाया गया जिनको यह नाम दिया गया था। 1438-39 की एक जैन शिलालेख में राणा कुम्भा को हिन्दू-सुरत्राण ('हिन्दू सुल्तान') के रूप में प्रशंसापूर्ण ढंग से वर्णित किया गया है, लेकिन 14वीं शताब्दी के बाद से लगभग उसी समय एक नया शब्द 'हिन्दी' ('हिन्दुस्तानी' भी) भारतीयों की आम श्रेणी के लिए प्रयोग में आने लगा। यह श्रेणी धर्म का विचार किये बिना प्रयुक्त रहा क्योंकि अब मुस्लिम भी भारत के मूल निवासी बन चुके थे और अपने धार्मिक संकेतार्थ के साथ हिन्दू शब्द उनको शामिल नहीं कर पाता। इसलिए प्रसिद्ध फ़ारसी कवि अमीर खुसरो (मृत्यु 1324) बड़े अभिमान के साथ खुद को 'एक हिन्दुस्तानी तुर्क' और हिन्द को अपना 'घर और जन्मभूमि' कहते थे। अपने *नूह सिपिहर* में वे विश्व को भारत से मिले योगदानों (संख्याएँ, पंचतन्त्र और शतरंज!) की बात करते हैं। साथ ही वे कई क्षेत्रीय (हिन्दवी) भाषाओं, प्रबुद्धों की संस्कृत और आम 'हिन्दी' जुबान की भी बात करते हैं, लेकिन फिर फ़ारसी के बारे में वे दावा करते हैं कि गौरों और तुर्कों द्वारा लायी गयी फ़ारसी भी अब भारतीय भाषा-भण्डार का ही हिस्सा थी। शायद पहली बार यहाँ हम भारत के विशिष्ट लक्षण के रूप में सम्मिश्रित संस्कृति की एक ऐसी संकल्पना को इतना स्पष्ट रूप से प्रतिपादित होते हुए देखते हैं। इस बात में दो राय नहीं है कि

धार्मिक अवरोध जारी रहे। विश्व की सभी संस्कृतियों में आन्तरिक तनाव रहा ही है। फिर भी एक मुस्लिम जुलाहे, कबीर (लगभग 1510), को अपनी प्रबल एकेश्वरवादी कविताओं में सबसे तीखे शब्दों द्वारा हिन्दू धर्म और इस्लाम और उनके धार्मिक अनुष्ठानों के साथ निन्दा करने की अनुमति मिली। साथ ही उनके कनिष्ठ समकालीन गुरुनानक को हिन्दू धर्म और इस्लाम से स्वतन्त्र एक धर्म के निर्माण की अनुमति मिली। यह तथ्य निश्चित ही उन परिस्थितियों की ओर संकेत करते हैं जहाँ धार्मिक स्वतन्त्रता को भी भारत के सांस्कृतिक परिवेश के हिस्से के रूप में देखा गया।

महान मुग़ल सम्राट अकबर (1556-1605) के साथ एक ऐसी समझ को नया बल मिला जो भारत को ऐसी विभिन्न संस्कृतियों के घर के रूप में देखता है जहाँ ये संस्कृतियाँ एक-दूसरे के साथ अन्तःक्रिया और समायोजन करती हैं। यह बल विशेष रूप से सर्वेश्वरवाद और एक पुनर्जीवित तर्कवाद की दोहरी प्रेरणा से प्राप्त हुआ। आधिकारिक तौर पर आयोजित संस्कृत कृतियों का फ़ारसी अनुवाद किया गया। इसके बाद अबुल फ़ज़ल द्वारा अकबर के साम्राज्य के आधिकारिक अभिलेख, *आइन-ए-अकबरी* में भारत की समाज और संस्कृति (अपने मुस्लिम अंश के सहित) का विस्तृत ब्यौरा मिलता है। हालाँकि इस सांस्कृतिक विरासत के प्रति अकबर का रवैया आलोचनारहित सहानुभूति का नहीं था। वे उन असमानताओं को स्वीकार नहीं कर सकते थे जो उनके अनुसार हिन्दू धर्म और इस्लाम की परम्पराओं में निहित थीं। इनमें ख़ासकर महिलाओं (बाल विवाह, सती, असमान उत्तराधिकार) और दास (विशेष रूप से, दास व्यापार) के साथ बर्ताव शामिल था। इसके अतिरिक्त, परम्परा का प्रभाव बहुत अधिक शक्तिशाली था जो उन्हें पूरी तरह से अस्वीकार्य था। इस कारण उन्होंने फ़ारसी और संस्कृत, दोनों भाषाओं में शिक्षा के लिए लौकिक और वैज्ञानिक पाठ्यक्रम तैयार करने का प्रयास भी किया। सुधार के साथ राष्ट्रभक्ति के संयोजन की खोज आश्चर्यजनक ढंग से 19वीं शताब्दी के पुनर्जागरण की उस मूल की आशा प्रतीत होती है जो बंगाल से बाहर विस्तार करने वाला था। बाद के अपरिहार्य घुमावों और आंशिक अस्वीकरणों के बावजूद, मुग़ल साम्राज्य में फ़ारसी साहित्य और 18वीं शताब्दी में उर्दू साहित्य को पोषित किया। इन साहित्यों में भारत की साझा संस्कृति को पुनरावर्त्ति अभिव्यक्ति मिली। यह याद किया जा सकता है कि राममोहन राय, जो निज़ामी नौकरशाहों के घर पैदा और बड़े हुए, उसी संस्कृति का एक परिणाम थे। राममोहन ने अपनी पहली किताब *तुहफत अल-मुवाहिदीन* (एकेश्वरवादियों का उपहार) (1803-04) में

प्रतिमा-पूजन को अस्वीकार किया और एकेश्वरवादी हिन्दुओं और मुस्लिमों के बीच निकटता की बात की। यह विचार स्पष्ट रूप से उस परम्परा से आकर्षित रहा था जिसमें अकबर, अबुल फ़ज़ल, और दारा शुकोह का पहले से ही बहुत अधिक योगदान था।

यदि अब जाकर भारत को ऐसा रूपान्तरण प्राप्त हुआ था जहाँ उसकी संस्कृति को बहु-धार्मिक अथवा अधि-धार्मिक कहा जा सकता है, तो निश्चित ही इसे सामन्तवाद की साँझ में हुए उस रूपान्तरण के सदृश्य माना जा सकता है जहाँ ईसाई जगत यूरोप में रूपान्तरित हुआ। आधुनिक राष्ट्र के रूप में भारत के उद्भव के लिए यह एक महत्त्वपूर्ण पूर्व शर्त थी। एक दूसरी पूर्व शर्त सम्भावित रूप से उस समय संरक्षित हुई जब दिल्ली सल्तनत और मुग़ल साम्राज्य की केन्द्रीयकारी प्रवृत्तियों ने बारम्बार एक राजनीतिक रूप से एकीकृत भारत के दृश्य को प्रक्षेपित किया। जैसा कि ताराचन्द *इंफ्लूएंस ऑफ़ इस्लाम ऑन इंडियन कल्चर* (1928) में कहते हैं, यह प्रवृत्ति 'राजनीतिक एकरूपता और बृहत्तर निष्ठा की भावना के निर्माण' में सहायक रही। वे यह भी जोड़ सकते थे कि राजनीतिक एकता की वास्तविक अथवा सम्भावित भावना देश के रूप में भारत की राजनीतिक इतिहासों की लेखनी के माध्यम से स्पष्ट शब्दों में साबित हुई। अकबर के काल में निज़ामुद्दीन अहमद (1592), और फिर फ़िरिश्ता (1607) और सुजान राय (1695) की लेखनी इसके उदाहरण हैं। फ़ारसी में लिखी इन कृतियों का किसी भी भाषा में कोई पूर्ववर्ती नहीं था।

इसलिए यह प्रतीत होता है कि राष्ट्रत्व की कुछ पूर्व शर्तें ब्रिटिश विजय अभियान के शुरू होने के पहले से ही प्राप्त हो चुकी थीं। प्लासी के वर्ष, 1757 में, भारत एक भौगोलिक अभिव्यक्ति मात्र नहीं रहा था। भारत एक सांस्कृतिक संस्था और एक राजनीतिक इकाई के रूप में भी देखा जाता था। फिर भी, यह अहसास भी ज़रूरी है कि भले ही भारत के निर्माण की लम्बी प्रक्रिया में इन प्रगतियों का उल्लेखनीय प्रभाव रहा, इन्होंने अभी तक भारत को एक राष्ट्र नहीं बनाया था। 'राष्ट्र' शब्द की विभिन्न परिभाषाएँ हैं। वे सभी इस बात पर बल देती हैं कि पहचान की चेतना का व्यापक प्रसार होना आवश्यक है। स्टालिन ने एक बार राष्ट्र के प्रश्न का वर्णन मूल रूप से एक 'कृषक के प्रश्न' के रूप में किया। इसका तात्पर्य अपने देश में सम्बद्धता का बहुव्यापक प्रसार था जो अन्य निष्ठाओं से अधिक व्यापक थी। इसके बाद जॉन स्टुअर्ट मिल ने एक और शर्त निर्धारित की कि एक ऐसी व्यापक रूप से साझा भावना मौजूद हो कि देश पर उनका ही शासन हो जो यहाँ के निवासी हैं। 19वीं शताब्दी तक एक देश तथा

एक सांस्कृतिक और राजनीतिक इकाई के रूप में भारत बोध अस्तित्व में था, वह कमोबेश केवल उच्च वर्गों, शहरी लोगों, व्यापारियों, विद्वानों और इन जैसे अन्य समूहों तक ही सीमित था। इसके अतिरिक्त इस बोध ने संकीर्ण पहचानों को रद्द नहीं किया था। अपनी महान अन्तर्दृष्टि के साथ राममोहन राय ने 1830 के एक पत्र में यह कहा कि भारत को अभी तक एक देश नहीं कहा जा सकता क्योंकि इसके लोग 'जातियों में बँटे' थे। बाहर से भी 1853 में कार्ल मार्क्स ने जातियों को 'भारतीय प्रगति और भारतीय शक्ति के समक्ष उन निर्णायक अवरोधों' के रूप में पहचाना।

इस प्रकाश में ही उन सामाज़िक सुधार आन्दोलनों को देखना आवश्यक है जो मुख्य रूप से बंगाल से उत्पन्न हुए और जिनके साथ राममोहन राय, ईश्वरचन्द्र विद्यासागर और केशवचन्द्र सेन के नाम स्थायी रूप से जुड़े हुए हैं। सुधारकों ने भिन्न परिमाणों के साथ तर्क के क्षेत्र को विस्तारित किया, एकेश्वरवाद (उदाहरण, ब्रह्म आन्दोलन) के झण्डे के तले अन्तर-धार्मिक एकता की बात की, और महिलाओं के उत्पीड़न और जाति के अवरोधों की निन्दा की। जैसे-जैसे इन विचारों का प्रसार हुआ, इन्होंने भारत को राष्ट्रत्व की आधारशिला प्रदान की। हालाँकि हमारे अतीत में इन धारणाओं का पूर्वानुमान था, किन्तु उद्भव का मुख्य स्रोत निश्चित रूप से पश्चिम ही रहा। 1789 में, फ़्रांसीसी क्रान्ति ने 'स्वतन्त्रता, समता, भ्रातृत्व' के नारे का गुंजन विश्वभर में किया था। धार्मिक वाद-विवाद के अनुकूल बनने के लिए नयी आकृति के साथ अन्य आधुनिक विचार ईसाई मिशनरियों के माध्यम से आये, लेकिन वह अंग्रेज़ी भाषा थी जिसने यूरोप के सम्पूर्ण आधुनिक मानवतावादी विचारों के लिए द्वार खोले। ब्रिटिश शासन के क़ायम रहने के लिए भी अंग्रेज़ों भाषा सीखना आवश्यक था। मार्क्स द्वारा औपनिवेशिक शासन के अन्तर्गत भारतीय 'पुनर्जनन' के वाद का योग और सार यही था (एक नये वर्ग का उदय हो रहा है, जो सरकार की आवश्यकताओं से सम्पन्न है और यूरोपीय विज्ञान से रंजित है)। मुखर उपनिवेशवाद-विरोधी दृष्टिकोण के आधार पर इस वाद पर उठाये गये मौजूदा सवाल मुझे कमोबेश अनुपयुक्त और ग़लत लगते हैं, भले ही हमें एडवर्ड सईद की *ओरियेंटलिज़्म* या फिर आजकल फ़ैशन में 'औपनिवेशिक ज्ञान' और 'विमर्श' पर नाटक कितना भी पसन्द हो। औपनिवेशिक ब्रिटेन के 'पुनर्जनन मिशन' की बात करते हुए मार्क्स ने स्वयं इस बात पर बल दिया कि ब्रिटेन की भूमिका अन्धी और ग़ैर-इरादतन थी। मार्क्स कहते हैं कि 'जिस प्रकार भू-वैज्ञानिक परिक्रमाओं ने धरती की सतह का निर्माण किया', ब्रिटेन ने 'ठीक उसी प्रकार नये विश्व के लिए भौतिक

परिस्थितियों' का निर्माण किया। यह मार्क्स के अधिकांश आलोचकों को जवाब दे सकता है।

राष्ट्र के रूप में भारत की संवृद्धि के लिए आधुनिक विश्व के लिए भारत का खुलना उतना ही अहम था जितना कि लोगों के व्यापक वर्गों में आधुनिक विचारों और सामाजिक मूल्यों का प्रसार। इसने राष्ट्रीय चेतना की गति को तीव्रता प्रदान की। दोनों प्रक्रियाएँ साथ-साथ चलीं, चाहे वह गाँधी का ग्रामोन्मुख रचनात्मक कार्यक्रम हो (क्योंकि इस मुद्दे पर अपने व्यक्तिनिष्ठ मतों के बावजूद गाँधी के भी विचारों के त्रुटिहीन पश्चिमी स्रोत थे) अथवा वामपन्थ की अगुआई वाला किसान आन्दोलन हो (जहाँ मार्क्सवाद ने आवेग प्रदान किया), लेकिन भारत के राष्ट्रत्व के उद्भव का एक दूसरा पहलू भी था, जिसके बारे में मिल ने बात की थी और मैंने पहले उल्लेख किया है। यह पहलू था देश के लोगों का अपने बीच के ही लोगों द्वारा शासित होने की तीव्र इच्छा।

राष्ट्रीय आन्दोलन इसी के बारे में था। ब्रिटिश सरकार की आर्थिक नीतियों की आलोचना, प्रशासनिक उपकरणों में भारतीयों के अपवर्जन के ख़िलाफ़ विरोध प्रदर्शन, और शिक्षित वर्गों द्वारा प्रतिनिधित्व की महत्त्वाकांक्षा भारतीय राष्ट्रीय काँग्रेस के गठन (1885) के तुरन्त बाद से उसके कार्यक्रम के मुख्य तत्त्व रहे। समय के साथ, 1931 तक ये तत्त्व एक स्वतन्त्र राज्य की परिकल्पना में तब्दील हो गये जब काँग्रेस ने अत्यन्त महत्त्वपूर्ण मौलिक अधिकार प्रस्ताव पारित किया। इस प्रस्ताव ने सार्वजनीन वयस्क मताधिकार के साथ लोकतन्त्र, महिलाओं की समानता, प्रमुख उद्योगों पर राज्य का नियन्त्रण, राष्ट्रीय उद्योगों का संरक्षण, श्रमिकों का अधिकार और कृषकों के लिए भूमि का वादा किया। इसलिए औपनिवेशिक शासन के विरुद्ध संघर्ष में कृषकों और श्रमिकों का जनसमुदाय शामिल रहा और राष्ट्रीय आन्दोलन में उनके प्रवेश के माध्यम से ही अन्ततोगत्वा भारत को उसकी स्वतन्त्रता प्राप्त हुई। स्पष्ट है कि भारतीय लोगों के जनसमुदाय को स्वतन्त्रता संग्राम की प्रक्रिया के दौरान जब यह अभिज्ञात हुआ कि ब्रिटिश शासन को अब जाना चाहिए, तब जाकर एक राष्ट्र के लिए मिल द्वारा बतायी गयी अन्तिम शर्त भी पूरी हो गयी।

अतः, भारतीय राष्ट्र निर्माण की एक लम्बी प्रक्रिया के बाद उभरा है। इस प्रक्रिया में यहाँ के निवासियों की चेतना अथवा मानसिक अनुकूलन की महत्त्वपूर्ण भूमिका रही, लेकिन जिस प्रकार राष्ट्र का उद्भव अथवा निर्माण होता है, ठीक उसी प्रकार उसे मिटाया और नष्ट भी किया जा सकता है। आधुनिक समय में प्रेस और संचार जैसे कारकों के माध्यम से राष्ट्रीय चेतना का विकास हुआ है,

लेकिन विकास के इन कारकों ने ही अधिक बड़े स्तर पर धार्मिक पहचान की भावनाओं को तीव्र भी किया है। भारत में साम्प्रदायिकता अनिवार्य रूप से राष्ट्रवाद के साथ ही विकसित हुई। *हिन्द स्वराज* (1909) में गाँधीजी ने यह चेतावनी दी थी कि 'राष्ट्र' का किसी धर्म के साथ जुड़ाव नहीं हो सकता। भारत में भिन्न समुदायों के लोगों को अवश्य ही 'एकता में' रहना चाहिए। इसी कारण से वे थके बिना अविराम संघर्ष करते रहे और अन्त में अपनी जान तक दे दी। धर्मनिरपेक्षता हमारे राष्ट्रत्व के केन्द्र में रही है।

जैसा जवाहरलाल नेहरू उल्लेख करते हैं, एक बार बहुसंख्यक धार्मिक समुदाय अपने धर्म को राष्ट्र के साथ जोड़ने पर ज़ोर डालता है, उसकी साम्प्रदायिकता अपने आपको राष्ट्रवाद के छद्म-वेश में प्रस्तुत करती है। दूसरी ओर अल्पसंख्यक की साम्प्रदायिकता को हमेशा उसके स्वभाव से आसानी से जोड़कर देखा जाता है। दरअसल द्विराष्ट्र सिद्धान्त दोनों ओर विकसित हुआ था। हिन्दू महासभा और आरएसएस का 'हिन्दू-हिन्दी-हिन्दुस्तान' का नारा राष्ट्रीय एकता के लिए उतना ही ध्वंसकारी था जितना कि 1940 के लाहौर प्रस्ताव के बाद मुस्लिम लीग द्वारा अपनाया गया 'पाकिस्तान' का नारा। पचास साल से अधिक से पहले विभाजन के उकसावे, साम्प्रदायिक नरसंहार, और गाँधीजी की शहादत के बीच भारतीय लोगों ने अपने राष्ट्र के लिए एक धार्मिक रंग को अस्वीकार करने का ऐतिहासिक निर्णय लिया था। आज ऐसा लगता है कि इस निर्णय को किसी संवैधानिक आयोग के समक्ष अथवा किसी और रूप में समीक्षा का सामना करना पड़ेगा। इसी कारण मेरा यह सुझाव है कि शिक्षा और प्रबोधन के केन्द्रों और आमतौर पर सभी सोचने वाले लोगों के लिए राष्ट्र के वास्तविक हितों के उद्देश्य की आवाज़ बनने और इसकी वास्तविक ऐतिहासिक विरासत के पक्ष में बोलने की ज़रूरत है।

भारत के सन्दर्भ में राष्ट्र का अभिप्राय

राष्ट्र को अक्सर आधुनिक विश्व की केन्द्रीय राजनीतिक संस्था के रूप में पहचाना जाता है। फिर भी, जैसा कि व्यापक प्रयोग में लाये जाने वाले शब्दों के साथ होता है, अपवाद ही मुख्य सिद्धान्तों को धुँधला करने के लिए प्रवृत्त रहता है। इस कारण, राष्ट्र की ऐसी परिभाषा को खोजना मुश्किल हो जाता है जो सभी के लिए स्वीकार्य हो। हालाँकि मार्क्सवादियों ने आमतौर पर स्टालिन की प्रसिद्ध परिभाषा का अनुसरण किया है। इसके अनुसार–

> "एक राष्ट्र ऐतिहासिक रूप से गठित लोगों का समुदाय है जिसका निर्माण सामूहिक संस्कृति में अभिव्यक्त एक सामूहिक भाषा, भूखण्ड, आर्थिक जीवन और मनोवैज्ञानिक प्रकृति के आधार पर होता है।"[1]

सामूहिक भाषा को राष्ट्र के आवश्यक लक्षण के रूप में देखने पर एक पारम्परिक विद्वत्तापरक आपत्ति है। अपनी तीन भाषाओं (जर्मन, फ्रांसीसी और इतालवी) के साथ स्विट्ज़रलैंड का उदाहरण अक्सर दिया जाता है। यह उदाहरण दर्शाता है कि भाषाओं की बहुतायत के बावजूद एक राष्ट्र (इस मामले में, स्विस राष्ट्र) का उदय हो सकता है। फिर भी, स्विस मामला अनूठा है। यह कहा जा सकता है कि यहाँ भूगोल और ऐतिहासिक परिस्थितियों जैसे अन्य कारक इतना भारी महत्त्व रखते हैं कि भाषा की भूमिका पूरी तरह से रद्द हो जाती है। ऐसा कोई भी अन्य निर्विवाद मामला नहीं है जहाँ दो विकसित साहित्यिक भाषाएँ बोलने वाले लोगों ने अभी तक एक राष्ट्र का निर्माण किया हो।

फिर भी, स्टालिन की परिभाषा में एक बड़ी चूक है। यह चूक इस परिभाषा में राष्ट्र तथा राज्य के बीच के सम्बन्ध में दिखती है जहाँ वे राष्ट्र को एक राष्ट्रीय राज्य में परिवर्तित करने के प्रयासों की बात करते हैं।[2] लोगों द्वारा सामूहिक संस्कृति साझा करने मात्र से एक राष्ट्र नहीं बनता। जॉन स्टुअर्ट मिल द्वारा 1861 में लिखे गये शब्दों में एक राष्ट्र होने के लिए यह भी आवश्यक है कि वे लोग

'एक ही सरकार के अन्तर्गत रहने की इच्छा रखते हों, और यह भी इच्छा रखते हों कि वह सरकार अनन्य रूप से उनके द्वारा अथवा उनके एक हिस्से द्वारा हो।' एक सम्प्रभु राज्य के रूप में राष्ट्र की एक पृथक् संस्था की वांछनीयता के प्रति लोक-सम्मत चेतना की मौजूदगी राष्ट्र की संकल्पना में अन्तर्निहित है।

यह अन्तिम विशेषता ही आधुनिक युग के एक राष्ट्र को पहले के उन सभी देशों और राजतन्त्रों से अलग करती है जिन्होंने सामूहिक भाषाएँ बोलने वाले और सामूहिक संस्कृति साझा करने वाले लोगों को समाहित किया होगा। इस्लाम के उदय के समय अरब लोग थे, और मुहम्मद की मृत्यु के समय सभी अरबी-भाषी जनजातियों को समाहित करता एक राज्य तक था, लेकिन कोई अरब राष्ट्र नहीं था। इसका कारण यह था कि केवल अरबों को समाहित करने वाले एक पृथक् राज्य के निर्माण के लिए कोई भी लोक-सम्मत इच्छा (किसी भी रूप में अभिव्यक्त) मौजूद नहीं थी।

एक राष्ट्र के निर्माण के पीछे 'लोक-सम्मत अनुमोदन' राष्ट्र को एक आधुनिक घटना बनाता है। ऐसा मुख्य रूप से संचार और परिवहन, प्रिंटिंग-प्रेस, सड़क और रेल के आधुनिक उपकरणों के कारण है जिन्होंने एक वास्तविक लोक-सम्मत राष्ट्रीय चेतना के निर्माण को समर्थकृत किया।

आमतौर पर यह माना जाता है कि सोलहवीं शताब्दी के दौरान प्रारम्भिक रूप लेते हुए स्पेन, पुर्तगाल, फ्रांस, इंग्लैंड और हॉलैंड के 'राष्ट्र-राज्य' आरम्भिक राष्ट्रों का प्रतिनिधित्व करते थे। इसका अर्थ था कि 'सामन्तवाद पर पूँजीवाद की अन्तिम विजय के काल में' (लेनिन)[2] राष्ट्रों का उद्‌भव हुआ। दरअसल फ्रांस भी उस समय तक पूर्ण रूप से एक राष्ट्र नहीं था जब तक फ्रांसीसी क्रान्ति अपनी बाढ़ में विभिन्न स्थानीय निष्ठाओं को नहीं बहा ले गयी। उन्नीसवीं शताब्दी के आरम्भिक भाग में, मेटरनिख इटली का वर्णन एक 'भौगोलिक अभिव्यक्ति मात्र' के रूप में ही किया। पूर्वी यूरोप में पूँजीवादी सम्बन्धों का विकास बहुत धीमी गति से हुआ। यहाँ राष्ट्रों का निर्माण भी सबसे अन्त में हुआ, जब 1918 में जाकर जर्मनी और ऑस्ट्रिया के पराजित साम्राज्यों और ज़ारवाद के बिखरे ढाँचे के ध्वंसावशेष राज्य के रूप में प्रकट हुए।

अठारहवीं शताब्दी तक राष्ट्रों का इस धीमी गति से निर्माण, और उस शताब्दी के अन्तिम वर्षों से पूरे यूरोप और अन्य भागों में उनका उद्‌भव केवल संचार के साधनों के विकास के तदनुरूप गति के परिणामस्वरूप नहीं हुआ। पूँजीपति वर्ग द्वारा राष्ट्र की आड़ में घरेलू बाज़ार बनाने के प्रयासों ने राष्ट्र के निर्माण में महत्त्वपूर्ण भूमिका अदा की। "पूँजीपति वर्ग के लिए घरेलू बाज़ार पर

क़ब्ज़ा करना आवश्यक है, उनके पास एक भाषा बोलने वाली आबादी के साथ राजनीतिक रूप से संगठित भू-खण्ड होना आवश्यक है" (लेनिन)।[4]

राष्ट्रों के निर्माण की प्रक्रिया का अध्ययन करने में निश्चित ही विशाल जटिलताओं की अपेक्षा करनी चाहिए। ऐसे मामले हैं जहाँ दो सम्बद्ध भाषाएँ शामिल हैं। संगठित राष्ट्र और दो पृथक् राज्यों के पक्ष समर्थकों के बीच 'लोक-सम्मत अनुमोदन' के लिए संघर्ष हो सकता है। बुल्गारिया के सम्बन्ध में मैसेडोनिया ऐसी परिस्थिति का एक अत्यधिक आकर्षक उदाहरण प्रस्तुत करती है या फिर ऐसा भी हो सकता है कि सामूहिक संस्कृति होने के बावजूद पृथक् सम्प्रभु राज्य की इच्छा (क) विदेशी शासन के कारण पूरी न हुई हो, अथवा (ख) राष्ट्रों के संघ के पक्ष में संयमित किया गया हो। पहली स्थिति का उदाहरण भूतपूर्व ऑस्ट्रिया-हंगरी के भीतर स्लाव लोगों के मामले में प्रदर्शित होता है। दूसरी स्थिति का उदाहरण सोवियत संघ के गणराज्य प्रदान करते हैं। मार्क्सवादी प्रयोग में इन राष्ट्रों को अब आमतौर पर 'राष्ट्रीयताएँ' कहा जाता है।

इस आम दृष्टि से अब हम भारत के विशेष मामले की ओर बढ़ते हैं। इसमें कोई सन्देह नहीं है कि देश के रूप में भारत की चेतना शताब्दियों से या सहस्राब्दी से भी मौजूद रही है। आंशिक रूप से यह भूगोल के कारण है। हिमालय और पश्चिमी तथा पूर्वी पर्वतमालाएँ इसे बाक़ी की दुनिया से अलग करती हैं। आंशिक रूप से आम लोगों की भाषा के साथ ब्राह्मणवादी संस्कृति ने समाज के उच्च वर्ग की नज़रों में इसे एकता प्रदान की है। अमीर ख़ुसरो और इसामी जैसे चौदहवीं शताब्दी के कवियों ने हिन्दुस्तान के वैभव, उसकी समृद्धि, उसके सौन्दर्य और संस्कृति के गुणगान किये। उनका इस वर्णन से हमें इस बात में कोई सन्देह नहीं रहता कि भारत से उनका तात्पर्य पूरा उपमहाद्वीप था, लेकिन ब्रिटिश शासन के विरुद्ध संघर्ष में भारी संख्या में लोगों को साथ लाने वाले बुर्जुआ-लोकतान्त्रिक साम्राज्यवाद-विरोधी आन्दोलन के कारण ही लोक-सम्मत चेतना में भारत के प्रति निष्ठा अन्य सभी क्षेत्रीय निष्ठाओं से श्रेष्ठ बन गयी।

1947 के विभाजन ने यह प्रदर्शित किया कि भारतीय लोगों के एक बड़े खण्ड को धर्म के नाम पर एक पृथक् राज्य बनाने के लिए रिझाया जा सकता था। पाकिस्तान का यह राज्य तत्त्वतः धार्मिक सिद्धान्तों पर गढ़ा गया था।[5] निश्चित रूप से यह भी उल्लेखनीय है कि 'राष्ट्र' के रूप में भारत की लोक-सम्मत परिकल्पना में भी धर्म प्रवेश कर चुका था। कई लोगों की नज़र में हिन्दू धर्म ही भारत को एकता का आधार प्रदान करता प्रतीत हुआ।

इस बात में भी कम ही सन्देह हो सकता है कि भारत का विशाल पूँजीपति वर्ग भारत की संकल्पना को क्षेत्रीयनिष्ठा के एक मात्र केन्द्र के रूप में आगे बढ़ाने में रुचि रखता था। अपने संघीय आवरण के बावजूद भारत का संविधान कुख्यात ढंग से एक एकात्मक संविधान है।

क्या फिर भारत एक राष्ट्र है?

मार्क्सवादियों के लिए, बिना हिचकिचाहट, इसका उत्तर निश्चित ही नकारात्मक होगा। निश्चित रूप से भारत एक देश है, लेकिन यह एक राष्ट्र नहीं है। ऐसा इस कारण है क्योंकि भारत न तो सामूहिक भाषा, न ही सामूहिक संस्कृति की आवश्यकता को पूरा करता है।[6] यह एक ऐसा देश है जिसमें अनेक उभरती राष्ट्रीयताएँ अपनी अलग-अलग भाषाओं और संस्कृतियों के साथ शामिल हैं।

कुछ मार्क्सवादी लेखकों के अनुसार ऐसा लगता है कि भारत के भीतर ब्रिटिश विजय अभियानों के पहले से ही राष्ट्रीयताएँ उभरनी शुरू हो चुकी थीं। इस कारण आज हमें उभरती राष्ट्रीयताओं के बजाय पहले से ही पूर्ण रूप से निर्मित राष्ट्रीयताओं की बात करनी चाहिए।

इस दृष्टिकोण की जड़ें उस ब्रिटिश विजय अभियानों की पूर्वसन्ध्या में भारतीय समाज के विकास की अवस्था के मूल्यांकन में मिलती हैं। आर. पी. दत्त लिखते हैं–

> "अठारहवीं शताब्दी में मुग़ल साम्राज्य के पतन के बाद जिन आन्तरिक युद्धों ने भारत का विध्वंस किया, वे उन अन्तरस्थ अस्पष्टताओं (कुछ हद तक इंग्लैंड के गुलाबों का युद्ध और जर्मनी के तीस वर्षीय युद्धों के तुल्य था) का प्रतिनिधित्व करते हैं जो पुरानी व्यवस्था के टूटने और विकास के सामान्य प्रवाह का मार्ग तैयार करने के लिए आवश्यक थे। विस्तारशील व्यापार, नौ-परिवहन और विनिर्माण हितों के आधार पर बुर्जुआ शक्ति के उदय के लिए भी आवश्यक थे...(ब्रिटिश विजय अभियान) के परिणामस्वरूप भारत में पुरानी व्यवस्था के टूटने के बाद उसी पुरानी व्यवस्था के कवच से जो बुर्जुआ शासन आकस्मिक रूप से प्रकट हुआ, वह भारतीय बुर्जुआ शासन नहीं था। वह एक विदेशी बुर्जुआ शासन था जो स्वयं को बलपूर्वक पुराने समाज पर थोप रहा था और उदीयमान भारतीय बुर्जुआ के अंकुर को नष्ट कर रहा था।"[7]

जवाहरलाल नेहरू समान दृष्टिकोण को और अधिक बलपूर्वक प्रस्तुत करते हैं। वे कहते हैं कि–

> "सत्रहवीं शताब्दी के दौरान वास्तव में भारत औद्योगिक रूप से, व्यावसायिक रूप से और वित्तीय रूप से उतना ही विकसित था जितना कि औद्योगिक क्रान्ति से पहले कोई भी देश।"[8]

दूसरे शब्दों में, ब्रिटिश विजय अभियान से पहले की अवधि में भारत उस स्तर पर था जहाँ पश्चिमी यूरोप औद्योगिक क्रान्ति से पहले था। अपने 'उदीयमान बुर्जुआ के अंकुरों के साथ' भारतीय अर्थव्यवस्था के प्रति ऐसे दृष्टिकोण का अर्थ यह है कि हमें ऐसे राजनीतिक परिणामों को देखना होगा जैसे पश्चिमी यूरोप में घटित हुए। राष्ट्रीयताओं का उदय उनमें से एक परिणाम है।

चौदहवीं शताब्दी के दौरान अमीर ख़ुसरो भारत में बोले जाने वाली विभिन्न भाषाओं की सूची प्रदान करते हैं। बंगाली (चैतन्य), अवधी (कबीर), ब्रज (सूरदास), पंजाबी (नानक), मराठी (नामदेव), इत्यादि धर्मोपदेशकों ने अनुराग और भक्ति के गीत क्षेत्रीय भाषाओं में गाये। ये तथ्य इस बात को सिद्ध करते हैं कि पन्द्रहवीं और सोलहवीं शताब्दी में राष्ट्रीयताओं के उद्‌भव के लिए भाषायी आधार जुटाया जा रहा था। तत्पश्चात, सत्रहवीं और अठारहवीं शताब्दी में मराठा, अफ़ग़ान, जाट और सिख राज्यों का उदय हुआ। इन राज्यों को उदीयमान राष्ट्रीय चेतना की राजनीतिक अभिव्यक्ति में देखा जाता है। अनुभवी सोवियत भारतविद् राइज़नर की ऐसी ही राय है। इसी प्रकार कॉमरेड ई.एम.एस.नम्बूदरीपाद ने केरल 'राष्ट्र' के निर्माण को इसी अवधि में दिनांकित किया है।[9] शिवाजी के सम्बन्ध में, पुराने राष्ट्रवादी और मार्क्सवादी इस विश्वास के पक्षधर थे कि शिवाजी ही मराठा राष्ट्र के निर्माता थे। शिवाजी पर एक नरम दलीय मार्क्सवादी व्याख्याता, पी.वी. रानाडे का मानना था कि शिवाजी के समय तक 'मराठी-भाषी लोगों की सामूहिक मनोवैज्ञानिक ढाँचे' के लायक़ परिस्थिति बन चुकी थी।[10]

फिर भी यह सन्देहास्पद है कि ब्रिटिश विजय अभियान से पहले भारतीय अर्थव्यवस्था में बुर्जुआ विकास के कोई 'अंकुर' मौजूद थे। वस्तुओं के उत्पादन को पूँजीवादी उत्पादन से सम्भ्रमित नहीं किया जाना चाहिए। जैसा कि मार्क्स ने बताया है, वाणिज्यिक पूँजी पूर्व-पूँजीवादी व्यवस्था की उत्पादन प्रक्रिया में बदलाव की आवश्यकता के बग़ैर, विकसित और समृद्ध होती है। पूर्व-ब्रिटिश भारत में प्रौद्योगिकीय विकास की गति अत्यधिक धीमी थी। सोहलवीं और अठारहवीं शताब्दी के बीच यूरोप में हो रहे प्रौद्योगिकीय विकास से इसकी कोई तुलना नहीं की जा सकती। मार्क्स के अनुसार 'मशीनोफैक्टर' (फैक्टरी व्यवस्था) की ओर महत्त्वपूर्ण दिशा परिवर्तन से पहले एक अन्तिम चरण का प्रतिनिधित्व मैन्युफैक्टरी द्वारा होता है। मुग़ल भारत में इस चरण का विकास ही नहीं हुआ था। इससे भी महत्त्वपूर्ण बात यह थी कि ग्रामीण इलाक़ों में शहरी उत्पादों का बाज़ार न के बराबर था। मुख्य रूप से शासक-वर्ग द्वारा भू-राजस्व के माध्यम से प्राप्त कृषि अधिशेष के वितरण के बाद यह शहरी उत्पाद परोपजीवी रूप से समृद्ध हुआ था।[11]

अतः भारत में न तो पूँजीपति वर्ग था, न ही पृथक् क्षेत्रों को घरेलू बाज़ार के रूप में सीमांकित करने की तीव्र इच्छा थी।

इसलिए, ब्रिटिश विजय अभियान से पहले राष्ट्रीयताओं के निर्माण के लिए आर्थिक आधार का पूर्ण रूप से अभाव था। क्षेत्रीय भाषाओं की मौजूदगी और उनमें से कुछ का साहित्यिक भाषा के रूप में विकास अपने आप ही राष्ट्रीयताओं के उद्भव का द्योतक नहीं था। यदि इस प्रकार देखें तो तमिल राष्ट्रीयता के उदय का दिनांकन संगम काल में करना होगा। इसी प्रकार, क्या 1000 ई. में साहित्यिक भाषा के रूप में फ़ारसी के उद्भव का यह अर्थ लगाया जाना चाहिए कि ईरान उस समय एक राष्ट्र बन रहा था? वास्तव में सभी साहित्यिक भाषाएँ किसी-न-किसी पड़ाव पर बोलचाल की भाषा रही हैं। इतिहास की सम्पूर्ण अवधि में बोलचाल की भाषाएँ साहित्यिक भाषाओं के रूप में विकसित होती रही हैं। इस विकास का राष्ट्रों के उद्भव से कोई आवश्यक सम्बन्ध नहीं रहा है।

इस बात के आकलन के लिए कि कुछ क्षेत्रीय साहित्यिक भाषाओं के उद्भव का सम्बन्ध उदीयमान राष्ट्रीय चेतना से है या नहीं, हमें निश्चित ही उन भाषाओं में लिखे जा रहे साहित्यों की विषय-वस्तु को देखने की आवश्यकता है। यहाँ पन्द्रहवीं और सोलहवीं शताब्दी में कुछ इहलौकिक कविताओं के अतिरिक्त हमें केवल लोक-सम्मत धार्मिक उपदेश ही मिलते हैं, जिनमें देशभक्ति की भावना अथवा क्षेत्रीय आग्रह रत्तीभर भी शामिल नहीं है। जैसा हमने पहले तर्क दिया है, एक भाषा और एक संस्कृति वाले लोगों के समुदाय को राष्ट्र का अभिलक्षण प्रदान करने के लिए पृथक् राष्ट्रत्व की सचेतन लोक-सम्मत इच्छा की आवश्यकता होती है (शिवाजी के क्षेत्रीय राजतन्त्र द्वारा निर्मित आकस्मिक परिणाम इस श्रेणी में नहीं आते, जहाँ शिवाजी ने यह दावा किया कि वे मराठा न होकर वास्तव में मेवाड़ के राणाओं के राजपूत वंशज हैं)। जब तक ऐसे सचेतन प्रयास स्पष्ट रूप से किसी प्रत्यक्ष अथवा परोक्ष रूप में मौजूद नहीं रहेंगे, राष्ट्र अथवा राष्ट्रीयताओं का अस्तित्व स्वीकार्य नहीं होगा।

सारांश में यह कहा जा सकता है कि ब्रिटिश विजय अभियानों से पहले राष्ट्रीयताओं के उद्भव का कोई आधार नहीं था, क्योंकि उस समय किसी भी उदीयमान पूँजीपति वर्ग का कोई निशान मौजूद नहीं था और ज़ाहिर तौर पर हमें उस कालावधि के किसी भी क्षेत्रीय साहित्य में राष्ट्रीय चेतना का कोई निशान नहीं मिलता।

इसलिए, राष्ट्रीयताओं का उद्भव भारतीय पूँजीपति वर्ग के उदय के साथ ब्रिटिश विजय अभियानों के बाद ही घटित हुआ। यह उस 'पुनर्जनन' का

आवश्यक हिस्सा था जिसका पूर्वानुमान 1853 में मार्क्स ने ब्रिटिश शासन के प्रमुख परिणाम के रूप में किया था। स्टालिन ने 1925 में यह भविष्यवाणी की थी कि हालाँकि 'भारत को एक इकाई कहा जाता है...लेकिन अपनी पृथक् भाषाओं और पृथक् संस्कृतियों के साथ कई ऐसी राष्ट्रीयताएँ सामने आयेंगी जो अभी तक अज्ञात हैं।'[12] विश्व के किसी एक भाग में बुर्जुआ समाज के विकास के आधार पर निर्मित बुर्जुआ विचारधारा विश्व के किसी अन्य भाग में बुर्जुआ विकास की आशा कर सकता है। उसी प्रकार भारत में भी यह काफ़ी हद तक सम्भव है कि बंगाल जैसे मामले में शुरुआती दौर में राष्ट्रीयता के रूप में बंगाल की चेतना उन्नीसवीं शताब्दी में यूरोप के विचारों के प्रत्यारोपण का परिणाम हो। पूरे भारत के लिए यह कहना सच होगा कि क्षेत्रीय भाषाओं और संस्कृतियों के प्रति निष्ठा बहुत हद तक उन्नीसवीं शताब्दी के उत्तरार्द्ध के दौरान और उसके बाद भारत में पूँजीपति वर्ग के विकास के साथ विकसित हुई। ऐसी क्षेत्रीय चेतना के उद्‌भव के सम्बन्ध में स्वतन्त्रता आन्दोलन की दोहरी भूमिका रही। चूँकि, यह आन्दोलन बहुव्यापक समर्थन पर निर्भर रहा था, इसने क्षेत्रीय भाषाओं के साहित्यों की सामग्री के राजनीतिकरण की प्रक्रिया को संवेग प्रदान किया। इस कारण इसने राष्ट्रीयता की चेतना की आधारशिला रखी। दूसरी ओर, ब्रिटिश शासन के विरुद्ध संयुक्त संघर्ष में भारतीय मातृभूमि के प्रति बृहत्तर निष्ठा का आह्वान करते हुए इस आन्दोलन ने पृथक् राष्ट्रीयताओं का निर्माण करने के प्रति विभिन्न क्षेत्रों के लोगों की इच्छा को संयमित किया।

1947 से पहले अथवा उसके बाद भारत में उभरती राष्ट्रीयताओं के सामने कोई सामूहिक उत्पीड़क-राष्ट्रीयता नहीं थी।[13] फिर भी, विशेष रूप से 1947 के बाद, यह एक उचित प्रश्न है कि क्या उदीयमान छोटे और मध्यम पूँजीपति वर्ग ने राष्ट्रीयता के नारों (भाषायी राज्य, क्षेत्रीय आरक्षण, 'माटी के पूतों' को वरीयता) में अपने लिए कई रक्षात्मक दीवारों को नहीं देखा। नदियों का पानी साझा करने, विद्युत उत्पादन, अनाजों का क्रय-मूल्य के प्रश्नों पर उन्हें उस क्षेत्र के भू-स्वामियों, कृषकों के उच्चतर स्तर और क्षुद्र (पेटी) बुर्जुआ के अन्य भागों से समर्थन प्राप्त हो सकता है। द्रमुक (तमिलनाडु), तेलुगुदेशम (आन्ध्र), और नेशनल कान्फ्रेंस (कश्मीर) के तथ्य इसी के परिणाम हैं। दूसरी ओर, बड़ा पूँजीपति वर्ग पूरे भारत को नियन्त्रित करने वाली केन्द्रीकृत प्रणाली के साथ बेहतर कार्य कर सकता है। भाषायी आधार पर ब्रिटिश-भारतीय प्रान्तों की सीमाओं के पुनः सीमांकन के प्रति लम्बे समय से चले आ रहे आधिकारिक विरोध को इसके द्वारा समझा जा सकता है।

फिर भी, ऐसा प्रतीत होता है कि बड़े पूँजीपति वर्ग और पूँजीपति वर्ग के अन्य स्तरों के बीच के संघर्ष ने भारत में मुख्य रूप से 'राष्ट्रीय' स्वरूप ग्रहण नहीं किया है। आज भी विभिन्न क्षेत्रों में राष्ट्रीयता की चेतना न केवल अत्यधिक अनियमित है, बल्कि राष्ट्रीयताएँ स्वयं ही व्यापक तौर पर पूर्ण रूप से विकसित नहीं हुई हैं। व्यावहारिक रूप में सभी राष्ट्रीयताओं की लोक-सम्मत चेतना में देश के रूप में भारत के साथ ऐतिहासिक सम्बद्धता इसका एक प्रमुख कारण है। यह सम्बद्धता राष्ट्रीय आन्दोलन की साझा विरासत के द्वारा अधिक प्रवर्द्धित हुई।

हालाँकि मार्क्सवादी विचारक यह स्वीकार करते हैं कि राष्ट्रीयता के विकास का आन्दोलन एक बुर्जुआ-लोकतान्त्रिक प्रक्रिया है, वे स्वयं ही प्रत्येक राष्ट्रीयता के श्रमिकों, कृषकों और क्षुद्र बुर्जुआओं को संगठित करने के प्रयत्न के माध्यम से राष्ट्रीयता की चेतना को विकसित करने में सहायक रहे हैं। जैसा कि सुविख्यात है, केरल और आन्ध्र में विशेष रूप से ऐसा हुआ है। इसके साथ-साथ मार्क्सवादी स्वयं राष्ट्रवादी नहीं, बल्कि अन्तरराष्ट्रीयतावादी हैं। वे सभी राष्ट्रीयताओं द्वारा साझा की जाने वाली उस लोक-सम्मत चेतना पर भी ध्यान देते हैं जो भारत को एक देश के रूप में देखता है। यही कारण है कि आत्मनिर्णय का नारा अथवा संघ से पृथक् होने का अधिकार भारतीय राष्ट्रीयताओं के लिए अनुचित है।[14]

इसके साथ-साथ मार्क्सवादी यह सुनिश्चित करना चाहते हैं कि एकता के मुखौटे की आड़ में उत्पीड़क के रूप में किसी एक राष्ट्रीयता के उद्भव को रोका जाये। साथ ही वे सरकार की एकात्मक प्रणाली का समर्थन नहीं कर सकते क्योंकि यह मुख्य रूप से बड़े पूँजीपति वर्ग के (अथवा परिवार न्यायालय की परिस्थिति में *स्वराज* पॉल जैसे अपने सबसे निर्लज्ज तत्त्व के) हाथों में नियन्त्रण का शस्त्र था। विभिन्न राष्ट्रीयताओं का प्रतिनिधित्व करने वाले राज्यों के लिए सर्वाधिक सम्भव शक्ति के लिए संघर्ष करना आवश्यक था।[15] इसके दो कारण थे। पहला, भविष्य में राष्ट्रीय उत्पीड़न की सम्भावना को उठने से रोकना। दूसरा, लोगों के उस लोकतान्त्रिक मोर्चे के कार्यक्रम के हिस्से के रूप में इसका होना जहाँ छोटे और मध्यम पूँजीपति वर्ग को बड़े पूँजीपति वर्ग के विरुद्ध मित्र बनाने के लिए राज़ी कराया जा सके। ऐसे संघर्ष का अर्थ था कि भारत, जो मौलिक रूप से एकात्मक राज्य था, उसे समान राष्ट्रीयताओं के एक सच्चे संघ में परिवर्तित किया जाये।

फिर भी, वामपन्थी आन्दोलन का संघर्ष दोहरा होना चाहिए। एक ओर इसे राज्यों के लिए बृहत्तर शक्ति के ध्येय का समर्थन करना चाहिए। साथ ही राज्यों की लोकतान्त्रिक प्रक्रिया को केन्द्र सरकार के प्रत्यक्ष और परोक्ष हमलों

से सुरक्षित करना चाहिए। दूसरी ओर, उसे बुर्जुआ राष्ट्रवाद की विकृतियों और प्रतिक्रियावादी अलगाववाद के अन्य स्वरूपों के विरुद्ध लड़ना चाहिए।

ऐसी विकृतियों के लगभग सभी जटिल स्वरूप पंजाब और असम में मौजूद हैं। पंजाबी लोगों की शिकायतें हरियाणा और राजस्थान के लोगों के विरुद्ध (सीमाओं, सतलज के पानी का बँटवारा) अथवा आमतौर पर अन्य राष्ट्रीयताओं के विरुद्ध (सेना में सन्तुलित क्षेत्रीय प्रतिनिधित्व के मुद्दे पर विरोध प्रदर्शन) निर्मित हैं। सबसे बुरी बात यह थी कि इन शिकायतों को ऐसा साम्प्रदायिक धार्मिक रंग दे दिया जाता है कि जिन्होंने यह आन्दोलन किया, उन्होंने असल में 40 प्रतिशत से अधिक पंजाबी लोगों को उस राष्ट्रीयता की श्रेणी से बाहर रखा। 'सिख एक राष्ट्र है' नारे का यही वास्तविक परिणाम रहा। शुद्ध रूप से संकीर्ण धार्मिक माँगों के साथ क्षेत्रीय शिकायतों को जोड़ने के परिणाम सबसे हानिकारक ही हो सकते हैं। राष्ट्रीयता की चेतना की ऐसी विकृति का विरोध करने की अपेक्षा हम शासक वर्गों से नहीं कर सकते। वास्तव में, इस प्रकार का विभाजन दिल्ली के लिए पंजाब में एक अपरिहार्य भूमिका सुरक्षित करने में बहुत सहायक होगा। वामपन्थी आन्दोलन के लिए यह आवश्यक है कि मौजूदा क्षण की तात्कालिक आवश्यकताओं के परे देखते हुए वह पंजाब की शिकायतों के दोहन का कठोर विरोध करे। यह असल में एक धार्मिक-साम्प्रदायिक आन्दोलन है जो पहले से ही पंजाबी राष्ट्रीयता को दो प्रतिकूल खेमों में बाँटने में सहायक रहा है।

असम में असमिया संस्कृति के संरक्षण की स्वाभाविक चिन्ता का दोहन असम में बसे हुए ग़ैर-असमी या तथाकथित 'अन्यदेशीय' लोगों के लिए अप्रत्यक्ष तबाही पैदा करने हेतु किया गया, लेकिन राष्ट्रीयता के किसी भी आन्दोलन को लाखों श्रमिकों को किसी भी बहाने निष्कासित करने का अधिकार नहीं है। इस मुद्दे पर वामपन्थी दलों, विशेष रूप से भाकपा (मार्क्सवादी) ने एक स्पष्ट और साहसिक दृष्टिकोण अपनाया है जिसके लिए वे बधाई के पात्र हैं। असम के लोगों को अपने अन्धराष्ट्रीयतावादी नेताओं को अस्वीकार करने के लिए राजी कराने का संघर्ष निस्सन्देह लम्बा होगा, लेकिन यह केवल असम के असमिया और बंगाली भाषी लोगों के संयुक्त मंच के आधार पर ही किया जा सकता है। इस बात पर विचार करना होगा कि क्या असम में तथाकथित 'अल्पसंख्यक' संघों का गठन आख़िरकार एक सही उपाय रहा है। इन सभी परिस्थितियों में दोनों लोगों के एक संयुक्त संगठन के निर्माण की आवश्यकता है क्योंकि मानव भ्रातृत्व को सदैव अविभाज्य होना चाहिए।

विचार योग्य एक प्रमुख प्रश्न यह भी है कि क्या एक हिन्दी-भाषी राष्ट्रीयता अस्तित्व में है। एक हिन्दी उग्रराष्ट्रीयता तो अस्तित्व में है। यह हिन्दी को एकमात्र 'राष्ट्रीय भाषा' के रूप में स्वयं को सभी अन्य राष्ट्रीयताओं द्वारा स्वीकार करने के के आग्रह के में दिखायी पड़ती है। लेकिन हिन्दी क्षेत्र (जिसमें उत्तर प्रदेश, बिहार, मध्य प्रदेश, हरियाणा और राजस्थान शामिल हैं) को एक राजनीतिक स्वरूप प्रदान करने की कोई तीव्र इच्छा दिखती नहीं है। शायद यह इस कारण है कि हिन्दी बोलने वालों की संख्या इतनी अधिक है कि वे पूरे देश को अपने 'राष्ट्रीय' क्षेत्र के रूप में मानने के लिए प्रवृत्त रहते हैं। हिन्दी अंचल में वामपन्थी आन्दोलन असाधारण रूप में कमज़ोर है। यह तथ्य अत्यधिक महत्त्वपूर्ण गुरुत्व रखता है। हिन्दी अंचल में इसकी कमज़ोरी के कारण राष्ट्रीय देशभक्ति के वेश में रूढ़िवादी उग्रराष्ट्रीयता की भव्य समृद्धि के द्वार खुल जाते हैं। भारत में 'राष्ट्रीयता के प्रश्न' को सुलझाने के लिए हिन्दी अंचल में मार्क्सवादी आन्दोलन के प्रसार के लिए गहन प्रयास शायद अन्य किसी भी मार्ग से अधिक प्रभावी हो सकता है।

सन्दर्भ

1. जे.डब्ल्यू. स्टालिन, *मार्क्सिज़्म एंड द नेशनल क्वेश्चन,* कलेक्टेड वर्क्स, मॉस्को 1953, खण्ड II, पृ. 307
2. पूर्वोक्त, पृ. 313-318
3. लेनिन, *द राइट ऑफ़ नेशंस टु सेल्फ डिटर्मिनेशन* (1914), सेलेक्टेड वर्क्स, फ़ॉरेन लैंग्वेजेज़ पब्लिशिंग हाउस, मॉस्को, 1947, खण्ड I, पृ. 553। साथ ही देखें स्टैलिन, पूर्वोक्त, पृ. 313
4. लेनिन, पूर्वोक्त, स्टालिन : *द मार्केट इज़ द फर्स्ट स्कूल इन विच द बुर्जुआ लर्न्स इट्स नेशनलिज़्म,* पूर्वोक्त, पृ. 313
5. आर.पी. दत्त, *इंडिया टुडे,* बम्बई, 1947, पृ. 385-88 में 'राष्ट्र' के रूप में पाकिस्तान की एक महत्त्वपूर्ण और वैध आलोचना है।
6. भारतीय कम्युनिस्ट पार्टी (मार्क्सवादी) के 9वें अधिवेशन द्वारा अपनाये गये *नोट ऑन द नेशनल क्वेश्चन* के पैरा 4 से तुलना करें।
7. आर.पी. दत्त, *इंडिया टुडे,* 1947।
8. जे. नेहरू, *द डिस्कवरी ऑफ़ इंडिया,* लन्दन, 1956, पृ. 282
9. ई.एम.एस. नम्बूदरीपाद, *द नेशनल क्वेश्चन इन केरला,* बम्बई, 1952, पृ. 51-58
10. *इंडियन हिस्टोरिकल रिव्यू,* I, 1, पृ. 47। ई.एम.एस. नम्बूदरीपाद, पूर्वोक्त, पृ. 59 से तुलना करें : "महान शिवाजी और अन्य **राष्ट्रीय** नायक सामाजिक और राज्य संगठन के एक नये रूप के पक्ष समर्थक के रूप में सामने आ रहे थे। यह संगठन **राष्ट्रीय भाषा** और **राष्ट्रीय संस्कृति** पर आधारित था। हालाँकि इनमें से कई अपनी

राष्ट्रीयताओं के अतिरिक्त अन्य **राष्ट्रीयताओं** के लिए राष्ट्रीय उत्पीड़क भी थे। (बल जोड़ा गया है)

11. मैंने *पोटेंशियैलिटीज ऑफ़ कैपिटलिस्ट डेवलपमेंट इन मुग़ल इंडिया,* इन्क्वायरी, एन.एस. खण्ड III, सं. 3 में इसी के विस्तृत परीक्षण का प्रयास किया है।
12. स्टालिन, *द पॉलिटिकल टास्क्स ऑफ़ द यूनिवर्सिटी ऑफ़ द पीपल्स ऑफ़ द ईस्ट,* कलेक्टेड वर्क्स, VII, पृ. 141
13. भाकपा (मार्क्सवादी) के 9वें अधिवेशन के *नोट ऑन द नेशनल क्वेश्चन* के पैरा से 7 तुलना करें।
14. यह स्मरणीय है कि लेनिन ने भी अपने पैम्फलेट *द राइट ऑफ़ नेशंस टु सेल्फ डिटर्मिनेशन* (1914) में इसे एक सर्वमान्य सिद्धान्त नहीं माना है। उनका मानना था कि यह एक बहुराष्ट्रीय राज्य, ऑस्ट्रिया-हंगरी पर लागू नहीं होता। लेनिन, सेलेक्टेड वर्क्स, I, पृ. 560-61
15. देखें *अमेंडेड प्रोग्राम ऑफ़ द सीपीआई (एम),* जिसे 9वें अधिवेशन, भाग 88 में अपनाया गया था।

गाँधी और राष्ट्रीय आन्दोलन

जो भी भारत के इतिहास में गम्भीर रुचि रखता है, उसे अपने मन में राष्ट्रीय आन्दोलन की प्रकृति से टकराना पड़ेगा जिसे भारतीय जनता की सबसे महान कृति माना जा सकता है। साथ ही, और अनिवार्य ढंग से, उसे गाँधी की विरासत की प्रकृति का भी सामना करना होगा। मैं गाँधी के मूल्यांकन की समस्या से अपने पहले परिचय के साथ शुरुआत करना चाहूँगा। हालाँकि कुछ हद तक यह एक व्यक्तिगत लक्षण प्रतीत हो सकता है, मेरी कठिनाइयाँ शायद अपवादात्मक नहीं थीं। इन कठिनाइयों का सामना ऐसे बहुत से लोगों ने किया होगा जो राष्ट्रीय आन्दोलन के अन्तिम चरण के दौरान कम्युनिस्ट आन्दोलन में शामिल हुए। मेरे माता-पिता सामान्य रूप से गाँधी को गाँधीजी के बजाय केवल महात्माजी कहते थे। उन्हें गाँधीजी कहना भी वे अमर्यादित समझते थे। इसका यह अर्थ नहीं था कि मेरे पिता गाँधी के कुछ दृष्टिकोणों के प्रति आलोचनात्मक नहीं थे। इसका अर्थ यह था कि आलोचना चाहे जो भी हो, वह उस ढाँचे के अन्तर्गत थी जहाँ राष्ट्रीय आन्दोलन में गाँधी के प्रभुत्व को यथावत स्वीकार किया जाता था। इस कारण उनके विचारों से मतभेद रखने वाले भी उनके विचारों का सम्मान करते थे। इस पृष्ठभूमि के मद्देनज़र कम्युनिस्ट साहित्य, उल्लेखनीय रूप से आर.पी. दत्त के *इंडिया टुडे* में उनको 'पूँजीपति वर्ग के लिए शुभ-प्रतीक', 'निरन्तर विपदाओं का सेनानायक', 'क्रान्ति का जोनाह' कहा जाना व्यक्तिगत स्तर पर एक झटका था। इस झटके के भाव में निम्न-मध्यवर्गीय मनोविज्ञान के मत्थे मढ़ने की प्रवृत्ति थी, लेकिन इस बहाने ने मेरी बेचैनी को दूर नहीं किया। गाँधीजी के ऐसे मूल्यांकन के प्रति मेरा असन्तोष क़ायम रहा।

बाद में आर.पी. दत्त को फिर से पढ़ते समय मुझे ऐसा प्रतीत हुआ कि गाँधी पर उनके आक्रमण के भीतर भी महत्त्वपूर्ण रियायतें थीं। यह स्वीकार करना कि केवल गाँधी ही भारत के ग़रीबों की झोंपड़ियों और दिल में प्रवेश कर सकते थे, जहाँ भारतीय पूँजीपति वर्ग कभी प्रवेश नहीं कर सकता था,

इस बात का उदाहरण है। उन्होंने भारतीय जनता के साथ यह तादात्म्य कैसे अर्जित किया? आर.पी. दत्त के विश्लेषण में इस बात की व्याख्या पूरी तरह से ग़ायब थी। मुझे लगता है कि वामपन्थियों द्वारा गाँधी का उत्तरवर्ती मूल्यांकन कठिन इस कारण हुआ क्योंकि वामपन्थियों द्वारा राष्ट्रीय आन्दोलन में अपनी ही भूमिका को लेकर एक विशेष ग़लतफ़हमी थी। वामपन्थियों ने न केवल राष्ट्रीय आन्दोलन के बुर्जुआ नेतृत्व और उसकी अनेक कमियों की निन्दा की, उन्होंने ऐसा प्रस्तावित करने का भी प्रयास किया कि वाम आन्दोलन राष्ट्रीय आन्दोलन के हिस्से के रूप में नहीं बल्कि उसके समानान्तर चला था। वास्तव में, आर.पी. दत्त श्रमिक-वर्ग आन्दोलन और कम्युनिस्ट आन्दोलन को वस्तुतः राष्ट्रीय आन्दोलन का ही खण्ड मानते थे, जहाँ वे नेतृत्व प्राप्त करने के लिए बुर्जुआ के साथ संघर्ष कर रहे थे। लेकिन ई.एम.एस. नम्बूदरीपाद की कुछ लेखों में ऐसा प्रतीत होता है कि इस संघर्ष में तीन पक्ष थे : साम्राज्यवाद, बुर्जुआ राष्ट्रवाद और श्रमिक-वर्ग आन्दोलन। ताराचन्द की *हिस्ट्री ऑफ़ फ्रीडम स्ट्रगल* और अन्य कृतियों के अध्ययन पर आधारित उनका नवीनतम संग्रह इसका उल्लेखनीय उदाहरण है। सबाल्टर्न इतिहासकार इसे एक-दूसरे चरम पर ले जाते हैं; जहाँ वे पूरे राष्ट्रीय आन्दोलन को अभिजात आन्दोलन के रूप में देखते हैं। इस सिद्धान्त के अनुसार 'सबाल्टर्न' वर्ग, जिसमें ज़मींदार और अन्य ग्रामीण अनाधुनिकीकृत वर्ग शामिल थे, के पास एक अनूठी स्वायत्तता थी। इस स्वायत्तता के आधार पर वे सत्ता के लिए साम्राज्यवाद से लड़ रहे थे। जहाँ तक राष्ट्रीय अभिजात वर्ग का सवाल था, वे इस लड़ाई से केवल अपना लाभ उठा रहे थे। सबाल्टर्न को सत्ता सौंपने के बजाय उन्होंने इसे स्वयं को ही हस्तान्तरित कर दिया। इस कारण, एक हिसाब से साम्राज्यवाद और राष्ट्रवाद एक ही श्रेणी के थे। ये कमोबेश एक ही वर्ग अर्थात् पाश्चात्यीकृत अभिजात वर्ग का ही हिस्सा थे। दूसरी ओर सबाल्टर्न, जो स्वायत्त संघर्ष कर रहे थे, घातक और अनिवार्य रूप से पराजित हुए। उनके स्वायत्त संघर्षों के आधार पर ही राष्ट्रीय आन्दोलन के नेतृत्व ने ब्रिटेन से सत्ता सँभाली। इस कारण राष्ट्रवादी नेतृत्व के साथ कम्युनिस्ट आन्दोलन को भी उसी अप्रिय अभिजातवादी समूह का हिस्सा कहा जा सकता है। हमारे पास एक ओर सबाल्टर्न शब्द है और दूसरी ओर बुर्जुआ के बजाय केवल अभिजात है। इसी कारण वे साम्राज्यवादी अभिजात हो या फिर राष्ट्रवादी अभिजात हो, वास्तव में, इस बात से कोई फ़र्क़ नहीं पड़ता।

सबाल्टर्न अपने धर्मशास्त्र से इतने अधिक सन्तुष्ट हैं कि गाँधी उनके लिए उतने प्रासंगिक नहीं रहे। हालाँकि कुछ अध्येता यह कहते हैं कि सबाल्टर्न

अध्ययन ने गाँधी पर नये दृष्टिकोणों का आरम्भ किया है, मुझे अब तक उनसे ऐसी अन्तर्दृष्टि प्राप्त करने का सौभाग्य नहीं मिला है। मुझे ऐसा प्रतीत होता है कि सभी को एक ही अविभेद्य अथवा कम अन्तर वाले अभिजात के समूह में लाद देना, और सबाल्टर्न को स्वायत्त मानना एक ऐसा दृष्टिकोण है जिसे वास्तविकता को मानने वाला कोई भी व्यक्ति स्वीकार नहीं कर सकता। सबाल्टर्न को स्वायत्त मानने का अर्थ है कि हम भारत के ग़रीबों पर गाँधी के प्रभाव को अस्वीकार करते हैं। वास्तव में, यदि हम इस अस्वीकार से आरम्भ करते हैं तो निश्चित ही गाँधी पर कोई वास्तविक बोध प्रदान नहीं हो सकता।

साम्राज्यवादी इतिहासकार, जिनमें ब्रिटिश कालावधि के ब्रिटिश सरकारी अधिकारी शामिल हैं, और उसके बाद स्वातन्त्र्योत्तर ब्रिटिश इतिहासकार ने हमेशा यह तर्क करने का प्रयत्न किया कि गाँधी केवल बाहर से ही महात्मा थे। अन्यथा गाँधी वास्तव में एक बहुत चतुर राजनेता और छलयोजना के गुरु थे। एक प्रकार से अंग्रेज़ों ने स्वयं ही अपने संवैधानिक और राजनीतिक कृत्यों के लिए गाँधी के मिथक का निर्माण किया था। जो लोग अनिल सील के कृत्यों से वाक़िफ़ हैं, उन्हें यह याद होगा कि सील के अनुसार 1937 के चुनावों तक राष्ट्रवादी आह्वान को कोई लोक-सम्मत समर्थन नहीं मिला था। इसका कारण यह था कि गाँधी और अन्य राष्ट्रवादियों की लामबन्दी के बजाय वास्तव में वह 1935 का भारत सरकार अधिनियम था जिसने भारतीय नेताओं को भारतीय जनता तक पहुँचने हेतु संवेग और प्रेरणा प्रदत्त किये। 1930-31 के सविनय अवज्ञा आन्दोलन में गाँधी के कहने पर जिन लोगों ने भारत की स्वतन्त्रता के लिए अपने जान-माल को जोख़िम में डाला, जूडिथ ब्राउन ने उनको पहले ही उनका स्थान दिखा दिया। ब्राउन के अनुसार, वे गाँधी के 'उप-ठेकेदार' (सब-कॉन्ट्रैक्टर) अथवा 'बिचौलिए' (इंटरमीडियरीज़) मात्र थे। इसलिए उन लोगों द्वारा किया गया कार्य एक वास्तविक आन्दोलन के बजाय एक व्यापारी उद्यम था। इसलिए, न तो गाँधीवाद ने, न ही राष्ट्रीय आन्दोलन की किसी अन्य धारा ने भारत की जनता में बहुव्यापक राष्ट्रवादी अनुयायी वर्ग का निर्माण किया। यह कार्य ब्रिटिश सरकार के संवैधानिक उपायों और विशेष रूप से 1935 के भारत सरकार अधिनियम द्वारा हुआ था। सील, ब्राउन और अन्य द्वारा कैम्ब्रिज स्कूल की नैमियरवादी विधि के प्रयोग के परिणामस्वरूप अधिक विस्तार में समझ पैदा करने के चक्कर में परिस्थिति की आम समझ पैदा नहीं हुई। अंग्रेज़ों इतिहास में भी इस विधि के प्रयोग के बारे में ऐसा ही कहा गया है। मुझे विशेष रूप से सील द्वारा बताये गये वे तथ्य याद हैं जो वे दादाभाई नौरोजी की व्यक्तिगत आर्थिक समस्याओं के

बारे में बताते हैं; लेकिन सील की लेखनी से यह कभी अहसास नहीं होगा कि नौरोजी ने समय के साथ कई पर्चे लिखे जिनका संग्रह साम्राज्यवाद की आर्थिक भूमिका का लगभग राष्ट्रवादी धर्मग्रन्थ-सा बन गया। जब बम्बई के मिल-मालिक औद्योगिक श्रम विधेयक का विरोध कर रहे थे, नौरोजी ने उनका समर्थन नहीं किया था। इसके बावजूद नौरोजी को बम्बई मिल-मालिकों का समर्थन मिलता रहा और सील इस बात के कारणों की व्याख्या नहीं करते। कैम्ब्रिज स्कूल और उसके समर्थक बड़ी आसानी से इस तथ्य को नज़रअन्दाज़ कर देते हैं कि विचारों का अपना ख़ुद का संवेग होता है। इस कारण गाँधी के प्रति उनकी समझ में ऐसी स्पष्ट त्रुटियाँ हैं कि मेरे द्वारा उन पर और अधिक विस्तृत विवेचना की आवश्यकता नहीं है।

इसके बाद हमें एरिक्सन और कक्कड़ द्वारा गाँधी के मनोविश्लेषण का भी अनुग्रह प्राप्त होता है। यहाँ अपनी माता के साथ गाँधी के सम्बन्ध पर बल दिया गया है और कुछ कारणवश भारतीय सभ्यता को ही स्त्रैण वर्णित किया गया है। मैं यह देखने में सक्षम नहीं हुआ हूँ कि कैसे किसी संस्कृति का लिंग निरूपण सम्भव है। ऐसे यूरोकेन्द्रिक और मनोवैज्ञानिक दृष्टिकोण के परिणामस्वरूप गाँधी के महत्त्व में निश्चित रूप से गिरावट आती है और उसका मूल्य कम होता है।

गाँधीजी के बारे में यथेष्ट राष्ट्रवादी साहित्य मौजूद है। इसमें से अधिकांश विद्यामूलक रूप से महत्त्वपूर्ण भी हैं और उनमें यहाँ वहाँ आलोचनाएँ भी शामिल हैं। ताराचन्द की *हिस्ट्री ऑफ़ द फ्रीडम मूवमेंट* में, उदाहरण के लिए, दूसरे गोलमेज सम्मेलन में गाँधी की भूमिका की कुछ आलोचना है। अतः साहित्य की इस पूरी सामग्री को केवल चापलूसी मानते हुए ख़ारिज नहीं किया जा सकता। यह साहित्य निश्चित रूप से महत्त्वपूर्ण है (और हमें यह याद रखने की आवश्यकता है कि गाँधी पर विशाल साहित्य का अधिकांश साहित्य इसी सामग्री से आता है)। लेकिन मुझे लगता है कि सामाजिक परिवेश और ऐतिहासिक परिस्थिति के साथ सम्बन्ध स्थापित किये बिना एक व्यक्ति के रूप में गाँधी की अपरिमित उपलब्धि पर बल देते हुए साहित्य की यह सामग्री अपनी सम्पूर्ण धारणा में मेरे लिए सन्तोषजनक नहीं है। आंशिक रूप से इसका कारण यह है कि मैं साहित्य की उस सामग्री के सामाजिक विकास की संकल्पना को साझा नहीं करता। लेकिन तत्त्वतः मेरा विचार है कि इसके प्रति अन्दरूनी सन्देह का कारण यह है कि यह दृष्टिकोण गाँधी पर इतना अधिक केन्द्रित है कि भारत के वे लोग जिनके लिए गाँधी ने कार्य किया और अपनी जान दी, वे केवल आज्ञाकारी प्रशंसक प्रतीत होते हैं। अब विभिन्न ऐतिहासिक व्याख्याओं की

कुछ-कुछ अभिमानी आलोचना के साथ, जिसके लिए मैं क्षमाप्रार्थी हूँ, मैं अपने अस्थायी दृष्टिकोणों की ओर बढ़ना चाहूँगा। और जैसे-जैसे मैं इनकी व्याख्या करूँगा, मेरा मानना है कि मेरे द्वारा खड़े किये गये प्रमुख प्रश्न भी प्रकट होंगे।

सबसे पहले, मेरा यह तर्क है कि गाँधीजी की आत्मकथा, *माई एक्सपेरिमेंट्स विद ट्रुथ,* हमारे लिए असाधारण रूप से महत्त्वपूर्ण है। यह इतना ईमानदार है कि आधुनिक इतिहास की सभी महान हस्तियों में से शायद गाँधी का ही सबसे आसानी से फ्रायड के मनोविश्लेषण का शिकार होना ज़ाहिर है। मैं गाँधीजी द्वारा अपने बारे में बताये गये सभी तथ्यों को स्वीकार करता हूँ। वे जैसे भी उन तथ्यों को पेश कर रहे हों और भले ही वे सबसे नाटकीय घटनाओं के सबसे निरुत्साही कथावाचक हों, मैं उनके तथ्यों को स्वीकार करता हूँ, लेकिन फिर भी मेरा यह तर्क है कि हमारे लिए उनके विचारों के उद्भव पर अपने बोध के निर्माण के लिए शायद वे सबसे अच्छे विशेषज्ञ अथवा स्रोत नहीं हैं। उदाहरणतया, हालाँकि वे हमेशा खुद को सनातनी हिन्दू बुलाते रहे, उन्होंने कभी मन्दिर में प्रार्थना नहीं की।

मौलिक बात यह है कि गाँधी सबसे पहले जिस विचार समूह के सम्पर्क में आये, वह आधुनिक पश्चिमी विचार था। वह पारम्परिक हिन्दू दर्शन नहीं था। उन्होंने राजकोट और लन्दन में आधुनिक शिक्षा के बाद ही भगवद्गीता (और वह भी इंग्लैंड में अंग्रेज़ों अनुवादित संस्करण) पढ़ी। हालाँकि गाँधी एक शाकाहारी समाज से जुड़े होंगे और ब्रह्मविद्यावादियों (थियोसोफिस्ट) के सम्पर्क में आये होंगे (हालाँकि हम यह समझते हैं कि ब्रह्मविद्यावादियों के साथ उनका प्रमुख सम्पर्क दक्षिण अफ़्रीका के डरबन शहर में छोटी कालावधि के लिए हुआ था)। लेकिन इंगलैंड में अपने प्रवास के दौरान गाँधी ने मूलभूत रूप से विक्टोरियाई इंग्लैंड के उदार मूल्यों को ही आत्मसात् किया। ये प्रभाव इतने प्रबल थे कि वे 1899 में फ़्रांसीसी क्रान्ति के शताब्दी महोत्सव के जश्न में शामिल होने फ़्रांस तक गये।

हमें ज्ञात है कि जब वे 1890 के दशक के आरम्भ में कुछ छोटे अन्तरालों के साथ इक्कीस वर्षों के लिए दक्षिण अफ़्रीका रहने गये थे, उन्होंने रस्किन, टॉलस्टॉय और अन्य पश्चिमी चिन्तकों को पढ़ना शुरू किया। आधुनिक यूरोपीय लेखन के अध्यनन के आधार पर ही उन्होंने पश्चिमी और भारतीय सभ्यताओं की कुछ विशेषताओं की आलोचना की। मुझे नहीं लगता कि भारतीय परम्परा के समूह में श्रम की गरिमा पर ऐसा बल दिया गया है जैसा गाँधी बाद में इस पर आरोपित करने वाले थे। हालाँकि गाँधी ने स्वयं ही स्वीकार करते हुए रस्किन

के अध्ययन से प्राप्त किया, जिनकी पुस्तक *अन्टू दिस लास्ट* का अनुवाद उन्होंने गुज़राती में *सर्वोदय* शीर्षक के साथ किया था। राजनीतिक मुद्दों के समाधान के लिए एकमात्र विधि-सम्मत साधन के रूप में युद्ध के बजाय शान्ति पर उनका बल किसी भारतीय परम्परा के बजाय टॉलस्टॉय से आया था। भारतीय परम्परा में अहिंसा को मुख्य रूप से प्राण लेने से परहेज़ के रूप में और इस कारण शाकाहारवाद की दिशा में एक तर्कसंगत क़दम के रूप में देखा जाता है। भारतीय परम्परा में इसे क्रान्ति को अंजाम देने के साधन के रूप में नहीं देखा गया है। इसलिए यह याद रखना बहुत ज़रूरी है कि गाँधी के अपने बौद्धिक ढाँचे की महत्त्वपूर्ण क़िस्में निश्चित रूप से आधुनिक हैं। उन पश्चिमी विचारों की कृतियों का गाँधी ने अध्ययन किया था, उनके प्रति अपने ऋणी होने की बात गाँधी स्वीकार करते थे। वे एक ईमानदार व्यक्ति थे और यह स्वीकरण लाज़िमी था; लेकिन गाँधी के इस विश्वास पर निश्चित ही सन्देह किया जाना चाहिए कि इस पश्चिमी लेखन ने उनके मन में मौजूद उन बातों को मात्र प्रबल किया, मात्र अधोरेखित किया और मात्र सुदृढ़ किया, जो बातें भारत की अपनी परम्परा की विरासत के रूप में गाँधी को मिली थीं और शायद प्रसुप्त थीं।

गाँधी को विचारों का ऐसा समूह मिला जिसने पूँजीवाद को आधुनिक पश्चिमी सभ्यता की कृति के रूप में अस्वीकार किया। साथ ही इसने साम्राज्यवाद को भी अस्वीकार किया जिसने युद्ध और नरसंहार के माध्यम से ख़ुद को स्थापित किया। विचारों के इस समूह ने गाँधी को आकर्षित किया और इस आधार पर गाँधी ने पश्चिमी सभ्यता को ही लगभग पूरी तरह से अस्वीकार कर दिया। यह अस्वीकृति उस भारतीय सभ्यता की श्रेष्ठता के दृढ़ कथन का आरम्भिक बिन्दु बन गया जिसमें न तो पूँजीवाद शामिल था न ही साम्राज्यवाद इसका हिस्सा था। इस कारण भौतिक स्तर पर भारतीय सभ्यता की ग़रीबी ही गाँधी के लिए उसकी श्रेष्ठता के दृढ़ कथन का आधार बन गया।

यह प्रक्रिया बहुत ही जटिल थी। ये जटिलताएँ और विरोधाभास गाँधी की प्रमुख कृति, *हिन्द स्वराज* में स्पष्ट रूप से दिखती हैं। जो उन्होंने इंग्लैंड से दक्षिण अफ़्रीका की यात्रा के समय 1909 में लिखी थी। *हिन्द स्वराज* के समय तक पहले से ही गाँधी द्वारा अपने विचारों की उत्पत्ति का आन्तरिक बोध स्पष्ट रूप से पूरा हो चुका था। भगवद्गीता का अध्ययन करते हुए वे कहते हैं कि जो हमें प्रतीत हो सकता है, वह वहाँ नहीं है। वे कर्तव्य पर एक सन्देश पढ़ते हैं, वे श्रम की गरिमा पर एक सन्देश पढ़ते हैं। वे शान्ति पर एक सन्देश पढ़ते हैं। समान अनैतिहासिकता के साथ वे इसी प्रकार यह दावा करते हैं कि शान्ति के

सन्देश को इसी प्रबलता के साथ कुरान में भी पढ़ा जा सकता है। गाँधी के शब्द भगवद्गीता और क़ुरान के बजाय प्रायः न्यू टेस्टामेंट के पुनःकथन जैसे अधिक प्रतीत होते हैं। उन शब्दों को आधुनिक मूल्यों के विरुद्ध पारम्परिक मूल्यों के दृढ़ कथन के रूप में नहीं देखा जाना चाहिए। वास्तव में, हमें आधुनिक मूल्यों का दृढ़ कथन पारम्परिक वेशभूषा में मिलता है। हमें भारतीय संस्कृति का एक पूर्ण रूप से अनैतिहासिक लेकिन अत्यधिक रचनात्मक क़िस्म का पुनःपाठ मिलता है। बंगाल पुनर्जागरण में इसका कुछ अंश था जब राममोहन राय ने उपनिषदों का और कुछ वैधानिक पुस्तकों का आह्वान किया जिसके तहत महिलाओं को उत्तराधिकार का कुछ अधिकार प्राप्त हुआ। गाँधी के मामले में पारम्परिक शब्दावली में आधुनिक मूल्यों का वक्तव्य इनके बहुत अधिक पूर्ण और बहुत अधिक विस्तृत था। हालाँकि इसी कारण ऐसी अस्वाभाविक केन्द्राभिमुखता में विरोधाभास भी बहुत स्पष्ट थे।

मूल ग्रन्थों की ऐतिहासिक व्याख्या के माध्यम से गाँधी द्वारा भारतीय संस्कृति की व्याख्या को न्यायसंगत सिद्ध नहीं किया जा सकता, लेकिन जिन सिद्धान्तों का श्रेय वे हिन्दू धर्म और इस्लाम (हालाँकि इस्लाम को निस्सन्देह सापेक्षिक रूप से कम श्रेय दिया गया) को दे रहे थे, वे वही सिद्धान्त थे जो हिन्दू धर्म के प्रति उनके ही मन में थे। इस श्रेय ने हिन्दू धर्म को उसके मौजूदा नये आकार में ढालने हेतु बहुत अधिक योगदान किया। मेरे ख़याल में गाँधी की एक उपलब्धि यह है कि जिस समय वे केवल हिन्दू धर्म के प्राचीन मूल्यों के दृढ़ कथन की ही बात कर रहे थे, उन्होंने हिन्दू धर्म के प्रवाह को परिवर्तित किया अथवा कम-से-कम इसे एक नया चेहरा प्रदान किया। अन्ततः, एक लम्बी प्रक्रिया के बाद उन्होंने पारम्परिक हिन्दू धर्म की एक अवस्थिति को स्वीकार किया और फिर उसे दुर्बल भी किया। उदाहरणतया, *हिन्द स्वराज* में पहले उन्होंने वर्ण सिद्धान्त को स्वीकार किया और उसके बाद 1940 के दशक तक वे उसे तब तक नियमित रूप से दुर्बल करते रहे जब तक उस सिद्धान्त में लगभग कुछ भी नहीं बचा। दूसरा उदाहरण *हिन्द स्वराज* में महिलाओं की स्थिति का है जहाँ पहले उन्होंने महिलाओं के लिए केवल घर के भीतर विशेष स्थान होने के संकेत दिये और बाद में 1940 के दशक में इस दृष्टिकोण को दुर्बल करते हुए वे वास्तव में जीवन के हर पहलू में महिलाओं की समानता के पक्ष में तर्क करने लगे। इस मामले में मुझे गाँधी का वह साक्षात्कार अभी भी याद है जो उन्होंने एक अखबार के संवाददाता को 1945-46 में दिया था। गाँधी ने स्पष्ट रूप से यह कहा था कि वे न केवल पुरुष और महिलाओं की समानता में विश्वास करते थे,

बल्कि वे यह मानते थे कि महिलाएँ पुरुषों के सभी कार्य कर सकती हैं और पुरुष उन सभी कार्यों को करने में सक्षम नहीं होंगे जो महिलाएँ कर सकती हैं। संवाददाता ने गाँधी से पूछा कि यदि अहिंसा युद्ध की स्वीकृति देती है तो क्या महिलाएँ सैनिक बन सकती हैं। इस पर गाँधी ने कहा कि वे पुरुषों से बेहतर सैनिक और सेनापति हो सकती हैं। शायद गाँधी के ऐसे कुछ अन्य वक्तव्य हैं जो इस विाचर के विरुद्ध हो सकते हैं, लेकिन आमतौर पर गाँधी के बाद के विचारों का स्वर पुरुषों और महिलाओं के बीच किसी भी प्रकार की असमानता को अस्वीकार करने का ही है।

इसके अतिरिक्त गाँधी के विचारों में एकेश्वरवाद पर बल दिया गया है, जिस बल से वे पूरे समय मुकरते रहे। उनका कहना था कि वे एक सनातनी हिन्दू थे और इसी आधार पर वे मन्दिर प्रवेश के लिए अस्पृश्यों के आन्दोलन का समर्थन करते थे। और फिर भी, आज के मौजूदा राजनेताओं के विपरीत, उनके अपने व्यक्तिगत जीवन में एकेश्वरवाद के सिवाय किसी अन्य पद्धति की कोई गुंजाइश नहीं थी। असल में हिन्दू धर्म को एकेश्वरवादी बनाने की दिशा में वे उन आर्य समाजियों से भी अधिक प्रवृत्त रहे थे जिनके साथ स्पष्ट रूप से वे सहमत नहीं थे। साथ ही उन्होंने हिन्दू धर्म को कुछ सहिष्णुता का भी श्रेय दिया जो शायद उसके इतिहास में उसके पास मौजूद नहीं था। इस प्रकार गाँधी ने हिन्दू धर्म को एक अधिक सहिष्णु धर्म बनाने का प्रयास किया। इस प्रकार गाँधी उसी दिशा में कार्य कर रहे थे जिस दिशा में उनके पूर्वगामी राममोहन राय, केशवचन्द्र सेन और न्यायमूर्ति रानाडे ने कार्य किया था। शायद वे इन महान हस्तियों में अन्तिम थे और निस्सन्देह महानतम थे। अपने सभी वक्तव्यों की जड़ के रूप में भारतीय सभ्यता, और विशेष रूप से हिन्दू धर्म, के श्रेय के माध्यम से उन्होंने हिन्दू धर्म की एक ऐसी छवि बनायी कि उनके अनुयायियों के लिए आधुनिक मूल्यों को अपनाना सम्भव हुआ। गाँधी के अनुसार यह एक ऐसा धर्म था जिसमें मौजूद 'हिन्दुत्व' के साथ कोई तालमेल नहीं था। गाँधी के राम भगवान थे और उनके रामराज्य का साम्प्रदायिकता से दूर-दूर तक कोई भी नाता नहीं था। गाँधी के लिए राम का वही भाव था जो कबीर द्वारा उनके उल्लेख में था। इस कारण गाँधी की धार्मिकता भी स्पष्ट रूप से मानवतावादी मूल्यों के विस्तार और सभी धर्मों में से सबसे पुराने जीवित धर्म में उन मूल्यों की उपयुक्तता पर आधारित थी। इसके परिणामस्वरूप यह धर्म व्यापक रूप से रूपान्तरित हुआ। कई ऐसे लोग जो जाति व्यवस्था को हिन्दू धर्म का मौलिक तत्त्व मानते थे, गाँधी की मृत्यु के वर्ष तक हिन्दू धर्म के तात्विक हिस्से के रूप में इसके उल्लेख से खिन्न होने लगे।

हिन्दू धर्म के धर्मशास्त्रीय सिद्धान्तों के सम्बन्ध में गाँधी की उपलब्धियाँ इतनी अधिक व्यापक थीं।

मेरा प्रमुख बिन्दु यहाँ इस बात पर बल देना है कि गाँधी एक आधुनिक चिन्तक थे। जो लोग उन्हें वर्ग के आधार पर चिह्नांकित करना चाहते हैं, वे उनको बुर्जुआ चिन्तक कह सकते हैं, लेकिन ऐसे आलोचकों को मैं कार्ल मार्क्स के स्वभाव की उस विलक्षणता की याद दिलाना चाहूँगा। जब भी मार्क्स को किसी ऐसे अर्थशास्त्री से टकराना पड़ा जिसने ठीक से विचार न किया हो, जो असभ्य हो, अथवा जिसके मन में सीधे तौर पर पूँजीपतियों का मौजूदा हित हो, वे उन्हें हमेशा बुर्जुआ अर्थशास्त्री कहते हैं। लेकिन जब दो प्रमुख महान अर्थशास्त्रियों, एडम स्मिथ और रिकार्डो की बारी आती है तो मार्क्स हमेशा उनके शास्त्रीय राजनीतिक अर्थशास्त्र की बात करते हैं। इस कारण मैं गाँधी को एक 'शास्त्रीय' आधुनिक हस्ती के रूप में मानूँगा। फिर भी अगर गाँधी को बुर्जुआ माना जाये, तो यह बुर्जुआ किसी व्यक्तिगत वर्गीकरण द्वारा नहीं बल्कि उनके व्यक्तिनिष्ठ इरादों के बावजूद उनकी सामाजिक और राजनीतिक रणनीति के ध्येय द्वारा परिभाषित होगी जिसने अन्त में उस ऐतिहासिक आन्दोलन पर क़ब्ज़ा किया जिसकी अगुआई गाँधी ने की थी। किसी भी हालत में एक उपाधि के रूप में भी बुर्जुआ विचारों के किसी एकल समूह का प्रतिनिधित्व नहीं करता। और मेरी यह सोच है कि हमने यह मानना आरम्भ कर दिया है कि समाजवादी, सर्वहारा विचार भी किसी एकल समूह का हिस्सा नहीं हो सकते। शास्त्रीय बुर्जुआ विचार की कई लड़ियाँ हो सकती हैं और रही हैं। इनमें से एक लड़ी गाँधी की थी। हालाँकि गाँधी के विचारों की विषय-वस्तु साम्राज्यवाद विरोधी और व्यक्तिनिष्ठ रूप से पूँजीवाद विरोधी (उद्योग विरोधी होने के कारण) थी। इसके बावजूद अपने उद्देश्यों को समाजवाद तक विस्तारित न करने के कारण गाँधी वस्तुतः विचारों के बुर्जुआ ढाँचे के भीतर ही रहे।

फिर से मेरा यह विचार है कि राष्ट्रीय आन्दोलन के सम्बन्ध में कुछ बिन्दुओं पर बल देने की आवश्यकता है। दक्षिण अफ्रीका की राजनीतिक भूमि में गाँधी के प्रवेश करने के समय से पहले ही भारत में राष्ट्रीय आन्दोलन शुरू हो चुका था और खुद को स्थापित कर चुका था। राष्ट्रीय आन्दोलन के संस्थापकों ने जिस स्तर पर साम्राज्यवाद की आलोचना की थी, आज हम केवल उसकी प्रशंसा ही कर सकते हैं। दादाभाई नौरोजी और आर.सी. दत्त ने भारत में साम्राज्यवाद की आर्थिक भूमिका पर लिखा था। ब्रिटिश शासन के बाद के मार्क्सवादी लेखकों ने बिना किसी बड़े सुधार के इन लेखकों का ही अनुकरण किया। उन्होंने भारत के

आधुनिक साम्राज्यवादी शोषण को अधोरेखित किया, लेकिन साथ ही अप्रत्यक्ष रूप से उन्होंने एक और बिन्दु को भी अधोरेखित किया। उनके अनुसार राष्ट्रीय आन्दोलन केवल एक आधुनिक भारत का ही निर्माण कर सकता है। प्राचीन भारत में वापसी नहीं हो सकती और इस कारण भारत को न केवल शिक्षा की बल्कि एक नयी विचारधारा की भी आवश्यकता थी। ब्रह्म समाज जैसे विभिन्न प्रकार के आन्दोलनों के माध्यम से उन्होंने इस नयी विचारधारा के निर्माण का प्रयास किया। यहाँ मैं यह याद दिलाना चाहूँगा कि 1828 में राममोहन राय ने यह कहा था कि भारत में 'देशभक्ति' का सृजन नहीं हो सकता क्योंकि यहाँ के लोग कई जातियों में बँटे हुए हैं। यदि भारत को एक राष्ट्र बनना है तो जाति व्यवस्था का बहिष्कार करना होगा। मेरा विचार है कि केशवचन्द्र सेन को विशेष रूप से आदर मिलता होगा क्योंकि उन्होंने सामाजिक मुक्ति के इस विचार को महिलाओं के दमन के मुद्दे तक भी विस्तारित किया। साथ ही 1870 में उन्होंने यह विचार प्रतिपादित किया कि जैसे-जैसे भारत सुधारों की ओर बढ़ेगा, वह एक राष्ट्र बन जायेगा। अतः भारत ऐतिहासिक रूप से एक राष्ट्र नहीं था। विरासत में मिले उस अतीत का बहिष्कार करते हुए जहाँ समाज जाति और धर्म के आधार पर विभाजित था, भारत स्वयं को एक राष्ट्र के रूप में निर्मित कर रहा था। भारत महिलाओं के पारम्परिक दमन का बहिष्कार करते हुए, आधुनिक विचारों को अपनाते हुए और आधुनिक पूँजीवादी अर्थव्यवस्था विकसित करने के प्रयासों के माध्यम से भी स्वयं को एक राष्ट्र बनाया सकता था। स्वदेशी अथवा आन्तरिक भारतीय अर्थव्यवस्था का विकास उनके विचार में एक औद्योगिक पूँजीवादी अर्थव्यवस्था की ओर निर्देशित था। औद्योगिक पूँजीवादी अर्थव्यवस्था उनके आसपास एकमात्र कार्यशील उन्नत अर्थव्यवस्था थी। दादाभाई नौरोजी समाजवादियों की ओर इस कारण आकर्षित हुए होंगे क्योंकि वे साम्राज्यवाद विरोधी थे। साथ ही वे श्रम विधेयक से भी आकर्षित हुए होंगे। लेकिन नौरोजी और साथ ही आर.सी. दत्त की भारत के भविष्य की परिकल्पना ऐसी थी जिसे तत्त्वतः श्री नरसिम्हा राव की शब्दावली में 'मानवीय चेहरे के साथ' पूँजीवाद कहा जा सकता है। हालाँकि नौरोजी और दत्त की परिकल्पना अधिक सारभूत थी।

राष्ट्रीय आन्दोलन को आर्थिक संघर्ष के साथ जोड़ने की इच्छा गाँधीजी के बारे में एक दूसरी महत्त्वपूर्ण बात थी। नरम दल के आरम्भिक विचारकों ने इसकी बौद्धिक सामग्री प्रदान की थी। उन्होंने यह दिखाया था कि किस प्रकार भारत का शोषण इंग्लैंड द्वारा किया जा रहा था, लेकिन अपनी वास्तविक नीतियों में वे केवल भारतीय लोगों के स्वयं-नियुक्त प्रवक्ता जैसा व्यवहार कर रहे थे।

वे भारत के ग़रीबों की ओर से माँगें रख रहे थे, लेकिन वे जन-साधारण के बीच उन विचारों का प्रसार करने में ही असमर्थ थे जिनके कल्याण के वे पक्ष समर्थक थे। वे भारतीय अनाजों के निर्यात पर प्रतिबन्ध की बात कर रहे थे, लेकिन भूखे, अकाल-प्रभावित लोगों द्वारा इस माँग के समर्थन के लिए कोई विरोध प्रदर्शन नहीं किया जा रहा था। व्यावहारिक दृष्टि से यहाँ कोई लोक-सम्मत लामबन्दी नहीं हो रही थी। गाँधी के साथ हम राष्ट्रीय आन्दोलन के एक महत्त्वपूर्ण चरण में प्रवेश करते हैं। इस समय आर्थिक शिकायतों के परिशोधन हेतु लामबन्दी राष्ट्रीय आन्दोलन का हिस्सा बन गया था। मुझे ऐसा प्रतीत होता है कि यह एक बहुत महत्त्वपूर्ण उपलब्धि है। यह उपलब्धि इस तथ्य द्वारा किसी भी सूरत में छोटी नहीं होती कि ऐसी लामबन्दी हेतु आरम्भिक माँगें अत्यन्त नरम-दलीय प्रवृत्ति की थीं।

लेकिन यह बात भी है कि विश्व में कहीं भी एक गम्भीर व्यापार संघ सबसे उग्र माँगों के साथ शुरुआत नहीं करता। यह हमेशा कुछ छोटी माँगों के साथ शुरू होता है, जैसे कि अस्थायी कर्मचारियों को स्थायी कर्मचारी बनाने की माँग। केवल बाद में ही जाकर, जब श्रमिकों का आत्मविश्वास बढ़ा, वे वेतन और पदोन्नति से जुड़े तथा प्रबन्धन में अपनी आवाज़ रखने जैसी अधिक महत्त्वाकांक्षी माँगें रखना शुरू करते हैं। जो भी व्यापार संघ सबाल्टर्न और अन्य उग्र पन्थियों की इच्छा के अनुसार प्रतिदिन हड़ताल करेगा, निस्सन्देह श्रमिक-वर्ग आन्दोलन में उनका जीवन बहुत छोटा होगा। यह स्पष्ट है कि रोज़मर्रा की माँगों की आवश्यक रूप से सीमित प्रकृति और समझौता करने की क्षमता किसी भी गम्भीर कृषक और श्रमिक-वर्ग आन्दोलन का अपरिहार्य हिस्सा है। जब हम यह कहते हैं कि 1917 के चम्पारण सत्याग्रह में गाँधी केवल समृद्ध कृषकों का नेतृत्व कर रहे थे, यह एक आवश्यक बात है जिसे ध्यान में रखना चाहिए। स्पष्ट रूप से यह पता लगाना ज़रूरी है कि प्रमुख रूप से कौन प्रभावित हुए। लेकिन सबसे पहले हमें यह भी याद करना चाहिए कि गाँधी ने उनका नेतृत्व इस कारण नहीं किया था क्योंकि उन्हें लगा कि वे समृद्ध कृषक हैं। दूसरी बात, माँगों के संकीर्ण होने की आवश्यकता की बात यहाँ स्पष्ट थी, क्योंकि किसी आंशिक सफलता के अभाव में सत्याग्रह का प्रभाव पूरी तरह से हतोत्साही होता। ये बातें खेड़ा सत्याग्रह और अहमदाबाद श्रमिक-वर्ग के हड़ताल पर भी लागू होती हैं। इस शिकायत को एक गम्भीर आलोचना नहीं मान सकते हैं कि माँगें सीमित थीं और समझौते हुए थे। महानतम मार्क्सवादियों ने भी ऐसा ही किया होता। शायद वे भूख हड़ताल करते, लेकिन किसी-न-किसी चरण पर उन्हें समझौता करना पड़ता। एक ही आन्दोलन में कोई भारत की ज़मींदारी व्यवस्था को उखाड़कर नहीं फेंक सकता,

अथवा अहमदाबाद में पूँजीवादी व्यवस्था का अन्त नहीं कर सकता, अथवा चम्पारण और खेड़ा ज़िले में ब्रिटिश शासन का तख़्तापलट नहीं कर सकता।

जैसा मुझे गाँधी में दिखता है, उनकी एक और महत्त्वपूर्ण उपलब्धि कृषकों के साथ उनके त्वरित तादात्म्य में थी। इसके लिए वे शायद धार्मिक भाषा का प्रयोग करते थे और इस कारण उनके कुछ निन्दक भी रहे। लेकिन सबसे महत्त्वपूर्ण बिन्दु यह है कि उनके लिए कृषक वे थे जिनके साथ वे स्वयं को सबसे अधिक एकात्म देखते थे। सबाल्टर्न स्टडीज, खण्ड I का एक विश्लेषण मुझे बहुत हास्यास्पद लगा जहाँ यह कहा गया है कि गाँधी ने कृषकों को छोड़ ज़मींदारों के साथ समझौता कर लिया था। हालाँकि 'सबाल्टर्न' लेखक आर.पी. दत्त को उद्धृत नहीं करते, जबकि उनकी दृष्टि समान है। दोनों के अनुसार गाँधी ने ज़मींदारों के साथ समझौता किया, 1922 में उन्होंने ज़मींदारों के सामने आत्मसमर्पण किया, कृषकों को पीछे हटने के लिए मजबूर किया, इत्यादि। ये व्याख्याएँ हर शब्द पर ग़ौर करती हैं, लेकिन इस 'विमर्श' की व्याख्या में सबाल्टर्न यह भूल गये कि जब अपने दस्तावेज़ों में गाँधी 'हम' शब्द का प्रयोग करते हैं, उनका अर्थ कृषक होता है। इसी प्रकार 'वे' शब्द से उनका अर्थ ज़मींदार होता है। इस प्रकार गाँधी ज़मींदारों के साथ अलगाव और देश के कृषक जन-साधारण के साथ तादात्म्य के तत्त्व का मौलिक रूप से संकेत करते हैं।

अब कोई यह तर्क कर सकता है कि यह ग़लत पहचान थी और गाँधी वास्तव में कृषकों के दीर्घकालिक हितों का प्रतिनिधित्व नहीं कर रहे थे। (हमें अस्थायी समझौतों को भूल जाना चाहिए, क्योंकि जैसा मैंने तर्क किया है, जहाँ तक समझौतों का सवाल है, वे किसी भी आन्दोलन के लिए महत्त्वपूर्ण हैं)। दीर्घ अवधि में गाँधी न्यासी के रूप में ज़मींदारों की बात कर रहे थे। ये ज़मींदार कृषकों के अभिरक्षक के रूप में होते जिन्हें कृषक किराया देते और इस किराये की राशि से वे स्कूल और अस्पताल खोलते। निश्चित ही यह अव्यवहार्य आदर्शवाद का चरम था, लेकिन फिर भी वे एक नया मुद्दा उठा रहे थे। पहली बात यह है कि किराये को घटाया जा सकता था। इस मुद्दे पर राममोहन राय ने भी, बहुत सावधानी के साथ लिखा था। गाँधी के लिए किराया शान्तिपूर्ण तरीक़ों से और समझौता-वार्ताओं अथवा मोल-भाव द्वारा कम किया जा सकता था। लेकिन लिए गये किराये का औचित्य केवल तब सिद्ध किया जा सकता था जब वह राशि स्वास्थ्य और शिक्षा पर ख़र्च हो। यदि कोई ज़मींदार किराये का उपभोग न कर पायेगा, तो वह इसकी उगाही किस कारण करेगा? इसका अर्थ यह था कि न्यासिता (ट्रस्टीशिप) के विचार ने भी अप्रत्यक्ष रूप से ज़मींदारों के

अधिकार पर सन्देह आरोपित किया। 1919-22 के कृषक आन्दोलन में दस वर्ष बाद के कृषकों की मनःस्थिति को कोई समझ नहीं सकता, जो आंशिक रूप से 1930 के दशक में वामपन्थ के कार्यों का परिणाम था। 1920 के दशक के आरम्भ में कृषकों की चेतना को 1930 के दशक में कृषकों की चेतना के समान स्तर पर मानना बेतुका होगा। साथ ही ऐसा करने से वामपन्थ और गाँधी के योगदानों का अवमूल्यांकन भी होगा। निस्सन्देह, इस दृष्टिकोण के आधार पर ज़मींदारों के प्रति पूर्ण रूप से प्रतिकूल रवैया 1920 के दशक के आरम्भ में राष्ट्रीय आन्दोलन के लिए परिस्थिति को काफ़ी कठिन बना देता, लेकिन 1930 में कृषक सविनय अवज्ञा आन्दोलन में शामिल हुए थे। असहयोग आन्दोलन के दौरान उनकी सहभागिता सापेक्षिक रूप से बिखरी हुई और खण्डित थी। इसकी तुलना में वे सविनय अवज्ञा आन्दोलन में काफ़ी बड़ी संख्या में शामिल हुए थे। शायद वर्ग विश्लेषण यह दिखा सकता है कि इनमें से अधिकांश समृद्ध कृषक और छोटे ज़मींदार थे, लेकिन एक महत्त्वपूर्ण तथ्य सुमित सरकार की मूल्यवान कृति *मॉडर्न इंडिया* में भी ठीक से सामने नहीं आता। वह तथ्य यह है कि जब हम 1930 के सविनय अवज्ञा आन्दोलन में कारावास की बात करते हैं और काँग्रेस के अनुमान के अनुसार भी इस बात का परिहास करते हैं कि क़ैदियों की संख्या 1,00,000 से अधिक नहीं हुई, तो हम फिर से 1930 को 1980 के दशक की अवस्थिति के आधार पर समझने की कोशिश करते हैं। 1930 का कारावास आज की तरह का 'राजनीतिक' कारावास नहीं था। आज कारागार जाने से शायद ही कोई फ़र्क़ पड़ता है और राजनीतिक पेशे के लिए इसे एक अच्छा प्रमाणपत्र माना जाता है। वास्तव में, मैं ऐसे राजनीतिक दलों को जानता हूँ जिनका यह कहना है कि एक स्थानीय नेता का आकलन इस क्षमता से होता है कि वह ज़रूरत पड़ने पर कितने लोगों को ट्रकों में भर कर गिरफ़्तार होने के लिए ला सकता है। मुझे भाकपा (मार्क्सवादी) का एक आन्दोलन याद है जब हमने कृषकों को यह वादा करके बुलाया था कि उन्हें मात्र एक सप्ताह के लिए जेल जाना होगा, लेकिन दुर्भाग्यवश सरकार ने उन्हें एक महीने के लिए जेल में रखा। वे कृषक सरकार से नहीं, बल्कि हम लोगों से नाराज़ थे, लेकिन 1930 में कारावास का अर्थ था कि उस व्यक्ति को कभी नौकरी नहीं मिलेगी समझौते में वह अपनी सम्पत्ति भी खो सकता था। इस कारण हमें इस बात से आश्चर्य होता है कि सविनय अवज्ञा आन्दोलन में 90,000 से अधिक लोग भी ऐसी परिस्थिति में जेल गये थे। अपनी भूमि को हारने और अपने परिवार से बाहर हो जाने की बात को ध्यान में रखिये। यदि हम इन बातों को ध्यान में रखते हैं तो देशभर में,

और उत्तर-पश्चिम सीमान्त प्रान्त (एन.डब्ल्यू.एफ.पी.) में भी, सविनय अवज्ञा आन्दोलन एक महत्त्वपूर्ण घटना थी।

मार्च 1931 में सविनय अवज्ञा आन्दोलन के स्थगन के कुछ समय बाद कराची प्रस्ताव हुआ जिसने सार्वजनिक क्षेत्र के अन्तर्गत भारत के औद्योगिक विकास का ख़ाका प्रदान किया। यह उद्देश्यपूर्ण रूप से गाँधी के विचारों के विपरीत था। इसके अतिरिक्त कराची प्रस्ताव ने प्रमुख उद्योगों के सरकारी स्वामित्व; श्रमिक वर्ग के अधिकारों और कुछ अजीब ढंग से ज़मींदारों को कुछ रियायतों के साथ खेतिहरों को भूमि; सार्वजनीन वयस्क मताधिकार जिसका वादा पहले ही मोतीलाल नेहरू समिति के प्रतिवेदन में किया गया था; महिलाओं के लिए समान अधिकार; और राज्य से धर्म के पृथक्करण का ख़ाका भी प्रदान किया। वास्तव में बुर्जुआ कल्याणकारी राज्य के सभी आधुनिक राजनीतिक विचार कराची प्रस्ताव में पाये जा सकते हैं। द्वितीय विश्व युद्ध के उपरान्त साम्यवादी आन्दोलन ने क्रान्ति के पहले चरण के रूप में जनता के लोकतन्त्र की संकल्पना विकसित की थी। ऐसे बुर्जुआ कल्याणकारी राज्य का मौलिक विचार काफ़ी बड़े पैमाने पर इस संकल्पना के अनुरूप था। इसलिए कराची प्रस्ताव स्पष्ट रूप से वामपन्थ के लिए भी एक महत्त्वपूर्ण मंच है। गाँधी द्वारा इसकी स्वीकृति को (यह सच है कि यह स्वीकृति पूरे मन से नहीं थी) निश्चित ही पहचानना चाहिए। और उनके बाद की उस अवस्थिति को भी पहचानना आवश्यक है जहाँ वे इसे कार्यान्वित करने वाली काँग्रेस सरकारों से झगड़ा नहीं करेंगे। यह एक महत्त्वपूर्ण रियायत थी। यह उस आदमी का कार्य था जो अपने विचारों को दरकिनार करते हुए विपरीत विचारों को स्वीकार कर रहा था क्योंकि कृषक सविनय अवज्ञा आन्दोलन में सहायक थे और अपने इनाम के योग्य थे। श्रमिक वर्ग कई क्षेत्रों में सविनय अवज्ञा से दूर रहा था और इस कारण श्रमिकों को वापस राष्ट्रीय आन्दोलन में आकर्षित किया जाना था। महिलाएँ भी हिस्सा लेने के लिए आगे आयी थीं और भारत के भविष्य में उनकी भी भागीदारी थी। कराची प्रस्ताव एक प्रकार से उस परिस्थिति की आवश्यकता का अभिज्ञान था जिसे गाँधी स्वयं ही उत्पन्न करने में सहायक थे। और जहाँ तक गाँधी ने इसे काँग्रेस के कार्यक्रम का हिस्सा होने की अनुमति दी, काँग्रेस को एक वामपन्थी दिशा प्रदान करने में महत्त्वपूर्ण योगदान का श्रेय उन्हें दिया जाना चाहिए।

गाँधी के बाद के जीवन में यह स्पष्ट हो गया था कि स्वतन्त्र भारत वैसा नहीं होगा जैसा उन्होंने सोचा था। यह जीवन अनवरत रूप से त्रासदी की ओर बढ़ता रहा। गाँधी ने ऐसी ताक़तों को खुला छोड़ दिया था जिनके संचालन की

दिशा उनकी इच्छित दिशा से बहुत भिन्न थी। मुझे लगता है कि इस त्रासदी से हम गाँधी की महानता को भी स्वीकार करते हैं क्योंकि, जैसा मैंने कहा है, गाँधी ने कराची प्रस्ताव में और बाद में काँग्रेस द्वारा कृषकों और व्यापार संघों को किये गये वादों को स्वीकार किया था। इस दिशा की आलोचना करते हुए भी गाँधी ने इसे स्वीकार किया।

1930 के दशक के अन्त में साम्प्रदायिक विभाजन फिर से तीव्र होने के लिए प्रवृत्त था। इस विशेष सन्दर्भ में गाँधी मध्यस्थता के पक्ष में थे। वामपन्थ ने 1930 के दशक की यह धारणा अपनायी थी कि यदि राष्ट्रीय आन्दोलन को धर्मनिरपेक्ष रहना है तो हिन्दू और मुस्लिम साम्प्रदायिकता का इसमें कोई स्थान नहीं है। गाँधी ने यह धारणा नहीं अपनायी। यह एक महत्त्वपूर्ण और निर्भीक दृष्टिकोण था। गाँधी से पहले तिलक ने एक उत्कृष्ट समझौते के माध्यम से काँग्रेस और मुस्लिम लीग को साथ लिया था। इस समझौते के तहत मुस्लिम लीग द्वारा होम रूल की स्वीकृति के बदले मुसलमानों के लिए पृथक् साम्प्रदायिक निर्वाचक मण्डल की थी। मेरे मित्र प्रोफ़ेसर बिपिन चन्द्र एक सिद्धान्तहीन समझौते के रूप में इसकी निन्दा करते हैं। फिर भी मेरा विचार है कि राष्ट्रीय आन्दोलन के विकास में यह एक उल्लेखनीय घटना थी। वास्तव में, यह याद करना उचित है कि 1909 में *हिन्द स्वराज* में गाँधी ने उन हिन्दू नेताओं की आलोचना की थी जो मुसलमानों के लिए पृथक् साम्प्रदायिक निर्वाचक मण्डल के गठन का विरोध कर रहे थे। गाँधीजी स्वयं उस ख़िलाफ़त समिति में शामिल हुए थे जिसमें अब्बास तैयबजी (अपने पत्राचार में जिन्हें वे 'बिर्र' कहकर सम्बोधित करते थे) ने शामिल होने से इनकार किया था। लेकिन गाँधी का यह मानना था कि ख़िलाफ़त आन्दोलन राष्ट्रीय आन्दोलन के समर्थन के आधार का अत्यधिक विस्तार करेगा। इस बात पर चर्चा की जा सकती है। गाँधी का मानना था कि राष्ट्रीय आन्दोलन के विस्तार के लिए विशेष मुद्दों पर मुस्लिम साम्प्रदायिकता अथवा हिन्दू साम्प्रदायिकता के साथ भी वे मैत्री कर सकते हैं। इस तर्क के आधार पर ख़िलाफ़त आन्दोलन गाँधी की रणनीति का एक तर्कसम्मत विकास था। पृथक् निर्वाचक मण्डल इत्यादि की आलोचना गाँधी के बजाय वामपन्थ की ओर से अधिक मुखर रूप से आयी। गाँधी रियायत देने के लिए अधिक इच्छुक थे (जैसा हमने देखा, 1909 के बाद से)। वास्तव में, 1931 में सभी प्रमुख बिन्दुओं पर जिन्ना की माँग मान ली गयी थी। लेकिन दुर्भाग्यवश अब जिन्ना और मुस्लिम लीग इन विशेषाधिकारों की पूर्ति के लिए ब्रिटिश साम्राज्यवाद (न कि राष्ट्रीय आन्दोलन) की ओर अभिमुख थे। यह एक महत्त्वपूर्ण बिन्दु है।

इस बात को कुछ इतिहासकार तब भूल जाते हैं जब वे उस मार्ग के लिए काँग्रेस और लीग पर समान रूप से दोषारोपण करते हैं जिसके कारण अन्ततः विभाजन हुआ। मुझे फिर से ऐसा लगता है कि 1937 के संयुक्त प्रान्त (यूनाइटेड प्रोविंस) मन्त्रिमण्डल मुद्दे में नेहरू और वामपन्थ ने गाँधी और अबुल कलाम आज़ाद की तुलना में अधिक कठोर दृष्टिकोण अपनाया था। गाँधी और आज़ाद शायद नेहरू समर्थकों की ज़मींदार विरोधी धारा को संशोधित करने के लिए, मुस्लिम लीग के मन्त्रियों को पदासीन करने की इच्छा रखते थे। निस्सन्देह संयुक्त प्रान्त मन्त्रिमण्डल के गठन का जिन लोगों ने कुप्रबन्धन किया, वे गाँधी के समर्थक नहीं थे। गाँधी के समर्थक तो वास्तव में समझौते की वकालत कर रहे थे। इसके बाद 1944 में सी. राजगोपालाचारी ने जिन्ना के साथ समझौता-वार्ता की शुरुआत की। 1945 के देसाई-लियाक़त प्रस्ताव द्वारा समता भी स्वीकार हुई। यह वही अनुचित दृष्टिकोण था जिसके अनुसार मुस्लिम लीग के पास किसी भी गणना के आधार पर बहुत कम संख्या में समर्थक होने के बावजूद केन्द्रीय मन्त्रिमण्डल में काँग्रेस के साथ समता प्राप्त होती। देश की एकता की रक्षा के लिए गाँधी ऐसी रियायतें देने में सभी हदों को पार कर रहे थे।

फिर भी यह प्रश्न बना हुआ है कि क्या गाँधी ने स्वयं को हिन्दू सामाजिक सुधार और आमतौर पर हिन्दुओं के साथ जोड़ते हुए मुस्लिमों से दुश्मनी मोल ली थी? इस प्रश्न का उत्तर देना बहुत कठिन है क्योंकि यह स्पष्ट है कि यदि राष्ट्रीय आन्दोलन को उन सामाजिक बुराइयों के सुधार के साथ सम्बद्ध किया जाता जो धर्म के साथ गहराई से जुड़े हुए थे, तो राष्ट्रीय आन्दोलन को धर्म से पूरी तरह अलग नहीं किया जा सकता। लोगों को या तो गाँधी की तरह ही धार्मिक ढाँचे के अन्तर्गत सामाजिक सुधार की बात करनी पड़ती, या फिर धर्म का पूरी तरह से बहिष्कार करना पड़ता। वामपन्थ (जिसमें नेहरू भी शामिल थे, जैसा उनकी ऑटोबायोग्राफ़ी से दिखता है) ने धर्म का पूरी तरह से बहिष्कार किया जिससे पुराने रिवाजों की जड़ें समाप्त हो जायें।

भारतीय परिस्थिति के मद्देनज़र यह जाना नहीं जा सकता कि कौन-सा उपकरण अधिक सफल होता, लेकिन गाँधी ने पहला उपकरण अपनाया। उन्होंने इसे ईमानदारी से अपनाया क्योंकि वे स्वयं ही बहुत धार्मिक थे। मुसलमानों से सामाजिक सुधार की बात करने, द्विविवाह की निन्दा करने, मुसलमानों के बीच बेटियों के लिए उत्तराधिकार में समान हिस्से की माँग करने इत्यादि, स्वाभाविक रूप से गाँधी के लिए कठिन था। इसका कारण यह था कि मुसलमान इन सभी असमानताओं को अपने धर्म का हिस्सा मानते थे। यदि गाँधी उनके बीच ऐसे

सुधारों का दबाव डालते तो मुसलमानों से उनका अलगाव और अधिक बड़ा होता और इसी कारण इसके आधार पर गाँधी की निन्दा करना भी आसान नहीं है। उनसे जो भी अपेक्षा की गयी थी, उन्होंने वह सब किया। उन्होंने इस बात पर बल दिया कि सभी धर्म आंशिक रूप से सच्चे थे, लेकिन सभी धर्मों में कुछ त्रुटियाँ भी थीं। इसलिए उन सभी धर्मों का एक साथ अस्तित्व में रहना आवश्यक था। 1930 के दशक की अपनी विवादास्पद शब्दावली से दूर हटते हुए 1947 तक उन्होंने यह तर्क किया कि देवनागरी तथा उर्दू, दोनों लिपियों में हिन्दुस्तानी भारत की राष्ट्रीय भाषा होनी चाहिए। वे हिन्दुस्तानी भाषा के दो भिन्न स्वरूपों के रूप में हिन्दी और उर्दू की समानता के प्रतिपालक थे। मुझे नहीं मालूम कि कितने लोगों को यह बात पता है कि वे उर्दू में भी लिखते थे और उनकी वर्तनी काफ़ी हद तक सही थी। (मेरी ख़ाला रैहाना तैयबजी को लिखी अपनी चिट्ठियों के अन्त में वे हमेशा 'बापू की दुआ' लिखते थे)। इसके माध्यम से और एकेश्वरवाद पर बल देते हुए गाँधी अलग-अलग मज़हब के लोगों को साथ लाने का प्रयास कर रहे थे। उनकी 'प्रार्थना' सभाओं में विभिन्न धर्म-ग्रन्थों का पाठ होता था। फिर भी, यह स्पष्ट था कि वे एक हिन्दू थे, लेकिन यदि मुसलमान एक सच्चे हिन्दू को अपने नेता के रूप में स्वीकार नहीं कर रहे थे, तो क्या इसका अर्थ यह नहीं था कि वे पहले से ही अपने मन में अलगाववादी बन चुके थे? एक हिन्दू नेता जो यह कहता है कि मुसलमान उसके भाई जैसे हैं, जो यह कहता है कि मुसलमानों का धर्म मुसलमानों का अपना मामला है, जो यह कहता है कि भारत के राष्ट्रीय ख़ज़ाने में मुसलमानों का समान हिस्सा है। मुसलमानों द्वारा एक ऐसे सच्चे हिन्दू नेता को अस्वीकार क्यों किया जायेगा? असली प्रश्न यह है कि मुसलमान ऐसा क्यों महसूस करेंगे? आर.पी. दत्त के इस दृष्टिकोण को स्वीकार करना कठिन है कि चूँकि गाँधी एक सच्चे हिन्दू थे, मुसलमानों में उनसे अलगाव की भावना आयी। जब बादशाह ख़ान ने यह कहा कि वे एक सच्चे मुसलमान हैं, तो उत्तर-पश्चिम सीमान्त प्रान्त के हिन्दुओं में अलगाव की भावना नहीं आयी थी। न तो मुस्लिम अलगाववाद न ही हिन्दू साम्प्रदायिकतावाद का उदय इस कारण हुआ था कि गाँधी ने यह कहा कि वे एक सच्चे हिन्दू हैं। इसके अन्य कारण हैं। जैसा हमने देखा है, यह सच है कि सामाजिक सुधार के दो मार्ग हो सकते हैं : पहला, गाँधी का धार्मिक ढाँचा और दूसरा, वामपन्थ का पूर्ण रूप से धर्मनिरपेक्ष ढाँचा। लेकिन मुद्दा यह है कि हम इनके बीच निर्णय नहीं कर सकते क्योंकि गाँधी का मार्ग सफल रहा और वामपन्थी मार्ग इस क्षेत्र में केवल आंशिक रूप से ही मुक़ाबले में था।

अब मैं अन्तिम दो प्रश्नों पर आता हूँ। पहला प्रश्न भारत छोड़ो आन्दोलन का है। इस बात को लेकर मेरे मन में कोई सन्देह नहीं है कि उस समय गाँधी द्वारा 'भारत छोड़ो' के आह्वान का निर्णय एक भूल थी। कम्युनिस्ट पार्टी इस प्रस्ताव का विरोध करने में बहुत सही थी। यह स्पष्ट था कि विश्व के प्रति गाँधी की समझ उतनी स्पष्ट नहीं थी जितनी भारत के प्रति उनकी समझ। उनके कृत्यों ने भी स्पष्ट रूप से ऐसे संकेत दिये कि उनका मानना था कि मित्र-राष्ट्र युद्ध में कठिन समय से गुज़र रहे थे और इस कारण यह रियायत प्राप्त करने का समय था। वामपन्थ का भी यह मानना था कि मित्र-राष्ट्र संकटपूर्ण समय से गुज़र रहे थे और सोवियत रूस को बचाने के लिए यही समय था जब हमें ऐसा आचरण अपनाना चाहिए कि मित्र-राष्ट्रों को सभी सम्भव समर्थन दिये जा सकें। इसलिए, हालाँकि विश्व के बारे में हमारी समझ समान थी, किन्तु हमारे निष्कर्ष विपरीत थे। सवाल यह है कि भारत के लिए अल्पकालिक लाभ क्या राष्ट्रीय आन्दोलन को दिशा प्रदान करता अथवा समूचे विश्व के भविष्य को दिशा प्रदान करता। ये दोनों विपरीत रणनीति टकराव में थीं। हमें आज यह मालूम है कि बुरा होने के बावजूद मित्र-राष्ट्रों का दृष्टिकोण उतना भी अतिसाहसिक नहीं था जितना गाँधी, ए.आई.सी.सी. (अखिल भारतीय काँग्रेस समिति) में उनके सहकर्मी, और कम्युनिस्ट नेतृत्व को प्रतीत हुआ था। लेकिन यह पश्चदृष्टि का लाभ है। स्टालिन चर्चिल और रूज़वेल्ट को यह लिख रहे थे कि रूस इतने अधिक भू-खण्डों को हार चुका है कि या तो वह पराजित हो जायेगा अथवा इतना कमज़ोर हो जायेगा कि मित्र-राष्ट्रों को कोई सहायता देने लायक़ नहीं रह पायेगा। मॉस्को पर आक्रमण और स्टालिनग्राड के युद्ध के बीच यह बहुत ही कठिन समय था। कभी-कभी निश्चित ही ऐसी भी परिस्थितियाँ होती हैं जब राष्ट्र-हित का टकराव विश्वभर के लोगों के बृहत्तर हितों के साथ होता है और जब व्यापक हितों का तालमेल कम्युनिस्ट मतविरोधियों के साथ होता है, मैं इसे एक सही निर्णय मानूँगा। भले ही आज के मौजूदा समय में ऐसे निर्णय पर खेद व्यक्त किया जाना प्रचलन में हो। साथ ही मैं गाँधी के दृष्टिकोण के लिए उनकी निन्दा भी नहीं करूँगा। भारतीय जनता ने बहुत अधिक समय तक प्रतीक्षा की थी और अब वे अधीर हो रहे थे। गाँधी ने नरम दल का वर्णन धैर्यवान और गरम दल का वर्णन अधीर के रूप में किया था, लेकिन अब दोनों के लिए धैर्य समाप्त हो रहा था। 1942 के कुछ उत्तरवर्त्ती महीनों में यह स्पष्ट हो गया था कि रूस के लोग और उनकी सोवियत व्यवस्था हिटलर को पराजित करने का दम रखते थे। 1942-43 की सर्दी में इतिहास का विशालतम युद्ध अर्थात् स्टालिनग्राड का युद्ध लाल सेना (रेड आर्मी)

ने निर्णायक रूप से जीता। विडम्बनापूर्वक इसका तात्कालिक परिणाम यह रहा कि ब्रिटिश साम्राज्यवाद को भारत के अहिंसक संघर्ष द्वारा अपने सैन्य प्रयोजन पर किसी बड़ी क्षति का भय नहीं रहा। इस कारण उसे कारावास में बन्दी बनाये गये नेताओं से बात करने की भी आवश्यकता नहीं थी।

अब मैं अपने अन्तिम मुद्दे की बात करूँगा। मेरा विचार है कि गाँधी का 'सुनहरा समय' उनके जीवन के अन्तिम महीने थे। जब विभाजन के बाद साम्प्रदायिक नरसंहार शुरू हुआ, गाँधी दृढ़तापूर्वक अपने सिद्धान्तों पर खड़े रहे। इस समय बृहत्तर ध्येय के लिए वे संकीर्ण राष्ट्र-हितों को भूल सकते थे। उनके कथन का सार यह था–

> "मैं पाकिस्तान में हो रहे नरसंहार से उतना ही चिन्तित हूँ जितना कि भारत में हो रहे नरसंहार से। लेकिन पहले मुझे भारत में नरसंहार को रोकना होगा। इसलिए मैं यहाँ अनशन कर रहा हूँ। जब मैं यहाँ सफल हो जाऊँगा, मैं पाकिस्तान में भी उसी लक्ष्य के लिए प्रयासरत रहूँगा। पाकिस्तान भी मेरा देश है।"

अपने अनशन के लिए उन्होंने यह अतिरिक्त माँग रखी कि भारत पाकिस्तान को 55 करोड़ रुपये अदा करे। राष्ट्रपिता के लिए अपने राष्ट्र के विरुद्ध एक रवैया अपनाना और ऐसे देश का समर्थन करना जिसकी सरकार दिन-रात उन पर अपशब्दों की बारिश कर रही हो, बहुत बड़ी बात थी। मेरा मानना है कि यह गाँधी का सबसे उत्कृष्ट कृत्य था। यह एक ऐसा कृत्य था जिसके कारण गाँधी ने मौजूदा 'संघ परिवार' के नायकों में से एक के हाथों अन्ततः अपनी जान गँवा दी। मुझे ऐसा प्रतीत होता है कि इस विशेष कृत्य में सभी गम्भीर राजनीतिक आन्दोलनों के लिए एक सन्देश है। यह सन्देश यह है कि एक बिन्दु पर आकर सिद्धान्तों के साथ समझौता करना प्राणनाशक है। भारत में नरसंहार को रोकने में गाँधी की अपनी सफलता 'मुख्यधारा' की समझ का सामने से विरोध करने के माध्यम से प्राप्त हुई थी। हमें ऐसा दृष्टिकोण अपनाना चाहिए जो सही हो, भले ही वह राष्ट्रीय 'मतैक्य' के विरुद्ध हो। हममें से कितनों को 1962 या 1965 में यह याद था?

1965 में जब पाकिस्तान के साथ हमारा लघु युद्ध हुआ था, हमारे विश्वविद्यालय में एक बैठक हुई और हमारे कुलाधिपति ने यह कहा था कि यदि वे युवा होते तो हमारे जवानों के साथ युद्ध करने गये होते। उसके बाद ताशकंद में समझौता हुआ और उसी कुलाधिपति ने अगली बैठक में कहा कि यह एक 'मूर्खतापूर्ण युद्ध' था और वस्तुतः उन्होंने ई.एम.एस. नम्बूदरीपाद को उद्धृत किया। हमें यह अहसास होता है कि किसी क्षण के इन राष्ट्रीय उत्साहों

में सैद्धान्तिक दृष्टिकोण पर खड़े रहना और उस पर क़ायम रहना अत्यधिक महत्त्वपूर्ण है। विशेष रूप से जब 1992 में बाबरी मस्जिद के मुद्दे पर एक प्रकार का राष्ट्रीय उत्साह उमड़ा था और आगे भी बारम्बार ऐसे क्षणों का हम सामना करेंगे, यह बात अधिक महत्त्वपूर्ण हो जाती है। मैं विशेष रूप से यह कहना चाहता हूँ कि जब *सहमत* ने अयोध्या के सन्दर्भ में एक दृष्टिकोण को अपनाया और जब लोकसभा अध्यक्ष ने सभी लिखित नियमों की उपेक्षा करते हुए यह निर्देश दिया था कि सार्वजनिक संस्थान के परिसर से *सहमत* की सभी प्रदर्शनियों को हटाया जाये, यह अनुग्रह *सहमत* के लिए एक सम्मान का चिह्न था। *सहमत* ने जो किया वह यक़ीनन उसके अनुकूल था जो गाँधी ने किया था। और इस कारण आज यह उचित है कि सफ़दर हाशमी को याद करते हुए हम गाँधी का भी कीर्तिगान कर रहे हैं।

1857 का आगमन

1857 के विद्रोह का आरम्भ बंगाल सेना के सिपाहियों द्वारा बग़ावत के रूप में हुआ था। पूरे विद्रोह के दौरान उन्होंने इस ध्येय के लिए ख़ुद को सबसे अधिक दृढ़ सिद्ध किया। बंगाल सेना ईस्ट इंडिया कम्पनी की अन्य दो प्रेसीडेंसी सेनाओं (मद्रास और बम्बई) की संयुक्त संख्या से बहुत अधिक बड़ी थी। वास्तव में, यह स्वेज के पूर्व में कार्यरत सबसे बड़ी आधुनिक सेना थी। विद्रोह की शुरुआत के समय तक इसमें 1,39,807 'मूल निवासी' (नेटिव) सिपाही थे जिन पर 26,089 'यूरोपीय' अधिकारियों द्वारा निगरानी रखी जाती थी।[1] पिछले 18 वर्षों के आसपास बंगाल सेना के सिपाही मुक्त व्यापार ब्रिटेन की आवेशी भू-खण्डीय आकांक्षाओं की पूर्ति में निरन्तर नियोजित थे। उन्होंने प्रथम अफ़ग़ान युद्ध (1839-42), सिन्धिया के सैन्य बलों के साथ आशावादी टकराव (1843), सिन्ध में युद्ध (1844), दो क़रीबी रूप से लड़े गये पंजाब युद्धों (1845-46 और 1848-49), और द्वितीय बर्मा युद्ध (1852) के आघातों को सहा था। उन्हें समुद्रों के पार लड़ने के लिए भी चीन के विरुद्ध अफीम युद्धों में (1840-42 और 1856-60) और रूस के विरुद्ध क्रीमियाई युद्ध (1854) में भेजा गया था। 1856 में एक अभियान ईरान के विरुद्ध चलाया गया था। 1815 में नेपोलियन की पराजय के बाद विश्व में कम ही ऐसी सेनाएँ थीं जिन्हें इतनी लम्बी अवधि के लिए अपने सैनिकों की जान को जोख़िम में डाल निरन्तर युद्धों में भेजा गया हो। फ़रवरी 1857 के अन्त में बेरहमपुर की उन्नीसवीं पैदल सेना (इन्फैंट्री) में अशान्ति के पहले संकेत उठे। इस समय यहाँ के कर्नल (मिचल) ने तुरन्त ही यह धमकी दी कि उसे 'बर्मा या चीन भेज दिया जायेगा जहाँ सभी सिपाही मारे जायेंगे'।[2] जिस शौर्य के साथ इन सिपाहियों ने अपने मालिकों की सेवा की थी, वही शौर्य अब उनका विनाश बन गया था क्योंकि युद्धों के लिए बुलाया जाना अन्तहीन हो रहा था जबकि मारे जाने वालों की संख्या बढ़ रही थी।

साम्राज्यवाद के युद्धबलि के रूप में सिपाही की भूमिका का उसके मनोबल पर अन्ततः गम्भीर प्रभाव रहा। साथ ही सेना के भीतर उसे उसकी पूर्ण रूप से गुलामाना हैसियत को बार-बार याद दिलाया भी जाता था। इन कारणों से उनका आन्तरिक रोष और अधिक उत्तेजित हुआ। लम्बी सेवा (क्योंकि वरीयता एकमात्र आधार थी) के बाद वह 'जमादार' और फिर 'जूबेदार' बन सकता था। एक रेज़िमेंट में हर पद पर दस लोग हो सकते थे। अन्त में वह 'सूबेदार मेजर' के पद को प्राप्त कर सकता था जिसके लिए हर रेज़िमेंट में एक ही स्थान था। केवल कुछ सिपाहियों द्वारा इन पदों की प्राप्ति के साथ यह शृंखला समाप्त होती थी। इन पदोन्नत क्षमताओं के साथ सिपाहियों से केवल मुख़बिर और चपरासी के रूप में कार्य करने की अपेक्षा थी। सत्ता केवल यूरोपियों के पास थी जो सबाल्टर्न के सभी पदों पर एकाधिकार रखते थे।

बंगाल सेना औपचारिक रूप से गवर्नर जनरल की अपनी बंगाल प्रेसीडेंसी की सेना थी जिसका विस्तार पूरे उत्तर भारत में था। लेकिन वास्तव में सेना की भर्ती का क्षेत्र मौजूदा उत्तर प्रदेश की सीमाओं में सीमित था। इसमें हिमालयी ज़िले शामिल नहीं थे, लेकिन हरियाणा और पश्चिमी बिहार इसका हिस्सा थे। इसका आंशिक कारण यह हो सकता है कि अंग्रेज़ों के लिए यह सुविधाजनक था कि सिपाही एक सामान्य भाषा (हिन्दुस्तानी) साझा करें। भर्ती किये गये सिपाहियों में से अधिकांश छोटे भू-स्वामियों के वर्ग से आये थे। बंगाल सेना का बड़ा हिस्सा पैदल सेना (इनफ़ैंट्री) का था (लगभग 1,12,000 सैनिक)। इस पैदल सेना में सबसे बड़ा खण्ड ब्राह्मणों का था। इसके बाद राजपूत और अन्य हिन्दुओं और मुसलमानों की बारी आती थी। घुड़सवार सेना (कैवलरी) की संख्या 19,000 से अधिक थी और इसमें मुसलमानों की प्रधानता थी। छोटे आकार की तोपची सेना (आर्टिलरी) में 5,000 से कम सैनिक थे और इसका संयोजन अधिक मिश्रित था।[3] सिपाहियों की हैरान करने वाली संख्या (लगभग 40,000) की निगुक्ति अवध से की गयी थी जिसमें मौजूदा लखनऊ और फ़ैज़ाबाद प्रमण्डल शामिल थे। सिपाहियों की इस भू-खण्डीय सम्बद्धताओं पर ध्यान देना आवश्यक है क्योंकि ये उन क्षेत्रों से मेल खाती थी जहाँ 1857 की क्रान्ति सबसे शक्तिशाली रूप से भड़की थी। इसके अतिरिक्त यह हमें औपनिवेशिक शासन से सिपाहियों के बढ़ते अलगाव की एक और व्याख्या प्रदान करने में भी सहायक है।

अवध को छोड़कर बंगाल सेना का नियुक्ति क्षेत्र महलवारी व्यवस्था के अन्तर्गत था। बंगाल और बिहार के स्थायी बन्दोबस्ती (परमानेंट सेटलमेंट) से भिन्न इस व्यवस्था में निरन्तर राजस्व की बढ़ोतरी का प्रावधान था।

1833 के बाद 'माफ़ी' भूमि व्यापक तौर पर फिर से शुरू की गयी। ब्राह्मण और मुसलमानों का उच्च तबक़ा इसके प्रमुख लाभार्थी रहे थे। राजस्व की बढ़ोतरी और माफ़ी के फिर से शुरू किये जाने के कारण उन परिवारों के भूमि धारण पर अधिक प्रभाव पड़ा जहाँ से सिपाही आते थे। केवल अवध में हालात अलग रहे थे। 1856 के राज्य-हरण से पहले भूमिधारक के रूप में सिपाहियों को उस समय ब्रिटिश रेजीडेंटों द्वारा संरक्षण मिलता था जब वे नवाबी सरकार और उसके अधिकारियों के विरुद्ध शिकायत करने का रास्ता चुनते थे, लेकिन राज्य-हरण के बाद सिपाहियों को प्राप्त यह कृपा जाता रही। वास्तव में, महलवारी व्यवस्था अब अवध में भी लागू होने वाली थी। अगर ऐसा हो जाता तो ये इससे जल्द ही सिपाहियों को उनकी पहले की आमदनी और शायद उनकी भूमि से वंचित कर दिया जाता।

जब सैन्य अधिकारियों और नागरिक प्रशासन के विरुद्ध सिपाहियों की शिकायतें बढ़ने लगीं, तो उन्होंने अपनी पहचान को अधिकाधिक रूप से धार्मिक रंग में ढला हुआ देखना शुरू किया। सिपाहियों के मनोबल की ख़ातिर सैन्य अधिकारियों ने बंगाल सेना को उच्च-जाति सेना की प्रतिष्ठा प्रदान करने की बात को बढ़ावा दिया। 1855 के अधिनियम द्वारा निचली जाति के लोगों की भर्ती को विशेष रूप से हतोत्साहित किया गया। सैन्य अधिकारियों ने इस बात पर भी बहुत ध्यान दिया कि सिपाही निजी रूप से खाना पका सकें जिससे जातिगत वर्जना के सम्मान को बढ़ावा मिला। इसमें आश्चर्य नहीं है कि सिपाही अपनी जातिगत और धर्मगत ओहदे के प्रति विशेष रूप से संवेदनशील बन गये। इसके साथ-साथ रेज़िमेंट का संयोजन विविधता पर आधारित था जिससे सिपाहियों के बीच किसी सामान्य भावना के विकास को विफल किया जा सके, लेकिन जैसा सैयद अहमद ख़ान उल्लेख करते हैं, ऐसे मिश्रण का परिणाम विपरीत रहा। एक ही कम्पनी में आने के कारण हिन्दू और मुसलमान सिपाहियों के बीच मेलभाव का विकास हुआ और दोनों एक-दूसरे को अपना भाई मानने लगे।[4] इस कारण जब चर्बी वाले कारतूसों का मुद्दा उठा, जिसे लेकर यह भय था कि वे गोमांस और शूकरमांस से दूषित हैं, हिन्दुओं और मुसलमानों ने अपनी आस्था की रक्षा के लिए एक नारे के लिए एकजुट होना स्वाभाविक समझा। वे 'दीन' और 'धरम' की रक्षा के लिए साथ हो गये। नयी एनफ़ील्ड राइफ़लों के लिए चर्बी वाले कारतूस बंगाल सेना को अधिक प्रभावी बनाने के लिए निर्मित किये गये थे। कारतूस को हाथ से तोड़ने के बजाय उसे चबाकर काफ़ी तेज़ी से राइफ़ल में भरा जा सकता था। सिपाहियों के लिए समय की यह बचत रणभूमि में उनके जीवन

और मृत्यु के बीच का अन्तर तय कर सकती थी। इसलिए, सैन्य अधिकारियों के लिए नये शस्त्र और कारतूस की तीव्र विधि को लागू करने के पर्याप्त कारण थे। हालाँकि 1857 के शुरू होते ही सिपाहियों की शंका और रोष प्रकट होने लगा था। रियायतें बहुत देर से आयीं और उन पर भरोसा भी नहीं किया जा रहा था। सिपाहियों की छाती में काफ़ी दहनशील पदार्थ जमा हो चुका था जिसके लिए चर्बी वाले कारतूस केवल वह चिंगारी थी जो पूरी सेना को जला देती।

29 मार्च 1857 को जब विद्रोह के पहले शहीद मंगल पाण्डे ने अपने साथियों का बैरकपुर में विप्लव के लिए आह्वान किया, यह त्वरित आह्वान निष्फल सिद्ध हुआ। 19वीं और 34वीं पैदल-सेना ने निरस्त्र और विघटित होना स्वीकार किया; लेकिन यह आह्वान छावनी से छावनी तक फैलता रहा और अन्ततः 11 मई को मेरठ के विद्रोहियों ने दिल्ली पर क़ब्ज़ा किया। उन्होंने पूरी बंगाल सेना को एक आम बग़ावत का संकेत भेजा।

कुछ समय बीतने के बाद लगभग हर जगह इस संकेत का पालन हुआ। सितम्बर 1858 में इंडिया हाउस केवल सात रेज़िमेंटों की मौजूदगी दर्ज करा सका जिसमें बंगाल सेना के बचे हुए सिपाहियों की संख्या केवल 7,796 थी, जबकि दो साल पहले उसके 'मूल निवासियों' की संख्या कुल 1,39,000 सैनिकों पर थी।[5] इस कारण इस बात में कम ही सन्देह हो सकता है कि जिन सिपाहियों ने बग़ावत की और सशस्त्र विद्रोह का हिस्सा बने, उनकी संख्या निश्चित ही 1,00,000 से अधिक होगी। वे न केवल विद्रोहियों के सशस्त्र बल का बढ़ा हिस्सा थे बल्कि उनकी श्रेणी में सबसे आधुनिक बल भी थे। उनके द्वारा बंगाल सेना की संगठन प्रणाली की नक़ल करने की उनकी उत्कण्ठा इस बात से प्रकट होती है कि एक ओर उन्होंने रेज़िमेंट और अन्य सैन्य गठन के संचालन के लिए 'परिषद्' का निर्माण किया। दूसरी ओर उन्होंने अपने नेताओं को 'जनरल', 'कर्नल' और 'कप्तान' का ओहदा दिया। यह प्रत्यक्ष रूप से पारम्परिक भारतीय सैन्य संगठन प्रणाली से अलग था। साथ ही सिपाही अक्सर पारम्परिक भारतीय व्यवस्था की रीतियों और पदक्रमों के प्रति उदासीनता अथवा घृणा भी दिखाते थे।

यदि सिपाहियों की बग़ावत 1857 के विद्रोह की रीढ़ की हड्डी थी साथ ही, यह बात भी उतनी ही स्पष्ट है कि यदि इस क्रान्ति ने शीघ्रता से हरियाणा से लेकर बिहार तक के बड़े भू-भाग की आबादी के एक बड़े हिस्से के दिलों के संवेदी तारों को न छुआ होता, तो इस क्रान्ति को ऐसा विस्तार कभी प्राप्त नहीं होता। बग़ावत करने वाले सिपाही इन गाँवों से ही तो आये थे। बृहत् क्षेत्रों में इस बग़ावत ने एक कृषक विद्रोह का रंग रूप अपना लिया।

हम पहले ही यह देख चुके हैं कि भूमिधारकों के रूप में सिपाहियों को महलवारी व्यवस्था से परेशानी थी। उनके भर्ती के क्षेत्र के बड़े हिस्से में महलवारी व्यवस्था प्रचलित थी। यह इतिहास की एक बड़ी विडम्बना है कि जिस क्षेत्र से ब्रिटिश अधिकारियों ने बड़ी संख्या में भाड़े के सैनिक भर्ती करने का निर्णय किया, उसी क्षेत्र पर उत्तरोत्तर बेदखली की प्रक्रिया के माध्यम से ब्रिटेन की ख़िराज (ट्रिब्यूट) का सबसे अधिक दबाव पड़ा। बंगाल और बिहार में स्थायी बन्दोबस्ती और मद्रास प्रेसीडेंसी के रैयतवाड़ी क्षेत्र में निश्चित कर-दर ने उस सीमा को निर्धारित किया जहाँ तक कम्पनी के इस अधिराज्य के रूप में पहले से अभिगृहीत हिस्सों में राजस्व में बढ़ोतरी की जा सकती थी। बम्बई प्रेसीडेंसी की रैयतवाड़ी व्यवस्था को इस प्रकार बनाया गया था कि राजस्व को स्थिति के अनुरूप बढ़ाया जा सकता था। लेकिन उत्तर भारत की महलवारी व्यवस्था ऐसी व्यवस्था थी जहाँ राजस्व को अधिकतम स्तर तक बढ़ाने की लगभग बेधड़क इच्छा पूर्ण रूप से विकसित हुई। उन्नीसवीं शताब्दी के पूर्वार्द्ध में वास्तविक सन्दर्भ में (अर्थात्, मूल्य के आधार पर समायोजित) राजस्व की बढ़ोतरी लगभग 70 प्रतिशत हुई और आगरा प्रान्त में (अवध के अलावा मौजूदा उत्तर प्रदेश) यह 1844-45 में 5.60 करोड़ के स्तर पर पहुँच गयी। इस व्यवस्था के अन्तर्गत राजस्व भुगतान की सामूहिक ज़िम्मेदारी पर और अधिक बल दिये जाने के कारण भूमि का अभूतपूर्व अलगाव हुआ। इसका प्रभाव ज़मींदारों और कृषकों, दोनों पर पड़ा। अलीगढ़ ज़िले में 1839 से 1858 के बीच 50 प्रतिशत भूमि का हस्तान्तरण हुआ। साथ ही भूमिधारक के रूप में 'साहूकार और व्यापारी वर्ग' का हिस्सा 3.4 प्रतिशत से बढ़कर 12.3 प्रतिशत हो गया। मुज़फ़्फ़रनगर ज़िले में 1841 से 1861 के बीच एक-चौथाई भूमि का हस्तान्तरण हुआ। साथ ही भूमि पर 'ग़ैर-कृषक वर्ग' का हिस्सा 11 प्रतिशत से बढ़कर 19.5 प्रतिशत हो गया।[6] ये आँकड़े यह दिखाते हैं कि ग्रामीण वर्ग की उत्कण्ठा किस कारणवश उस समय इतनी बढ़ी हुई थी जिस समय सिपाहियों को चर्बी वाले कारतूस मिल रहे थे। अवध के राज्य-हरण (1856) के दुष्परिणाम ने अवध के तालुकदारों और खेतिहरों के बीच समान उत्कण्ठा पैदा की। इसका कारण यह उद्घोषणा थी कि हड़पे गये राज्य पर महलवारी व्यवस्था लागू की जायेगी। वास्तव में प्रारम्भिक स्तर पर कराधान इतना अधिक बढ़ा दिया गया था कि कई तालुकदारों और भू-स्वामियों ने राज्य-हरण के पहले ही वर्ष के भीतर अपनी भूमि का बड़ा हिस्सा गँवा दिया। इसके परिणामस्वरूप, जो लोग अभी तक अवध के अन्तिम 'राजा' वाजिद अली शाह की विदाई के प्रति उदासीन थे, उन्हें अब नवाबी शासन के अन्त पर बहुत अधिक पछतावा हो रहा था।

एक स्थानीय अंग्रेज़ अधिकारी मार्क थॉर्नहिल (15 नवम्बर 1858 को अपनी रिपोर्ट देते हुए) को यह प्रतीत हुआ कि बग़ावत के साथ कृषक आन्दोलन के लिए आम कृषक सबसे अधिक ज़िम्मेदार थे–

> "कृषि श्रमिक वर्ग को अन्य वर्गों की तुलना में हमारे शासन से सबसे अधिक लाभ प्राप्त हुआ था। यह कितना भी विरोधाभासी प्रतीत हो, यह एक तथ्य है कि यही वर्ग इस शासन के जारी रहने के प्रति सबसे प्रतिकूल रहा था। दूसरी ओर वे बड़े भू-स्वामी वर्ग, जो हमारे द्वारा सबसे अधिक पीड़ित हुए थे, के लगभग सभी लोग हमारे साथ खड़े रहे थे।"[7]

थॉर्नहिल पश्चिमी उत्तर प्रदेश की पुरानी महलवारी व्यवस्था वाले क्षेत्रों की बात कर रहे थे। अवध के सन्दर्भ में बोलते हुए भारत के गृह सचिव सर चार्ल्स वुड ने 1861 में हाउस ऑफ़ कॉमन्स में कहा–

> "इस विचार (महलवारी व्यवस्था की दोषहीन प्रकृति) के परिणामस्वरूप इस अवध के नव अर्जित प्रान्त में प्रस्तावित किया गया। हमारा यह अनुमान था कि हम जनता की भलाई कर रहे हैं और उन्हें प्रमुखों (तालुकदारों) के उत्पीड़न से मुक्त कर रहे हैं, लेकिन विद्रोह में अवध के रैयतों ने हमारे विरुद्ध भाग लिया और विद्रोह में अपने तालुकदारों के साथ हाथ मिला लिया।"[8]

जैसा सभी क्रान्तियों में होता है, 1857 में वास्तविक वर्ग विन्यास सटीक नहीं था। ज़मींदारों और तालुकदारों के कुछ समूह विद्रोह से दूर रहे थे। साथ ही, उपयुक्त समय पर वे अंग्रेज़ों का साथ दे रहे थे। कुछ कृषकों ने ब्रिटिश के साथ-साथ विद्रोही प्राधिकारियों की भी अवज्ञा की। इसका कारण, जैसा एरिक स्टोक्स कहते हैं, यह था कि 'कृषकों का मौलिक आवेग किसी भी प्रकार के कर संग्रहकर्ता से मुक्त होना था'।[9] लेकिन आम स्थिति यह थी कि लगभग पूरे उत्तर प्रदेश के मैदानी इलाक़ों के गाँवों में ब्रिटिश शासन ढह चुका था और सत्ता अब विद्रोही ज़मींदारों और कृषकों को प्राप्त हो चुकी थी। ज़मींदारों और कृषकों के हितों के बीच के अन्तर्विरोध ने अब दूसरा स्थान ले लिया था।

अंग्रेज़ों के प्रति असन्तोष केवल गाँवों में ही नहीं था। शहरी इलाक़ों में अंग्रेज़ों की प्रतिद्वन्द्विता बढ़ी और स्थानीय दरबार तथा शासक वर्ग के निष्कासन के परिणामस्वरूप माँग ग़ायब हो गयी थी। इस कारण शहरी हस्तशिल्प, विशेष रूप से कपड़ा उद्योग को बर्बादी का सामना करना पड़ा था। विद्रोही राजकुमार फ़िरोज़ शाह ने अगस्त 1857 की अपनी उद्घोषणा में इस तथ्य को अधोरेखित किया कि 'अंग्रेज़ों सामग्रियों को भारत में प्रवेश कराते हुए यूरोपियों ने बुनकरों, सूती कपड़ा बनाने वालों, बढ़इयों, लोहारों, और मोचियों, इत्यादि को बेरोज़गार कर दिया है। यूरोपियों ने उनके व्यवसाय को अन्तर्लीन कर लिया और हर तरह के देशी कारीगर को भिखारी बना दिया है'।[10]

शहरी लोगों द्वारा इतनी तेज़ी से विद्रोह से जुड़ने के कारणों की व्याख्या एक प्रत्यक्षदर्शी अंग्रेज़ द्वारा बग़ावत की पूर्व सन्ध्या पर लखनऊ (जो उस समय 6,00,000 से भी अधिक की आबादी के साथ भारत का सबसे बड़ा शहर था) के निम्नलिखित विवरण में मिलता है—

> "लखनऊ के लोगों की सर्वव्यापक सन्तुष्टि की झूठी ख़बरें हमें मिलने के बावजूद लखनऊ के लोगों का हमारे (अंग्रेज़ों के) प्रति विद्रोह करना बहुत ही सम्भावित घटना थी। उनके प्रेम के पात्र बनने के लिए हमने कुछ नहीं किया था। जबकि उनकी नफ़रत पाने के लिए हमने बहुत कुछ किया था। हज़ारों ऐसे कुलीन, सज्जन, और अधिकारी जन थे जिनके पास राजा के समय में (1856 के राज्य-हरण से पहले) लाभप्रद नियुक्तियाँ थीं और जो काम करने के प्रति सुस्त थे। वे सभी अब दरिद्रता और अभाव का सामना कर रहे थे और उनके अनगिनत नौकर-चाकरों को सहज ही नौकरी से निकाला जा रहा था। इसके अलावा असंख्य आवारा, दिलेर ठग और भिखारी, जो देशज शासन के समय शहर में फैल गये थे और अपना पेट भर रहे थे, हमारे प्रशासन के समय भूखे मर रहे थे। देशज व्यापारियों, दुकानदारों और बैंकरों ने वाजिद अली की बादशाही में राजा, उसके दरबारियों, और भरे हुए हरम की समृद्ध औरतों को विलासी सामग्री की आपूर्ति कराते हुए बड़ा फ़ायदा कमाया था। अब उनकी सामग्री की बिक्री नहीं हो पा रही थी। आमतौर पर लोग विशेष रूप से ग़रीब लोग इस कारण असन्तुष्ट थे क्योंकि उन पर प्रत्यक्ष और अप्रत्यक्ष, हर प्रकार का कर लगाया जा रहा था।"[11]

विद्रोह में सहायक के रूप में शहर के ग़रीबों की भागीदारी कई जगहों पर एक ध्यान देने योग्य विशेषता थी। दिल्ली में 'बुनकर, कारीगर और अन्य वेतन भोगी मज़दूर' विद्रोही कमांडर बख़्त ख़ान की अगुआई वाले सिपाहियों के साथ जुड़े।[12] सैयद अहमद ख़ान ने बिजनौर ज़िले में विद्रोह की घटनाओं पर विस्तृत संस्मरण लिखा है। इस संस्मरण में वे तिरस्कारपूर्वक लिखते हैं कि स्थानीय विद्रोही नेता महमूद ख़ान की अगुआई में पेशेवर सिपाहियों और सैनिकों को उन 'कपास धुनने वालों और बुनकरों' से बल मिला 'जिन्होंने कभी कोई तलवार नहीं सँभाली थी, केवल सूत पकड़ा था।'[13]

वैचारिक कारकों ने भी निस्सन्देह अपनी भूमिका निभायी। आंशिक रूप से मिशनरियों के दबाव के कारण ईस्ट इंडिया कम्पनी की सरकार ने आधिकारिक तौर पर चर्च के क्रियाकलापों को संरक्षण दिया। इस कारण ऐसी परिस्थिति बनी कि उनके उद्देश्यों के प्रति हिन्दू और मुसलमान, दोनों अधिकाधिक संशयात्मक होते चले गये। 28 जनवरी 1857 को जनरल हीयरसे बैरकपुर में यह शिकायत कर रहे थे कि 'धार्मिक हिन्दू दल के कुछ प्रतिनिधि कलकत्ता में (मेरा मानना है कि इसे 'धर्म सभा' कहते हैं) यह अफ़वाह फैला रहे थे कि सरकार का इरादा

सिपाहियों का धर्म परिवर्तन करने का था'। इसके लिए उन्होंने कलकत्ता में हिन्दुओं के उस आक्रोश को ज़िम्मेदार ठहराया जो हाल के उस विधेयक के विरुद्ध था जिससे हिन्दू विधवाओं को पुनर्विवाह की अनुमति मिली थी।[14] उत्तरी भारत में 'वहाबी' जिहाद या पवित्र युद्ध के बारे में मत प्रचार के जाल को फैला रहे थे। हालाँकि इसका अधिकांश वास्तव में अंग्रेज़ों के बजाय अफ़ग़ान सीमान्त के सिखों के विरुद्ध था।[15] फिर भी यह सम्भव है कि जिहाद के शब्दाडम्बर को उन लोगों द्वारा अब बिल्कुल ही अलग उपयोग में लाया गया जिन लोगों का धर्मशास्त्र के वहाबी स्वरूप अथवा उनके सम्प्रदाय से कोई लेना-देना नहीं था। 1857-58 में 'मुजाहिद' या 'जिहादी' शब्द का प्रयोग आमतौर पर उन मुसलमान नागरिकों के लिए किया जाता था जो स्वेच्छा से ब्रिटिश के विरुद्ध हथियार उठाते थे। विद्रोह के पहले चार महीनों में सिपाहियों की ही भाँति स्वेच्छाकर्मियों ने भी विभिन्न जगहों पर मण्डली बनायी और दिल्ली की सुरक्षा के लिए वहाँ का रुख़ किया।[16]

यह स्वाभाविक था विद्रोहियों ने धर्म की गुहार लगायी। फिर भी, यह याद रखना भी आवश्यक है कि उन्होंने पूरी कोशिश की कि ऐसी भावना उनके बीच विभेद पैदा न करे। 22 जुलाई को जब अपनी प्रथागत पशु बलि के साथ मुस्लिम ईद-उल-जुहा के त्यौहार को दिल्ली में मनाया जाने वाला था, विद्रोही प्रशासन ने इस बात को सुनिश्चित किया कि गायों, बैलों और भैंसों की हत्या वर्जित रहे। इसके अलावा उन्होंने मुसलमानों की गायों को ज़ब्त भी किया जिससे हिन्दुओं और मुसलमानों के बीच किसी प्रकार के विवाद को रोका जा सके।[17] जुलाई 1857 में ज़ाहिर तौर पर सूफ़ी विद्रोही नेता अहमदुल्लाह शाह के संरक्षण में लखनऊ में जारी किये गये उग्र पैम्फ़लेट फ़तेह-ए-इस्लाम में बारम्बार यह अपील की गयी कि हिन्दुओं और मुसलमानों को साथ मिलकर अंग्रेज़ों को बाहर निकालना चाहिए और एकजुट होकर अपनी आस्था की रक्षा करनी चाहिए।[18] धार्मिक हितों पर बल दिये जाने का यह अर्थ लगाया जा सकता है कि राष्ट्रीय चेतना के दुर्बल होने के साक्ष्य मौजूद थे। लेकिन विद्रोहियों के वक्तव्यों में एक ऐसे देश के रूप में प्रायः 'हिन्दुस्तान' के भाव की प्रमुखता से मौजूदगी थी जिसकी नियति ख़तरे में थी। अगस्त 1857 में फ़िरोज़ शाह की उद्घोषणा निम्नलिखित शब्दों से शुरू होती है—

> "इस युग में यह सर्वविदित है कि हिन्दुस्तान के लोगों का, जिसमें हिन्दू और मुसलमान दोनों शामिल हैं, क़ाफ़िर और विश्वासघाती अंग्रेज़ों के अत्याचार और उत्पीड़न द्वारा तबाह किये जा रहे हैं।"[19]

साप्ताहिक दिल्ली उर्दू अख़बार की उपस्थिति दिल्ली के चार महीनों वाले विद्रोही शासन (मई से सितम्बर 1857) के दौरान जारी रही। इस साप्ताहिक ने अंग्रेज़ों के विरोध में हिन्दुओं और मुसलमानों की दृढ़ एकजुटता को कार्यान्वित करने के लिए कई प्रकार के तर्कों का प्रयोग किया। इसने अमूमन साझा एकेश्वरवाद और अंग्रेज़ों की क्रूरता की साझा नियति का आह्वान किया। हमारे लिए इन सबसे महत्त्वपूर्ण, उसने एकजुटता को ध्यान में रखते हुए देश के प्रति साझा प्रेम का आह्वान किया। इस साप्ताहिक के सम्पादक मोहम्मद बाकर ने स्पष्ट रूप से अंग्रेज़ों का दलाल कहते हुए वहाबी तर्कों (हिन्दुओं को क़ाफ़िर बताकर दूर रखना; विधि-संगत इमाम या नेता के बग़ैर जिहाद की असम्भाव्यता) की निन्दा की।[20]

महारानी विक्टोरिया की नवम्बर 1858 की उद्घोषणा के जोशपूर्ण जवाब में अवध के राजकुमार बिरजिस कद्र ने लोगों से निवेदन किया कि वे महारानी की बातों पर भरोसा न करें। उनका मानना था कि 'समझदार लोग कभी इस बात को स्वीकार नहीं करेंगे कि (अंग्रेज़ों द्वारा) पूरी सेना और हिन्दुस्तान के लोगों को दण्डित किया जाये'। प्रत्युत्तर में जारी उद्घोषणा ने अंग्रेज़ों द्वारा किये गये अपराधों की सूची प्रस्तुत की। इसमें भरतपुर के शासक, लाहौर के महाराजा दिलीप सिंह, पेशवा, टीपू सुल्तान, बनारस के राजा सिन्धिया, बंगाल के निज़ाम और अवध के शासकों के विरुद्ध किये गये अपराध शामिल थे।[21] दूसरे शब्दों में, केवल अवध का राजघराना और वहाँ की प्रजा ही नहीं बल्कि हिन्दुस्तान के सभी लोगों और राजकुमारों को अंग्रेज़ों के उत्पीड़न के शिकार के रूप में देखा गया। इस कारण उन्हें विद्रोहियों के प्रयोजन से जुड़ने के लिए बुलाया गया।

निस्सन्देह विद्रोहियों के ख़ेमे में व्यावहारिक स्तर पर काफ़ी संकीर्णता और गुटबाज़ी प्रचलित थी। इसका कारण काफ़ी हद तक एक केन्द्रीकृत सत्ता स्थापित अथवा स्वीकार करने में विद्रोहियों की विफलता थी। यह विद्रोह बिना किसी बृहत् राजनीतिक प्रारूप के शुरू हुआ था। इसका प्रभाव विद्रोहियों द्वारा स्थापित कमान और नियन्त्रण के तदर्थ तन्त्र पर पड़ा।

विद्रोही सिपाहियों ने स्वाभाविक रूप से तुरन्त उन शासकों की ओर देखा जिन्हें अंग्रेजों ने या तो बेदख़ल किया था या फिर जिनका दर्जा घटा दिया था। 1835 तक ईस्ट इंडिया कम्पनी के रुपये पर मुग़ल सम्राट अथवा बादशाह का अंकित होना जारी था। साथ ही ऐसी व्यापक भावना थी कि तमाम विधि-सम्मत राजनीतिक सत्ता केवल उनके ही अनुदान से प्राप्त हो सकती है। इस कारण 1857 के विद्रोहियों द्वारा पहले उस नाम मात्र के शासक के नाम का प्रयोग

करना और उस शासक की सत्ता के पुनःस्थापन को अपने ध्येय के रूप में घोषित करना अपरिहार्य था। इसके लिए दिल्ली पर क़ब्ज़ा और उस सम्राट का व्यक्ति-रूप अत्यावश्यक थे। जब तक विद्रोहियों ने 11 मई से 21 सितम्बर तक दिल्ली पर क़ब्ज़ा बनाये रखा, दिल्ली उन सभी सिपाहियों के लिए एक चुम्बक-सा बन गया जिनके पास सत्ता के लिए स्थानीय अथवा क्षेत्रीय राजसी दावेदारी का कोई अन्य संकेत नहीं था। लखनऊ में अवध का राजघराना, कानपुर में नाना साहेब (उद्घोषित पेशवा के रूप में) और झाँसी के निष्कासित वंश का प्रतिनिधित्व करती रानी लक्ष्मीबाई इसके उदाहरण थे। एक ओर पुरानी व्यवस्था के प्रतिनिधियों और दूसरी ओर आधुनिक सेना के उत्पाद के रूप में सिपाहियों के बीच कुछ कठिनाइयों का उजागर होना अपरिहार्य था। दिल्ली में बख्त ख़ान जैसे सिपाही नेताओं की 'प्रजातान्त्रिक' प्रवृत्तियों ने उन्हें उस क़िले में अलोकप्रिय बनाया जो नाममात्र के सम्राट के दरबार का गढ़ और उनका निवास था। अपने 12 अनुच्छेदों के साथ दिल्ली के 'कोर्ट ऑफ़ एडमिनिस्ट्रेशन' (उर्दू अक्षरों में लिखे अंग्रेज़ों शब्द) का प्रसिद्ध संविधान एक निर्वाचित सैन्य शासन स्थापित करने का स्पष्ट प्रयास था। दरबार (कोर्ट) के 10 सदस्यों में से छह सदस्यों का चुनाव (मुन्तख़िब) किया जाना था। प्रत्येक तीन अंग (पैदल सेना, घुड़सवार सेना और तोपची सेना) से दो लोगों को मिलाकर यह छह लोग चुने जाने थे।[22] लखनऊ में भी सिपाही नेताओं द्वारा भी इसी प्रकार का दरबार या परिषद् स्थापित की गयी थी।

इसके साथ ही उन घटनाओं को नज़रअन्दाज़ करना भी वैध नहीं होगा जहाँ पुरानी व्यवस्था के नेताओं और सिपाहियों के बीच सफल सहयोग घटित हुआ। दो ज़मींदार भाइयों, कुँवर सिंह और अमर सिंह का महान अभियान आवश्यक रूप से इसी सहयोग के आधार पर हुआ था जहाँ आरा के इलाक़े से रेवा, कालपी, कानपुर, लखनऊ, आज़मगढ़ और गाज़ीपुर में पहुँचना शामिल रहा। सुदूर और सूक्ष्मदर्शी एंगेल्स ने भी अमर सिंह की कार्यनीतियों के लिए उनकी प्रशंसा की।[23] इसी प्रकार पहले नाना साहेब के और बाद में झाँसी की रानी लक्ष्मीबाई के लेफ्टिनेंट रहे तात्या टोपे ने ग्वालियर की उस विख्यात सैन्य टुकड़ी के साथ निपुणता से कार्य किया था जिसने नवम्बर 1857 में जनरल विंडहैम को कानपुर के निकट पराजित किया था। 1856 तक भी अवध में अपने 'राजा' के अन्तर्गत एक प्रशासनिक उपकरण मौजूद था। इस तथ्य के कारण राज्य-हरण द्वारा ध्वस्त किये गये प्रशासन का पुनरुज्जीवन सम्भव हुआ, उसके पुराने सैन्य बलों और अधिकारियों का पुनःस्थापन सम्भव हुआ। इस कारण पुरानी राजशाही

के पुनरुत्थान ने विद्रोह को एक बहुत बड़ा प्रशासित क्षेत्र प्रदान किया। अंग्रेज़ों द्वारा अपने अधीन करने के लिए विशेष रूप से यह एक बहुत ही हठी क्षेत्र सिद्ध हुआ।[24]

विद्रोही शासन ने उद्घोषणाओं को छपवाकर अपने ध्येय के प्रति लोकप्रियता स्थापित करने हेतु यथेष्ट प्रयास किये। विद्रोही शासन की पूरी अवधि के दौरान दिल्ली में तीन साप्ताहिक अख़बारों (दो उर्दू में, एक फ़ारसी में) ने विद्रोहियों के एलानों और उद्घोषणाओं को प्रकाशित किया। अवध में पुराने दरबार की फ़ारसी भाषा का स्थान हिन्दुस्तानी भाषा ने ले लिया। यहाँ हिन्दी और उर्दू के पाठ साथ में दिये जाने लगे। 6 जुलाई 1857 को बिरजिस कद्र के नाम से 'ज़मींदारों और अमूमन इस देश के लोगों' के लिए जारी उद्घोषणा ('इश्तिहार नामा') इसका स्पष्ट उदाहरण था। आसान भाषा का प्रयोग (व्यावहारिक दृष्टि से यह हिन्दी और उर्दू, दोनों स्तम्भों के लिए समान है) प्रशंसनीय था।[25] 25 अगस्त को राजकुमार फ़िरोज़ शाह के नाम से एक बहुत ही विस्तृत कार्यसूची का मसौदा तैयार किया गया। यह कार्यसूची प्रशासनिक, राजकोषीय और वित्तीय उपायों के विशिष्ट विवरण के साथ आबादी के विभिन्न तबक़ों को आकर्षित करने के लिए तैयार की गयी थी। यहाँ 'बादशाही सैन्य टुकड़ी' के बदले ज़मींदारों को आश्वासन दिया गया था कि उनके लिए 'जुमा' (जमा, राजस्व आकलन) में कटौती होगी और उसे वाज़िब किया जायेगा। साथ ही ज़मींदारों को उनकी ज़मींदारी में (सम्भवतः उनके रैयतों पर) 'पूर्ण अधिकार' दिया जायेगा। सारा व्यापार केवल भारतीय व्यापारियों के लिए आरक्षित रखा जायेगा और वे सरकार के 'भाप-पोतों और भाप-गाड़ियों' का मुफ़्त इस्तेमाल कर सकेंगे। सभी सार्वजनिक पद केवल भारतीयों को दिये जायेंगे और सिपाहियों को उचित दैनिक वेतन देने का आदेश दिया जायेगा। 'बादशाहों, राजाओं और अमीरों' द्वारा कारीगरों को रोज़गार दिया जायेगा। पण्डितों, फ़क़ीरों और अन्य विद्वानों को किराया-रहित ज़मीन अनुदान में दी जायेगी।[26] वर्गों की आधुनिक पहचान के लिए यह कार्यसूची महत्त्वपूर्ण है। हालाँकि ज़मींदारों को दिलासा देने (और व्यावहारिक रूप से कृषक-वर्ग को वंचित करने) के स्पष्ट प्रयास चिन्ताजनक हैं। फिर भी, अपनी कमियों के बावजूद, ऐसे दस्तावेज़ यह दर्शाते हैं कि विद्रोहियों के खेमे में कुछ प्रतिभा और दूरदर्शिता मौजूद थी। विद्रोही शासन केवल कुलीन अथवा राजशाही पुरानी-व्यवस्था का पुनःस्थापन नहीं था।

जब यह विद्रोह शुरू हुआ तो, इसके साथ-साथ अंग्रेज़ों द्वारा बहुत बढ़ा हुआ अत्याचार भी स्वाभाविक रूप से शुरू हुआ। इसके लिए मासूम लोगों

को भयानक प्रतिशोध का सामना करना पड़ा, लेकिन हमें यह याद रखने की ज़रूरत है कि ऐसे विद्रोही नेता थे जिन्होंने स्वयं ही इन अत्याचारों की निन्दा की। दिल्ली के पतन के बाद दूसरी उद्‌घोषणा में फ़िरोज़ शाह ने महिलाओं और बच्चों की हत्या की कड़ी निन्दा की। उन्होंने इसे घृणास्पद कृत्य कहते हुए 'ईश्वर के आदेश' के प्रति अतिक्रमणात्मक माना।[27] महारानी विक्टोरिया के 1858 की उद्‌घोषणा में उनके देश द्वारा भारत में 'श्वेत आतंक' के पीड़ितों के लिए ऐसी कोई संवेदना नहीं दिखी। यह बात भी भूलने लायक़ नहीं है कि पूरी क्रान्ति के दौरान जितने यूरोपीय नागरिकों की हत्या हुई थी, उससे बहुत अधिक आम भारतीय एक ही स्थान पर अंग्रेज़ों द्वारा वहशी यन्त्रणाओं के साथ क़त्ल किये गये थे। लोग यह भी भूल जाते हैं कि विद्रोहियों की हिंसा को बढ़ाने के पीछे अंग्रेज़ों के कृत्यों से जुड़ी सूचना थी। अपनी उत्कृष्ट कृति *हिस्ट्री ऑफ़ द सेपॉय वॉर* में के उस परेशान करने वाली विडम्बना को सामने रखते हैं–

> "एक अंग्रेज़ जब यह पढ़ता है कि मिसेज चैम्बर्स या मिस जेन्निंग्स को एक साँवले गुंडे ने काट के मार डाला, तो उसे लगभग घुटन-सी होने लगती है। लेकिन हमारे लोगों के विरुद्ध देशज इतिहासकारों द्वारा, अथवा अनुपस्थित इतिहास द्वारा देशज किंवदन्तियों और परम्परागत कथाओं में यह अभिलिखित किया जा सकता है कि अनजाने नामों वाली माताएँ और पत्नियाँ और बच्चे अंग्रेज़ों के प्रतिशोध की पहली आँधी के दयनीय शिकार बने। इन कहानियों का इतना गहरा प्रभाव हो सकता है कि हमारा ख़ुद का दिल ही टूट जाये।"[28]

उन्होंने बग़ावत करने वालों के दिलों को भी पत्थर बना दिया।

मौजूदा क्षण में हम कई मनोभावों और शिकायतों की कल्पना कर सकते हैं जिन्होंने इस विद्रोह की शुरुआत करने वालों और शीघ्र इससे जुड़ने वालों को प्रोत्साहित किया होगा। ये विविध प्रेरणाएँ विद्रोहेयों के उस महाअभियान की व्याख्या तो करती है, लेकिन उसकी विराटता को कम नहीं करती। यह विद्रोह 19वीं शताब्दी में दुनिया भर में साम्राज्यवाद के समक्ष सबसे विशाल सशस्त्र चुनौती सिद्ध हुआ। आज के दिनों में जब वैश्वीकरण और हिन्दुत्व और मुस्लिम रूढ़िवाद इतना विकसित होता प्रतीत होता है, कुछ लोगों को यह अजीब लग सकता है कि 1857 के विद्रोहियों ने विदेशी शासन के विरुद्ध ऐसी कटुता का प्रदर्शन किया। साथ ही उन्हें हिन्दुओं और मुसलमानों द्वारा विदेशी शासन के विरुद्ध बिना सवाल उठाये एक साथ ख़ून बहाना भी अजीब लग सकता है। शायद इन्हीं कारणों से जितना सम्भव हो सके हमारे लिए 1857 को याद करना ज़रूरी है।

सन्दर्भ

1. हरिप्रसाद चट्टोपाध्याय, *द सेपॉय म्यूटिनी*, 1857, कलकत्ता, 1957, पृ. 64 पर पार्लियामेंटरी पेपर्स से प्राप्त आँकड़े।
2. जे. डब्ल्यू. के, *अ हिस्ट्री ऑफ़ द सेपॉय वॉर*, खण्ड I, 9वाँ संस्करण, लन्दन, 1880, पृ. 502, पादटीका।
3. चट्टोपाध्याय, *द सेपॉय म्यूटिनी*, 1857, पृ. 71-76 से तुलना करें।
4. सैयद अहमद ख़ान, *अस्बाबे-ए-बग़ावत-ए हिन्दोस्तान* (भारतीय विद्रोह के कारण), हाली के हयात-ए-जावेद, लाहौर, 1957, पृ. 926-27 का अपेंडिक्स।
5. के, *हिस्ट्री ऑफ़ सेपॉय वॉर*, पृ. 621
6. यह डाटा इरफ़ान हबीब, *एस्सेज़ इन इंडियन हिस्ट्री : टुवार्ड्स अ मार्क्सिस्ट पर्सपेक्टिव*, नयी दिल्ली, 1995, पृ. 308-19 से लिए गये हैं। विद्रोह और बन्दोबस्ती की कठोरता के बीच सम्बन्ध के लिए सैयद अहमद ख़ान, *अस्बाबे-ए-बग़ावत-ए हिन्दोस्तान*, पृ. 906-09 भी देखें।
7. एरिक स्टोक्स द्वारा उद्धृत, *द पेजेंट्स एंड द राज*, कैम्ब्रिज, 1978, पृ. 195-96
8. ए.सी. बनर्जी, *इंडियन कॉन्सटीच्यूशनल डॉक्यूमेंट्स*, खण्ड II, कलकत्ता, 1946, पृ. 24
9. धर्म कुमार (सम्पादक), *कैम्ब्रिज इकोनॉमिक हिस्ट्री ऑफ़ इंडिया*, खण्ड II, कैम्ब्रिज, 1983, पृ. 56
10. एस.ए.ए. रिज़वी (सम्पादक), *फ़्रीडम स्ट्रगल इन उत्तर प्रदेश*, खण्ड I, लखनऊ, 1957, पृ. 458
11. एल.ई. रीस, *अ पर्सनल नैरेटिव ऑफ़ द सीज ऑफ़ लखनऊ*, लन्दन, 1858, पृ. 33-34
12. रवि दयाल (सम्पादक), *वी फ़ॉट टुगेदर फ़ॉर फ़्रीडम*, दिल्ली, 1995, पृ. 18 पर इक़बाल हुसैन द्वारा बख़्त ख़ान की जीवनी।
13. सैयद अहमद (सैयद अहमद ख़ान), *सरकशी-ए-ज़िला-ए-बिजनौर*, शराफ़त हुसैन मिर्ज़ा द्वारा सम्पादित, दिल्ली, 1964, पृ. 178। सैयद अहमद का भारी हास्य कुछ हद तक असंगत है क्योंकि सूत के साथ तलवार की तुलना कभी नहीं की जा सकती।
14. के, *हिस्ट्री ऑफ़ सेपॉय वॉर*, खण्ड I, पृ. 496
15. सैयद अहमद ख़ान 1847 में अपनी पुस्तक *असरारू-उस-सनादीद* के पहले संस्करण में दिल्ली के कुलीन लोगों के विवरण में सैयद अहमद बरेलवी और उनके क़रीबी साथी मुहम्मद इस्माइल का उत्साहपूर्ण वर्णन करते हैं। ये दोनों वहाबी नेता अफ़ग़ान सीमान्त पर बालाकोट में 1831 में मारे गये थे। वे लिखते हैं कि इस घटना के चौदह या पन्द्रह साल बाद तक देश के विभिन्न हिस्सों से मुजाहिद अफ़ग़ान सीमान्त पर जा रहे थे। (*असरारू-उस-सनादीद* का विस्तृत संस्करण देखें, दिल्ली, 1965, पृ. 491-95, 548-54)। निश्चित रूप से सैयद अहमद ख़ान अंग्रेज़ों के प्रति अपनी निष्ठा और वहाबियों के जिहाद के ध्येय के प्रति अपनी प्रशंसा के बीच कोई विरोधाभास नहीं देखते। इसका कारण शायद यह हो सकता है कि उस समय तक वहाबियों के प्रयास अंग्रेज़ों के बजाय सिखों के विरुद्ध निर्देशित था। जैसा हाल में इक़्तिदार आलम ख़ान

ने तर्क किया है, 1857 के विद्रोह में वहाबियों की भूमिका पर अक्सर अत्यधिक बल दिया गया है।

16. उदाहरणतया, बिजनौर ज़िले के नगीना के मुनीर ख़ान ऐसे थे जिन्होंने 'जिहादी बनते हुए' 400 सैनिकों को एकत्र किया और दिल्ली रवाना हुए जहाँ लड़ते हुए उनकी मृत्यु हो गयी (सैयद अहमद, *सरकशी-ए-ज़िला-ए-बिजनौर,* पृ. 147-49। सैयद अहमद कहीं भी मुनीर ख़ान के किसी वहाबी से सम्बन्ध होने के संकेत नहीं करते हैं।)
17. पर्सीवल स्पीयर, *ट्वेलाइट ऑफ़ द मुग़ल्स,* कैम्ब्रिज, 1951, पृ. 207-08
18. रिज़वी (सम्पादक), *फ्रीडम स्ट्रगल इन उत्तर प्रदेश,* खण्ड II, लखनऊ, 1958, पृ. 155-56, 159। यह पूरा पैम्फ़लेट अनुवादित है, पृ. 150-62
19. रिज़वी (सम्पादक), *फ्रीडम स्ट्रगल इन उत्तर प्रदेश,* खण्ड I, लखनऊ, पृ. 453
20. कुछ की अनुपस्थितियों के साथ विद्रोह-काल के अंक राष्ट्रीय अभिलेखागार, नयी दिल्ली में संरक्षित हैं। मैंने अलीगढ़ यूनिवर्सिटी के इतिहास विभाग के पुस्तकालय में उपलब्ध इसकी हस्तलिखित प्रतिलिपि का इस्तेमाल किया है। *पीपुल्स डेमोक्रेसी,* 23-29 अप्रैल 2007 में इस अख़बार पर शीरीं मूसवी का आलेख भी देखें।
21. एस.एन. सेन, *एटीन फिफ्टी-सेवन,* दिल्ली, 1957, पृ. 382-83 में अनुवादित। मुझे खेद है कि मैं हिन्दुस्तानी मूलपाठ का पता लगाने में असमर्थ रहा हूँ।
22. उर्दू मूलपाठ देखें, सेन, *एटीन फिफ्टी-सेवन,* पृ. 74 और 75 के बीच पुनःप्रस्तुत।
23. 1 अक्तूबर 1858 को न्यू यॉर्क *डेली ट्रिब्यून* में मुख्य आलेख के रूप में छपी अपनी रिपोर्ट में फ्रेडरिक एंगेल्स 'अमर सिंह' के बारे में कहते हैं कि 'उन्होंने अन्य विद्रोही नेताओं की तुलना में, गुरिल्ला युद्धकला में कुछ अधिक क्रियाशीलता और ज्ञान का प्रदर्शन किया। सभी घटनाओं में अंग्रेज़ों पर जब भी सम्भव हमला करते हैं। (इक़बाल हुसैन द्वारा सम्पादित *कार्ल मार्क्स ऑन इंडिया,* नयी दिल्ली, 2006, पृ. 203)।
24. लखनऊ के पतन के बाद मार्च 1858 में जारी की गयी कैनिंग की कुख्यात अवध उद्घोषणा द्वारा अवध में प्रतिरोध की शक्ति के तथ्य की अभिस्वीकृति हुई। बग़ावती सैनिकों द्वारा शुरू किये गये इस प्रतिरोध को शहर के निवासियों और पूरे अवध के प्रान्त का समर्थन मिला। इसके आधार पर इसने यह घोषणा की कि 'इस प्रान्त की भूमि पर भू-स्वामित्व का अधिकार ब्रिटिश सरकार द्वारा ज़ब्त किया जाता है' [रिज़वी (सम्पादक), *फ्रीडम स्ट्रगल इन उत्तर प्रदेश,* खण्ड II, पृ. 41-42]। लन्दन के कोर्ट ऑफ़ डायरेक्टर्स की सीक्रेट कमेटी को इसके बाद लिखे गये एक पत्र में कैनिंग ने यह स्वीकार किया कि 'अवध में हमारे प्राधिकार के विरुद्ध उद्वेलन आम रहा है, लगभग सार्वभौमिक रहा है' (पूर्वोक्त, पृ. 353)।
25. छायाचित्र प्रतिलिपि के लिए देखें, रिज़वी (सम्पादक), *फ्रीडम स्ट्रगल इन उत्तर प्रदेश,* खण्ड I, प्लेट सं. 19; पृ. 451-52 पर अनुवाद देखा जा सकता है।
26. रिज़वी (सम्पादक), *फ्रीडम स्ट्रगल इन उत्तर प्रदेश,* खण्ड I, पृ. 453-58 में अनुवादित। मूलपाठ प्रकाशित नहीं हुआ है।
27. पूर्वोक्त, पृ. 463
28. के, *हिस्ट्री ऑफ़ द सेपॉय वॉर,* खण्ड II, लन्दन, 1881, पृ. 270-71

राष्ट्रीय एकता और मध्यकाल

शायद यह विश्वास के साथ कहा जा सकता है कि भारतीय इतिहास के किसी भी दूसरे युग के अध्ययन से हमें हमारे देश में साम्प्रदायिक विचारधारा को उतना पोषण नहीं मिलता जितना मध्यकालीन युग के अध्ययन से मिलता है। कइयों के दृष्टिकोण में, इस्लाम के आगमन की तिथि से ही हमारे देश के लोगों के बीच दो ख़ेमों में एक स्थायी विभेद का दिनांकन किया जा सकता है। ये दोनों ख़ेमे हमेशा एक-दूसरे के साथ टकराव में रहे हैं।

इस अलगाववादी दृष्टिकोण को पूरी तरह से एक आधुनिक विकास मानना निस्सन्देह बहुत ही एकतरफ़ा विश्लेषण होगा। मध्यकालीन समय में बड़ी संख्या में इतिवृत्तकार और अन्य लेखक थे जिन्होंने धर्म के नाम पर शासक वर्ग के शक्ति-संचय और उसके दुष्कर्म का औचित्य सिद्ध किया। यह भी सच है कि अमीर ख़ुसरो और अबुल फ़ज़ल जैसे अन्य लोग भी थे जो एक भिन्न मनोभाव द्वारा प्रभावित थे। उनकी कृतियाँ महान और चिरस्थायी थीं, लेकिन बरनी और बदायूँनी जैसे कमतर लोगों ने मध्य युग की ऐसी विरासत छोड़ी है जिसे आधुनिक इतिहासकारों के पूरे सम्प्रदाय ने तत्परता से ग्रहण कर लिया।

इन इतिहासकारों में सबसे पहले साम्राज्यवादी ब्रिटिश इतिहासकारों की पूरी श्रेणी है। इन्होंने ब्रिटिश विजय अभियान से पहले के भारतीय इतिहास का रुख़ यह प्रदर्शित करने के स्पष्ट इरादे के साथ किया कि अंग्रेज़ों से पहले की सभी सरकारें निरंकुश, असहिष्णु और भयानक रूप से अत्याचारी थीं। उन्होंने यह भी दिखाना चाहा कि भारत के लोग जो सदैव विभाजित रहे थे, वे केवल अधीन होने के ही क़ाबिल हैं और उन्हें इस बात के लिए आभारी होना चाहिए कि उनके अन्तिम शासक इतने न्यायपूर्ण और दयालु थे। इस रवैये के कारण मध्यकालीन भारतीय इतिहास की एक अनूठी व्याख्या हुई। यह माना गया कि 'मुसलमान' ठीक उसी भाव में भारत के विजेता और शासक थे जिस प्रकार अंग्रेज़ों थे। इस कारण अमूमन इस बात पर बल दिया जाता था कि

अंग्रेज़ों की भाँति वे भी आख़िरकार 'ठण्डी जलवायु वाले क्षेत्र' से ही आये थे (वी.ए. स्मिथ, *ऑक्सफर्ड हिस्ट्री ऑफ़ इंडिया*, 1918, पृ. 259), लेकिन अंग्रेज़ों के विपरीत, अपने विजय अभियानों के दौरान और उसके बाद मुसलमानों ने (दयाभाव के ईसाई गुण की कमी के साथ) अधीनस्थ हिन्दुओं के साथ भयावह रूप से दुर्व्यवहार किया। मध्यकालीन युग के सबसे प्रकाण्ड ब्रिटिश इतिहासकार एलियट ने अपनी अति महान कृति *हिस्ट्री ऑफ़ इंडिया ऐज टोल्ड बाय इट्स ओन हिस्टोरियंस* के ऑरिजिनल प्रीफेस (1849) में हिन्दू-मुस्लिम सम्बन्ध की बात करते हैं। वे कहते हैं कि 'इस एकल खण्ड में मौजूद उद्धरणों में भी हमें कुछ झलकियाँ ऐसी मिलती हैं जहाँ मुसलमानों ने विवाद होने पर हिन्दुओं का क़त्ल किया। हमें उनके द्वारा जुलूसों, पूजा और पवित्र स्नान पर आम पाबन्दी, उनके असहिष्णु उपायों, मूर्तियों के तोड़े जाने, मन्दिरों के ढाहने, बलपूर्वक धर्म-परिवर्तन और शादी किये जाने, निषेधों और सम्पत्ति ज़ब्त किये जाने, हत्याओं और नरसंहारों, (और) इन सबका लुत्फ़ उठाने वाले तानाशाहों की कामुकता और मादकता की झलकियाँ भी मिलती हैं।' इस सम्बन्ध में एलियट ने मध्यकालीन इतिवृत्तकारों की कृतियों की तुलना में बहुत अधिक सुधार किया। उन्हें इस बात का पछतावा था कि उन्हें "ऐसे लेखकों द्वारा अभिलिखित आम घटनाओं के ढेर" के आधार पर इस निराशाजनक चित्रण का कष्ट उठाना पड़ा "जो न किसी गुण के प्रति सहानुभूति रखते थे, न ही किसी दोष से घृणा करते थे'। जैसा उन्होंने साफ़-साफ़ क़बूल किया, उनका उद्देश्य 'हमारी देशज प्रजा को" ब्रिटिश शान के 'विशाल लाभों के प्रति अधिक जागरूक बनाना था'। साथ ही वे 'आडम्बरपूर्ण बाबुओं' को देशभक्ति की शेखी बघारने से रोकने और चुप रहने के लिए मजबूर करना चाहते थे। वास्तव में वे 'फूट डालो और राज करो' के पुराने सिद्धान्त-वाक्य का पालन करना चाहते थे।

ब्रिटिश इतिहासकारों के साम्राज्यवादी स्कूल द्वारा प्रस्तुत मध्यकालीन भारतीय इतिहास के निर्वचन ने अनिवार्य रूप से भारतीय इतिहास के दो स्कूलों का निर्माण किया। ये दो स्कूल थे—मुस्लिम और हिन्दू साम्प्रदायिक स्कूल (कॉम्यूनल स्कूल)। इन दोनों का उदय ब्रिटिश इतिहासकारों के विरुद्ध समर्थक के रूप में हुआ, लेकिन ये ऐसे समर्थक थे जिन्होंने ब्रिटिश स्कूल की मुख्य स्थापनाओं को स्वीकार किया। साथ ही उन्होंने केवल यह तर्क किया कि उनका अपना समुदाय किसी दुष्कर्म का ज़िम्मेदार नहीं है और उन्होंने सारा दोष केवल दूसरे समुदाय के कन्धों पर मढ़ दिया।

इन दोनों स्कूलों का उद्भव बहुत पहले हो चुका था। मुसलमानों के बीच शिबली नोमानी और हिन्दुओं के बीच बाल गंगाधर तिलक को इन स्कूलों के निर्माण में महत्त्वपूर्ण भूमिका निभाते हुए देखा जा सकता है। अब तक दोनों स्कूल पूरी तरह से परिपक्व हो चुके हैं और लगभग एक दृढ़ ढाँचे को प्रदर्शित करते हैं। इस ढाँचे के निर्माण में और लोगों का योगदान भी रहा है।

इस छोटी-सी जगह में मैं सभी प्रासंगिक लेखन पर ध्यान नहीं दे सकता, लेकिन शायद मुझे यह सुझाव देने के लिए माफ़ किया जा सकेगा कि दोनों स्कूलों के निर्वचन की मुख्य दिशा का प्रामाणिक स्वरूप हमें हमारे विभाजित देश के दोनों ओर से दो हाल के प्रकाशनों में मिल सकता है।

प्रो. इश्तियाक़ हुसैन क़ुरेशी के *अ हिस्ट्री ऑफ़ द फ़्रीडम मूवमेंट,* खण्ड I, 1957 की प्रस्तावना में मुस्लिम दृष्टिकोण का सम्पूण वक्तव्य मिलता है। यह पाकिस्तान सरकार का एक अर्ध-सरकारी प्रकाशन है। इसके विपरीत दृष्टिकोण एक लम्बे किन्तु अपूर्ण (क्योंकि यह शृंखला जारी है) वक्तव्य भारतीय विद्या भवन से प्रकाशित *द हिस्ट्री एंड कल्चर ऑफ़ द इंडियन पीपुल,* खण्ड V, 1957 में और विशेष रूप से खण्ड VI, 1960 के सम्पादकीय भागों में मिलता है। इसे श्री के.एम. मुंशी की आम देख-रेख में तैयार किया गया और प्रो. आर.सी. मजूमदार ने इसका सम्पादन किया। खण्ड VI के प्रकाशन को भारत सरकार द्वारा 1,50,000 रुपयों के उदार ऋण की सहायता मिली थी।

प्रतिष्ठित विद्वानों द्वारा लिखी हुई इन दो कृतियों को पढ़ते हुए दो बातें एक साथ उठती हैं। पहली, ये दोनों ब्रिटिश इतिहासकारों द्वारा प्रस्तुत किये गये उसी मौलिक दृष्टिकोण का विस्तार हैं। दूसरा, एक-दूसरे के प्रति विरोधभाव के बावजूद इन दोनों सम्प्रदायों की व्याख्या का ढाँचा लगभग सभी प्रमुख बिन्दुओं पर मेल खाता है।

इस कारण यह घोषणा करने में प्रो. मजूमदार प्रो. कुरेशी के साथ हैं कि "धार्मिक आस्था के आधार पर मुसलमानों के बीच जो समानता और लोकतान्त्रिक विचार मिलता है, उस विचार ने हिन्दुओं की जाति व्यवस्था और अस्पृश्यता की तुलना में एक अनोखा वैषम्य प्रदान किया" (*एचसीआईपी,* VI, 624; *एचएफएम,* I, 14 से तुलना करें)। मुस्लिम समुदाय के प्रति इस उदार सम्मान का वास्तव में एक जटिल पक्ष भी है। जब तक यह न माना जाय कि मुसलमान भी समानधर्मा लोगों का एक समुदाय है, हम समान तर्क के दूसरे चरण तक नहीं पहुँच सकते। यह चरण कहता है कि अपनी शक्ति को समान रूप से साझा करते हुए मुस्लिम शासक थे और हिन्दू प्रजा थे। प्रो. क़ुरेशी दिल्ली सल्तनत को एक 'मुस्लिम साम्राज्य'

कहते हैं। इस राज्य को 'मुस्लिम समुदाय अपना राज्य मानता था' (*एचएफएम,* I, 12, 21)। प्रो. मजूमदार इस धारणा को कि 'मुस्लिम शासन के दौरान हिन्दू एक अधीनस्थ प्रजाति नहीं थे', बेतुका कहते हुए ख़ारिज करते हैं (*एचसीआईपी,* VI, पृ. IV)। (ऐसा कोई भी सुझाव कि हिन्दुओं का बड़ा बहुसंख्य और मुस्लिम 'अधीनस्थ नस्ल' का हिस्सा थे, और हिन्दुओं तथा मुस्लिमों का एक बहुत ही छोटा अल्पसंख्य शासक वर्ग था, ज़ाहिर तौर पर एक अक्षम्य मतान्तर होगा)।

भारत में इस्लाम के सांस्कृतिक प्रभाव को देखने में दोनों सम्प्रदाय सहमत रहे हैं। वे इस बात से इनकार करते हैं कि हिन्दुओं और मुसलमानों के बीच किसी भी स्तर का कोई समान-पटल अस्तित्व में हो सकता है। प्रो. मजूमदार भी प्रो. क़ुरेशी की ही भाँति दोनों समुदायों के बीच के विभेद पर बल देते हैं। वे बलपूर्वक कहते हैं कि 'दोनों के मिलने के कभी भी कोई चिह्न नहीं थे' (*एचसीआईपी,* VI, 617, 636; *एचएफएम,* I, 13ff.)। इस कारण यह संयोग नहीं है कि भक्ति आन्दोलन के प्रति दोनों विद्वानों का दृष्टिकोण समान है। प्रो. क़ुरेशी इसे हिन्दू धर्म द्वारा विकसित किये गये एक आन्दोलन के रूप में देखते हैं ('अवचेतन अनैच्छिक क्रिया' के रूप में) जिसे इस्लाम के 'सम्पूर्ण उत्तर' के रूप में और इसी कारण धर्मान्तरण को रोकने के लिए विकसित किया गया था (*एचएफएम,* I, 1722)। भक्ति आन्दोलन के अन्य सम्भव स्रोतों का परीक्षण करने के बाद प्रो. मजूमदार भी अन्ततः इस मत की सिफ़ारिश करते हैं कि "इस्लाम जैसे प्रबल धर्मान्तरण समर्थक धर्म की मौजूदगी उस हिन्दू धर्म को गम्भीर चुनौती देती थी जिसने भारत के धार्मिक लोगों को भी अपनी आस्था से जुड़ी वास्तविकताओं की अधिक उत्सुकता से तलाश करने के लिए प्रेरित किया" (*एचसीआईपी,* VI, 554)।

16वीं शताब्दी के आन्दोलनों के प्रति इस रवैये के कारण दोनों विद्वानों ने इस आन्दोलन के उन पहलुओं को कुछ द्वेषभाव के साथ देखना शुरू किया जो रूढ़िवादी हिन्दू धर्म के अनुकूल नहीं थे। कबीर और उनके जैसे अन्य विचारक इस श्रेणी का प्रतिनिधित्व करते हैं। प्रो. क़ुरेशी के लिए इस सम्प्रदाय द्वारा '(इस्लाम) के सिद्धान्तों को स्वीकार किया जाना लेकिन उसकी सम्पूर्ण सत्ता को अस्वीकार किया जाना' हमेशा शायद इस्लाम के लिए किसी अन्य प्रत्यक्ष विरोध की तुलना में 'अधिक ख़तरनाक़' था। इसका कारण यह था कि इस सम्प्रदाय में 'सहज-ज्ञान, अतिसूक्ष्मता और गहराई थी और यह अपने परिणामों में उतना ही प्रभावशील था जिस प्रकार एक पुराने बरगद के वृक्ष की निरन्तर फैलती शाखाओं से जड़ों के स्तम्भ का शान्त अवरोही विक़ास होता है' (*एचएफएम,* I, 17, 22)।

प्रो. मजूमदार इतने स्पष्टवादी नहीं हैं, लेकिन वे काफ़ी हद तक सांकेतिक हैं। जब प्रो. मजूमदार यह तर्क करते हैं कि मुस्लिम सम्प्रभुओं द्वारा नियन्त्रित क्षेत्रों में महत्त्वपूर्ण हिन्दू आन्दोलनों का उद्‌भव नहीं हो सकता, वे केवल चैतन्य को याद रखते हुए कबीर, तुलसीदास, नानक और अन्य विचारकों को पूरी तरह से भूल जाते हैं (*एचसीआईपी,* VI, पृ. XXXII)। आख़िरकार यह बात समझ में आती है, क्योंकि डॉ. मजूमदार हिन्दू धर्म की पहचान ब्राह्मणवाद के साथ करते हैं। वे कहते हैं कि 'मन्दिर और आश्रम' और ब्राह्मण इसके प्रमुख स्रोत हैं (*एचसीआईपी,* VI, पृ. XXXI)। इसलिए, कबीर जैसे दीनहीन जुलाहे का हिन्दू धर्म की इस प्रणाली में क्या स्थान हो सकता है? ऐसा कहा जाता है कि जब कबीर की मृत्यु हुई, हिन्दू और मुसलमान, दोनों ने उनके शरीर पर अपना दावा पेश किया। अब स्पष्ट रूप से दोनों कबीर को अस्वीकार करेंगे।

मुग़ल साम्राज्य का विषय एक अन्य क्षेत्र है जहाँ मौलिक रूप से दोनों सम्प्रदायों के विचार मेल खाते हैं। डॉ. क़ुरेशी मुग़ल साम्राज्य के सम्पूर्ण राजनीतिक इतिहास को इस्लामिक रूढ़िवादिता और रूढ़ि-विरोध (हिन्दुओं के साथ जुड़ते हुए) के बीच एक संघर्ष के रूप में देखते हैं। यह संघर्ष साम्राज्य पर आधिपत्य स्थापित करने के लिए था जिसका समापन औरंगज़ेब के साथ हुआ जो 'रूढ़िवादिता की विजय के प्रतीक' थे (*एचएफएम,* I, 20-27, 33-34)। इस विषय पर हमें अभी तक प्रो. मजूमदार का विचार नहीं मिला है, लेकिन प्रो. ए.एल. श्रीवास्तव ने इस विषय पर लिखा है। 'हमारे इतिहास का आरम्भिक मध्यकालीन युग, जो सल्तनत कालावधि कहलाता है, विदेशी वर्चस्व का युग कहलाता है। दूसरी ओर, अकबर के समय से मुग़ल काल भारतीय राष्ट्रवाद और इस भूमि पर इस्लामिक प्रभुत्व के पुनःस्थान के प्रतिक्रियात्मक प्रयासों के बीच के संघर्ष का काल रहा...इस बात का अन्दाज़ा लगाना बेकार है कि यदि औरंगज़ेब नहीं होता तो भारतीय इतिहास की दिशा क्या होती...' (*मुग़ल एम्पायर,* 1957 का *प्रीफेस,* पृ. i)।

एक बार जब औरंगज़ेब को महान मुस्लिम पुनःस्थान के रचयिता के रूप में देखा जाने लगा, यह स्पष्ट हो गया है कि उसके विरुद्ध सभी विद्रोहों को हिन्दू विद्रोह माना जाये। सर यदुनाथ सरकार इन विद्रोहों को हिन्दू प्रतिक्रिया के हिस्से के रूप में देखते हैं। दोनों साम्प्रदायिक स्कूलों (कॉम्यूनल स्कूलों) के प्रवक्ता तत्परता से इस बात से सहमत हो जाते हैं। डॉ. क़ुरेशी 'राजपूतों और मराठाओं के नेतृत्व में हिन्दू विद्रोहों' की बात करते हैं (*एचएफएम,* I, 22) और प्रो. श्रीवास्तव इस मत का अनुकरण करते हैं (341 ff.)।

इसलिए यह स्पष्ट है कि दोनों साम्प्रदायिक सम्प्रदायों के इतिहासकार जिस हद तक मध्यकालीन इतिहास की एक जैसी व्यवस्था करते हैं, उनकी भाषा भी समान है। नाटकीयता भी समान है। केवल उनके किरदार अलग हैं जिनके साथ दोनों स्कूलों के इतिहासकार अपनी पहचान स्थापित करते हैं। केवल एक पक्ष दूसरे समुदाय को सबसे काले रंग में रँगता हुआ प्रतीत होता है। एक ओर हमें हिन्दुओं के बीच प्रचलित अन्धविश्वास, जाति, अस्पृश्यता और अन्य बुराइयों पर दिया जा रहा बल मिलता है। दूसरी ओर 'फैक्ट्स ऑफ़ हिस्ट्री' नामक खण्ड में हमें केवल मुसलमानों द्वारा की गयी हत्याओं और बलात्कारों से जुड़े तथ्य ही मिलते हैं जिन्हें पूरी तरह से भड़काऊ स्वरूप देते हुए प्रस्तुत किया गया है (*एचसीआईपी,* VI, 627-36)। दूसरे समुदाय को हर बात में खलनायक बनाने के अलावा कुछ चुनिन्दा नायकों को पूजा जाता था। मुसलमानों के बीच औरंगज़ेब और महमूद ग़ज़नवी और हिन्दुओं के बीच महाराणा प्रताप और शिवाजी ऐसे नायक थे। उनके प्रति गुणगानों का अम्बार इस बात की कसौटी बन गया कि कोई विद्वान एक साम्प्रदायिक स्कूल के प्रति कितनी निष्ठा रखता है। उनके किसी भी कृत्य की थोड़ी-सी भी आलोचना से अत्यधिक कटु रोष उत्पन्न हो जाता है। दोनों सम्प्रदायों के पक्ष समर्थकों ने अपने खलनायकों के विरुद्ध आरोप तैयार करने और अपने नायकों का समर्थन तैयार करने का एक उल्लासपूर्ण युद्ध लड़ा है। इस कारण अस्पष्ट कृत्य और घटनाएँ अचानक से महत्त्वपूर्ण बन गये और उत्तेजना और अमूमन अज्ञात वाद-विवाद के केन्द्र बन गये।

हमारे लोगों के बड़े भाग पर इस प्रकार लेखन के प्रभाव के प्रति हमारे देश में चिन्ता महसूस हो रही है। स्कूलों से लेकर विश्वविद्यालयों की उच्चतम कक्षाओं में हमारे नौजवानों को प्राचीन अन्यायों की कहानियाँ सुनाई जाती हैं और प्रतिशोध का शान्त आह्वान किया जाता है। ऐसी परिस्थिति में इस बात पर आश्चर्य नहीं होना चाहिए कि देश में अभी भी अल्पसंख्यकों के विरुद्ध सामूहिक हत्याओं की घटनाएँ हो सकती हैं। इस कारण, जिस प्रकार हमारे देश में मनमुटाव और मतभेद के बीज बोने के लिए 'इतिहास' का उपयोग किया जा रहा है, हमारे लोगों का चिन्तित होना स्वाभाविक है।

इस प्रकार की आपत्तियों के लिए एक उच्च अकादमिक स्तर से उत्तर मिलता है। निश्चित ही, ऐसा हमें कहा गया है कि, यह इतिहासकारों का काम नहीं है कि वह 'राजनीतिक जटिलताओं की अनिवार्यताओं' के सामने झुके। 'इतिहास व्यक्तियों और समुदायों का आदर करने वाला नहीं है' और 'सह-समुदायों की

भावनाओं को चोट पहुँचाने का भय' इतिहास के 'पुनर्लेखन' का कोई कारण नहीं हो सकता (*एचसीआईपी,* VI, पृ. XXIX-XXX)।

इन कथनों को ध्यान में रखते हुए इस बात पर और भी अधिक बल देना आवश्यक है कि साम्प्रदायिक इतिहास लेखन के प्रति प्रमुख और वैध आपत्ति यह नहीं थी कि वह अनुपयुक्त थी। यह आपत्ति ऐसे इतिहास के त्रुटिपूर्ण, अनैतिहासिक और झूठी होने के कारण थी। पिछले पचास वर्षों के आसपास मौलिक स्रोतों के आधार पर काफ़ी कार्य किये गये हैं। इनके ज़रिये दोनों साम्प्रदायिक स्कूलों के सभी महत्त्वपूर्ण दृष्टिकोणों की असमर्थनीयता सामने आती है। ये कार्य केवल किसी एक (स्कूल) द्वारा नहीं किये गये हैं। अनेक इतिहासकारों और शोधकर्ताओं ने यह कार्य किया है जो विशेष विषयों पर प्रकाश डालने के लिए अपने स्रोतों तक गये। अपने (मोनोग्राफ़) और आलेखों में उन्होंने इतिहास के नये पहलुओं को सामने रखा है। उन्होंने ऐसे तथ्यों, प्रवृत्तियों और रिवाजों की ओर ध्यान आकर्षित किया है जिनका साम्प्रदायिक इतिहास की प्रणाली में कोई स्थान नहीं था। इन सबसे महत्त्वपूर्ण, उन्होंने यह दिखाया है कि भारत में शासक और प्रजा का विभाजन मुसलमानों और हिन्दुओं के विभाजन से मेल नहीं खाता था। इनमें से कुछ इतिहासकारों ने राष्ट्रवादी प्रेरणा के अन्तर्गत लिखा जिसके लिए इन्हें शर्मिन्दा महसूस करने की कोई ज़रूरत नहीं है। कुछ अन्य इतिहासकारों का दृष्टिकोण उदारवादी था और कुछ व्याख्याएँ किसी दिखावे के बिना केवल तथ्यों पर आधारित थीं। इस श्रेणी में मोरलैंड जैसे कुछ विदेशी भी थे जिन्होंने एक अच्छे साम्राज्यवादी के रूप में शुरुआत की और धीरे-धीरे मध्यकालीन सामाजिक और आर्थिक इतिहास के स्पष्टीकरण के मार्गदर्शक बने। इसमें अपने आरम्भिक चरण वाले विल्फ्रेड सी. स्मिथ जैसे विदेशी भी थे जो एक कनाडाई पादरी थे। स्वाभाविक रूप से, इनमें से अधिकांश इतिहासकार एक-दूसरे के साथ उन अनेक बिन्दुओं पर असहमत रहे जिन्हें वे महत्त्वपूर्ण मानते थे। साथ ही, उन्होंने ऐसे किसी सख़्त ढाँचे का निर्माण नहीं किया जिसका समर्थन सभी कर सकें। फिर भी उन्होंने भारत में निष्पक्ष ऐतिहासिक लेखन की आधारशिला रखी।

इन विद्वानों की सभी कृतियों की सूची यहाँ प्रदान नहीं की जा सकती, लेकिन ऐसी कुछ प्रमुख कृतियों को उद्धृत करना उपयोगी होगा जिन्होंने साम्प्रदायिक विद्वानों के सँजोये गये मतों के सामने प्रश्न चिह्न लगाया।

प्रो. मोहम्मद हबीब ने 1925 की अपनी पुस्तक *सुल्तान महमूद ऑफ़ ग़ज़नी* में इस धारणा पर हमला किया कि सभी मुसलमान न एक भ्रातृत्व का निर्माण

करते थे और विजय अभियानों में हिस्सेदारी रखते थे। इस पुस्तक में प्रो. हबीब ने ऐतिहासिक अनुपात के अनुसार महमूद की महत्ता को कम भी किया। इसके बाद से विभिन्न आलेखों में उन्होंने तुर्की के विजय अभियानों के विश्लेषण को जारी रखा। इस विश्लेषण का अन्त उन्होंने 1953 के एलियट और डाओसन के दूसरे खण्ड के अलीगढ़ मुद्रण के इंट्रोडक्शन के साथ किया। इसी प्रकार अपने *फ़ाउंडेशन्स ऑफ़ टर्किश रूल इन इंडिया* में डॉ. ए.बी.एम. हबीबुल्लाह ने 13वीं शताब्दी में भारत-तुर्क शासक वर्ग के संकीर्ण वर्ग-आधार पर बल दिया। डॉ. आर.पी. त्रिपाठी ने *सम ऐस्पेक्ट्स ऑफ़ मुस्लिम एडमिनिस्ट्रेशन* और डब्ल्यू.एच. मोरलैंड ने *ऐग्रेरियन सिस्टम ऑफ़ मोस्लेम इंडिया* में इस प्रश्न का परीक्षण किया कि क्या ख़िलजी और तुग़लक सरकारें 'मुस्लिम' थीं और क्या वे अपने प्रमुख कार्यों में धार्मिक उद्देश्यों से प्रेरित थे। दोनों इस निष्कर्ष पर पहुँचे कि इन शासकों के लिए अन्य कई कारण धार्मिक उत्सुकता की तुलना में बहुत अधिक महत्त्वपूर्ण थे और उसके विरुद्ध भी थे। प्रशासनिक तन्त्र का विस्तृत परीक्षण करते हुए डॉ. त्रिपाठी सरकार के क्रियाकलापों में 'मुस्लिम समुदाय' की कोई भागीदारी अथवा भूमिका को ढूँढ़ने में असफल रहे।

जिन कृतियों का विशाल प्रभाव एक पूरी पीढ़ी पर रहा, उनमें डॉ. ताराचन्द की *इन्फ्लुएंस ऑफ़ इस्लाम ऑन इंडियन कल्चर* की गिनती आवश्यक है। 'दोनों कभी नहीं मिलते' (*द ट्वेन नेवर मीट*) की धारणाओं के विपरीत इस पुस्तक में उन्होंने यह दर्शाया कि एक-दूसरे के साथ मिलना-मिलाना अनिवार्य था। वे यह बताते हैं कि सम्मिश्रण हुआ था और भारतीय संस्कृति के विकास में यह एक स्पष्ट चरण था। राजनीतिक रूप से अपने केन्द्रीयकृत प्रशासन के साथ नयी सरकारों ने 'एक बृहत्तर निष्ठा की भावना' का निर्माण किया जो जनजातीय और नस्ली निष्ठा से अधिक बढ़ी थी। इस कारण यह भावना भारत को अपनी एकजुटता के लक्ष्य के नज़दीक ले गयी *(पृ. 141)*। धार्मिक विचार में इस्लामिक प्रभाव नये आन्दोलनों की एक शृंखला का कारण बना और इसने 15वीं-16वीं शताब्दी में भक्ति आन्दोलन का अन्तिम स्वरूप लिया। कबीर और नानक जैसे इनके गुरुओं ने इस्लाम से हिन्दू धर्म की रक्षा करने की इच्छा नहीं रखी क्योंकि उनके लिए साम्प्रदायिक आस्था के रूप ये दोनों घृणास्पद थे। उन्होंने दोनों आस्थाओं की उच्चतर परम्पराओं के बीच सामंजस्य स्थापित करने का प्रयत्न किया। ऐसा करते हुए उन्होंने एक बृहत्तर जाति-विहीन मानवता की परिकल्पना की और 'सार्वभौमिक धर्म के मार्ग' का स्वप्न देखा जिस मार्ग पर 'दोनों साथ चल सकते थे'। अपने बाद के अध्यायों में डॉ. ताराचन्द ने यह दिखाया कि

अरबी और फ़ारसी प्रभावों को स्वीकार करने और समाविष्ट करने के माध्यम से किस प्रकार भारतीय कला विकसित हुई, उसमें सुधार आया और नये स्वरूपों में उसका विकास हुआ। एक अन्य महत्त्वपूर्ण कृति, *लाइफ़ एंड कंडीशन्स ऑफ़ द पीपल ऑफ़ हिन्दुस्तान* (1206-1556), में डॉ. के.एम. अशरफ़ उन तरीक़ों का परीक्षण करते हैं जिससे दोनों आस्थाओं के आम लोग साथ आये और एक-दूसरे के जीवन और रीति-रिवाजों को प्रभावित किया।

मुग़ल काल पर लिखी गयी कृतियाँ बहुत अधिक व्यापक और विस्तृत हैं। पहली बात यह है ये कृतियाँ इस बात को दिखाने हेतु प्रवृत्त रही हैं कि ऐसे कई पहलू थे जो धार्मिक मुद्दों के समान अथवा अधिक महत्त्व रखते थे। मोरलैंड की कृतियाँ (*इंडिया ऐट द डेथ ऑफ़ अकबर, अकबर टु औरंगज़ेब,* और *द ऐग्रेरियन सिस्टम ऑफ़ मोस्लेम इंडिया*) सामाजिक और आर्थिक इतिहास के महत्त्वपूर्ण पहलुओं पर ध्यान देती हैं। अपनी पुस्तक *सेंट्रल स्ट्रक्चर ऑफ़ द मुग़ल एम्पायर* में डॉ. इब्न हसन और *प्रोविंशियल गवर्नमेंट ऑफ़ द मुग़ल्स* में डॉ. पी. सरन ने मुग़ल साम्राज्य के प्रशासनिक सिद्धान्त का अध्ययन किया और यह पाया कि मुग़ल प्रशासन पर शायद ही कोई 'धर्मतन्त्रीय' (थियोक्रैटिक) प्रभाव था। अकबर और उनके काल पर एक सन्तोषजनक अध्ययन का इन्तज़ार अभी तक जारी है। लेकिन डॉ. बैनी प्रसाद द्वारा लिखी गयी *जहाँगीर की जीवनी* में उन अनेक धर्मनिरपेक्ष तत्त्वों का विश्लेषण किया गया है जिसने अकबर के समय में मुग़ल साम्राज्य की शासन नीति का आधार निर्मित किया था।

औरंगज़ेब के सम्बन्ध में इस क्षेत्र में अभी भी सर यदुनाथ सरकार की महान कृति, पाँच खण्डों में *हिस्ट्री ऑफ़ औरंगज़ेब* का प्रभुत्व बना हुआ है जिसे कई वर्षों में पूरा किया गया था। यदि सर यदुनाथ के फ़ैसले पूर्वग्रह से ग्रस्त रहे भी इन पूर्वग्रहों से दोनों पक्षों पर आघात मिलता है। न तो शिवाजी को, न ही औरंगज़ेब को अपना प्रिय नायक बनाने वालों के पास उनके विश्लेषण से प्रसन्न होने का कोई कारण है। यह सच है कि सर यदुनाथ अक्सर सामान्यीकरण करते थे, लेकिन उन्होंने कभी भी जानबूझकर तथ्यों को दबाया नहीं था। साथ ही वे अक्सर खुद ही ऐसी जानकारी प्रदान करते थे जो उनकी ही व्याख्या और विश्लेषण के विरुद्ध होती थी। इसी कारण विल्फ्रेड सी. स्मिथ को यह सामर्थ्य प्राप्त हुआ कि वे 'सरकार' द्वारा जाट और सतनामी विद्रोहों को हिन्दू विद्रोह के रूप में अभिलक्षित किये जाने की बात पर सवाल उठा सकें। मुख्य रूप से सरकार के ही साक्ष्यों के आधार पर वे इन विद्रोहों को मूल रूप से निम्न वर्ग की बग़ावत के रूप में दर्शा सकें (*इस्लामिक कल्चर,* XX, I, 21-40)।

तथापि, औरंगज़ेब की धार्मिक नीति के उपयुक्त अध्ययन की आवश्यकता अभी भी बनी हुई है।

यह ढम्भ कोई नहीं कर सकता कि धार्मिक आवेगों की सीमा और दोनों समुदायों के बीच के सम्बन्ध की प्रकृति से जुड़े सभी प्रश्नों पर निर्णायक वक्तव्य दिया जा चुका है। ऐसी रिक्तियाँ अभी भी हैं जिनका ध्यानपूर्वक परीक्षण करने की आवश्यकता है। मध्यकालीन शासक वर्ग की संरचना और मुस्लिम धार्मिक एवं धर्मशास्त्रीय प्रवृत्तियाँ ऐसी रिक्तियों के उदाहरण हैं। लेकिन भले ही जो भी रिक्तियाँ और कमियाँ अभी तक क़ायम हैं, गम्भीर इतिहासकारों के साझा प्रयासों के माध्यम से बहुत कुछ हमारे सामने लाया गया है। इन प्रयासों ने साम्प्रदायिक स्कूलों के उन दावों को ख़ारिज किया है जिनका मध्यकालीन युग के बारे में एकमात्र सत्य पर केवल क़ब्ज़ा है।

इसलिए ऐसा प्रतीत होता है कि यह समय की माँग है कि विभिन्न निबन्धों और आलेखों में बिखरी पड़ी कृतियों का सार प्रस्तुत किया जाये और उसे जनता के लिए उपलब्ध कराया जाये। इस बात की आशा की जा सकती है कि काँग्रेस द्वारा प्रस्तावित *हिस्ट्री ऑफ़ द इंडियन पीपल* इस ज़रूरत को पूरा कर सकती है। इसके माध्यम से हमारे मध्यकालीन इतिहास के प्रति एक व्यापक और अधिक निष्पक्ष समझ हमारे लोगों तक पहुँचाई जा सकती है। साधारण पाठकों और विद्यार्थियों के लिए आम इतिहास के महत्त्व के मद्देनज़र यह अत्यावश्यक है कि हमारे प्रमुख इतिहासकारों द्वारा छोटी पाठ्य पुस्तकों के लिखने के कार्य को छोटा ना समझा जाये। डॉ. ताराचन्द की *शॉर्ट हिस्ट्री ऑफ़ द इंडियन पीपल* बहुत ही महत्त्वपूर्ण योगदान था। हमारे प्रधानमन्त्री की *डिस्कवरी ऑफ़ इंडिया* का उल्लेख भी इस सम्बन्ध में करना ज़रूरी है। यह कहना अतिशयोक्ति नहीं है कि विचारों की लड़ाई (बैटल ऑफ़ माइंड्स) में विजय अन्ततोगत्वा स्कूल और कॉलेजों के स्तर पर ही मिलेगी। इस कारण ऐसी छोटी पुस्तकों की आवश्यकता बहुत बड़ी है।

मैंने अपना ध्यान मुख्य रूप से इस पर केन्द्रित रखा है कि यह मध्यकालीन इतिहास के अध्ययन में राष्ट्रीय एकीकरण के विरुद्ध सबसे प्रमुख प्रवृत्ति है। हालाँकि क्षेत्रवाद की ओर भी कुछ प्रवृत्तियाँ मौजूद हैं। टाइम्स ने उस इतिहासकार की भद्रता की प्रशसा की थी जिसने 'मराठा गिद्धों' (मराठा वल्चर्स) की बात की। उतनी या उससे भी अधिक श्रेष्ठता रखने वाले इतिहासकार ने असम के लोगों का वर्णन 'टरटराते अहोम मेढकों' (क्रोकिंग अहोम फ्रॉग्स) के रूप में किया। इन उदाहरणों के मद्देनज़र क्षेत्रीय पूर्वग्रहों की मौजूदगी शायद ही वाद-विवाद का

मुद्दा है। कुछ महत्त्वपूर्ण स्थानीय नेताओं की प्रशंसा करते समय विशेष रूप से अधिक सावधानी बरतने की आवश्यकता है। नहीं तो हम अन्य क्षेत्रों के लोगों के विरुद्ध लड़ने वाले स्थानीय 'राष्ट्रीय नायकों' के पन्थ का निर्माण कर देंगे। इसके अतिरिक्त, मध्यकालीन युग में केवल कुछ क्षेत्रीय भाषाओं और साहित्यों के विकास के आधार पर 17वीं और 18वीं शताब्दी के भारत में 'राष्ट्रों' अथवा 'राष्ट्रीयताओं' के अस्तित्व को मानने की प्रवृत्ति लुभावनी है, लेकिन इस प्रवृत्ति का विरोध करना आवश्यक है। इस कारण विशेष रूप से सामाजिक और आर्थिक इतिहास के क्षेत्र में ध्यानपूर्वक क्षेत्रीय अध्ययनों की आवश्यकता है। यह कहा जा सकता है कि बाक़ी देश की तुलना में दक्षिणी भारत ऐसे अध्ययनों में आगे है क्योंकि प्रो. अप्पादुराई द्वारा लिखी गयी *इकोनॉमिक हिस्ट्री ऑफ़ साउथ इंडिया* ने ऐसे अध्ययनों की शुरुआत की थी। लेकिन देश के बाक़ी हिस्सों में भी ऐसे अध्ययनों का आरम्भ किया जा चुका है। उदाहरणतया, डॉ. टी. राय चौधुरी ने *बेंगॉल अंडर अकबर एंड जहाँगीर* में एक उत्कृष्ट अध्ययन प्रदान किया है। इसके अतिरिक्त रसद विभाग (कमीशरियेट) ने मध्यकालीन युग के दौरान गुज़रात के इतिहास पर दो बहुमूल्य खण्ड लिखे हैं।

मैंने जो कहा है, इसके बाद यह स्पष्ट हो जायेगा कि कम-से-कम मेरे विनम्र मत के अनुसार भारत में निष्पक्ष ऐतिहासिक लेखन के भविष्य के लिए आशापूर्ण दृष्टि का आधार प्रबल है। ऐसा लेखन अपनी प्रकृति के आधार पर ही हमारे लोगों के विभिन्न वर्गों के बीच बृहत्तर समझ उत्पन्न कर सकता है। हमारे जैसे इतिहास के कनिष्ठ अध्येता उन विद्वानों की कृतियों से प्रेरणा लेते हैं जिन्होंने हमारे लिए मार्ग सुगम किया है और जिनके प्रति हम अन्तर्दृष्टि और ज्ञान के लिए बहुत अधिक ऋणी हैं। उनसे मिले ज्ञान और अन्तर्दृष्टि को न केवल सँजोना, बल्कि विस्तारित भी करना हमारा दायित्व है। ऐसा करते हुए हम राष्ट्रीय एकता के उस ध्येय को पूरा कर पायेंगे जो हमारे लिए अत्यधिक महत्त्वपूर्ण है।

भारतीय राष्ट्र की परिकल्पना

अपने जीवन के अन्तिम दिनों में कामरेड नम्बूदरीपाद ने संघ परिवार द्वारा फैलाये गये विषाणुओं तथा भाजपा के सत्ता पर काबिज़ होने को लेकर गहरी चिन्ता व्यक्त की थी। वे यह महसूस करने लगे थे कि देश के राजनीतिक जीवन में एक नया पड़ाव आ गया है। वामपन्थी और जनवादी ताक़तों को इस नये पड़ाव को ध्यान में रखते हुए ही अपनी रणनीति तैयार करनी चाहिए।

इस समझदारी के तहत ही मैं भारत के सम्बन्ध में (एक देश और राष्ट्र के रूप में उसके विकास को दृष्टिपथ में रखते हुए) अपने विचार प्रस्तुत करूँगा। मैं यह भी स्पष्ट करना चाहूँगा कि किस प्रकार संघ परिवार के विचार और क्रियाकलाप उस राष्ट्र की अवधारणा को तहस-नहस कर रहे हैं। यदि मैं इस सम्बन्ध में आवश्यकता से अधिक समय लेता हूँ तो पाठक मुझे क्षमा करें।

इतिहास में कुछ भी शाश्वत नहीं होता और इस नियम का कोई अपवाद भी नहीं है। जिस क्षेत्र की भौगोलिक विशेषताएँ सुनिर्दिष्ट होती हैं, वह क्षेत्र भी, एक देश के रूप में, स्वतः मान्य नहीं हो जाता। ऑस्ट्रेलिया के अनेक देशज समुदाय जानकारी के अभाव में यह नहीं जानते थे कि वे एक ही भू-भाग में रहते हैं। उन्हें यह जानकारी भी नहीं थी कि सांस्कृतिक दृष्टि से वे दूसरे देशों के लोगों से भिन्न हैं। अतः उन्नीसवीं सदी से पहले ऑस्ट्रेलिया की देश के रूप में कोई अस्मिता नहीं थी।

इस उदाहरण के आलोक में हम यह देख सकते हैं कि देश के रूप में भारत की अवधारणा के उद्भव से पूर्व भौगोलिक ज्ञान उसकी पूर्वापेक्षा थी। हमें इस पर कोई आश्चर्य नहीं होना चाहिए कि वेदों में इस तरह की कोई अवधारणा नहीं है। भारत की अवधारणा का प्रथम दृढ़ साक्ष्य (सुनील खिलनानी से साभार) शायद गौतम बुद्ध के समय (लगभग 2500 वर्ष पूर्व) से पहले का नहीं है। हमें उनके समय में पहली बार सोलह महाजनपदों की चर्चा सुनने को मिलती है। इनमें उत्तर भारत तथा अफ़ग़ानिस्तान के कुछ हिस्से शामिल थे। किन्तु मौर्य शासक अशोक

के अभिलेख पूरे देश में बिखरे हुए मिलते हैं जिनका समय 250 ई.पू. है। इनमें से शिलालेख I में भारत के प्रारम्भिक नामों में से एक नाम जम्बूद्वीप (जम्बूद्वीप का पाली रूप) मिलता है। यह नाम सम्पूर्ण देश के लिए ही इस्तेमाल किया गया है। भारतीय लोगों की सांस्कृतिक सह-सम्बद्धता जो दूसरे लोगों से उत्तर में ऊँचे पहाड़ों, दक्षिण में भारतीय महासागर द्वारा पृथक् कर दिया गया था, उस समय अधिक स्पष्ट होकर सामने आयी, जब उन्हें इन भौगोलिक सीमाओं से परे के लोगों के बारे में जानकारी हुई और उन्हें इन्होंने सांस्कृतिक रूप से भिन्न रूप में पहचाना। अशोक अपने शिलालेख XIII में कहता है कि यवन भिन्न थे, क्योंकि उनमें 'समन' (श्रमण), 'बौद्ध पुरोहित' और ब्राह्मण नहीं थे। इस प्रकार सांस्कृतिक वैशिष्ट्य ने क्षेत्रीय वैशिष्ट्य को भी मफखर किया। ऐसा ही वैशिष्ट्य मनुस्मृति (लगभग 100 ई.पू.) में आये एक वक्तव्य में देखने को मिलता है जिसमें विदेशियों को म्लेच्छ कहा गया है। ये (म्लेच्छ) वे लोग हैं जिनके यहाँ ब्राह्मण यज्ञ नहीं करते तथा द्विज नहीं रहते (मनु II 22-24)। महाभारत अथवा समुद्रगुप्त के इलाहाबाद वाले शिलालेख, अथवा कालिदास के मेघदूत में भारत के जिन क्षेत्रों को रेखांकित किया गया है, उनमें भारत की अपनी विशिष्ट भौगोलिक और सांस्कृतिक पहचान मिलती है। इन साक्ष्यों में रेखांकित भारत की छवि एक देश के रूप में उभरती है जो दुनियाभर से अलग-थलग था। अलबरूनी ने लाहौर में 1035 ई. में भारतीय सभ्यता के विषय में किताबुल-हिन्द नाम से एक पुस्तक तैयार की। उसमें उसने भारतीयों के इस अलगाव-बोध पर प्रतिकूल टिप्पणी की है। उसने कहा है कि ये लोग यह मानते हैं कि उनके जैसा कोई देश नहीं है और उनमें दूसरे लोगों से सीखने की कोई इच्छा भी नहीं है।

अलबरूनी की इस पुस्तक को सुप्रसिद्ध इतिहासकार के.एम. पणिक्कर ने अत्यन्त महत्त्वपूर्ण माना है। उनकी राय में यह पुस्तक भारत की सांस्कृतिक एकता की अवधारणा के विकास के सन्दर्भ में मील का पत्थर है। वस्तुतः यह पुस्तक किसी भी भाषा में (संस्कृत समेत) भारतीय सभ्यता का सांगोपांग अध्ययन है। इससे यह बोध भी होता है कि किसी देश की अस्मिता की चेतना बाहरी लोगों के इस अहसास से भी निर्धारित होती है कि इस देश के रहने वाले लोगों की संस्थाएँ तथा विशेषताएँ उनसे भिन्न हैं।

ईरान में बहुत पहले से सिन्धु (नदी) के लिए हिन्दू शब्द का उच्चारण होता था, क्योंकि प्रारम्भिक ईरानी भाषा में 'स' का 'ह' हो जाता है। वे इस हिन्दू शब्द को उस देश के लिए प्रयोग करने लगे थे जो सिन्धु नदी के किनारे तथा उसके पार बसा था। उसी के आधार पर यूनानियों ने 'इंडिया' शब्द का

व्यवहार किया और शायद चीनियों ने 'यिन-तू' शब्द का। उत्तर यूनानी ईरान के विभिन्न भौगोलिक क्षेत्रों के नामों के साथ 'स्तान' प्रत्यय का प्रयोग होने लगा था। इसीलिए, हिन्दू के साथ 'स्तान' जुड़कर हिन्दुस्तान हो गया। इसे अन्य ऐसे ही नामों जैसे 'सकस्तान' (सीस्तान), गुर्जिस्तान, खुज़िस्तान आदि के आधार पर भी समझा जा सकता है। हिन्दुस्तान शब्द भी हिन्दू के साथ ही पूरी तरह ईरानी शब्द है। हिन्दुओं की भूमि के अर्थ में 'हिन्दुस्तान' शब्द को इस तरह लिखना कि मानो यह कोई संस्कृत शब्द है, आधुनिक प्रवृत्ति है। क्लासिकीय संस्कृत में यह शब्द नहीं मिलता। हमें यह भी ध्यान रखना चाहिए कि हिन्दू शब्द भी शुद्ध रूप से ईरानी है। जिसका अर्थ है हिन्द (भारत) का रहने वाला। यह शब्द ईरानियों से अरबों और सामान्य रूप से मुसलमानों द्वारा ग्रहण किया गया। अलबरूनी के काल तक यह फ़र्क़ करना मुश्किल था कि कौन हिन्दुस्तानी है और कौन वे लोग हैं जो हिन्दुस्तानी होने के साथ इस्लाम के अतिरिक्त अन्य धार्मिक समुदायों के अनुयायी हैं। जब मुसलमान हिन्दुस्तान के विशाल भू-भाग में स्थापित हो गये, विशेष रूप से तेरहवीं सदी के उपरान्त, तो उक्त शब्द अपने संकीर्ण अर्थ में अधिक प्रमुखता के साथ व्यवहृत होने लगा और हिन्दू शब्द ने धार्मिक रंग अख़्तियार कर लिया। किन्तु स्वयं हिन्दुओं ने इस शब्द को उक्त अर्थ में चौदहवीं सदी के उत्तरार्द्ध से पहले ग्रहण नहीं किया था। इस काल तक विजयनगर के शासक तथा बाद में मेवाड़ के शासक अपने आपको 'हिन्दू-सुलतान' (हिन्दू सुरत्राण) कहकर पुकारते थे। साथ ही, हिन्दी और हिन्दुस्तानी शब्द भी सामान्य रूप से भारतीयों के लिए प्रयुक्त होते थे। इन अभिधानों को अमीर खुसरो (1324 ई.) तथा इसामी (1350 ई.) ने हिन्दुओं और मुसलमानों के लिए सम्मिलित रूप से प्रयोग किया है।

इस बहस से हम भाषिक इतिहास की ओर मुड़ सकते हैं, किन्तु भाषिक प्रयोग के पीछे भी कुछ नयी अवधारणाएँ होती हैं। भारत के हिन्दुओं और मुसलमानों के लिए हिन्दी और हिन्दुस्तानी शब्दों का समान रूप से व्यवहार करने के पीछे समझ यह थी कि दोनों ही सामान्य ऐतिहासिक विरासत और सामाजिक संस्कृति के अंग हैं। अमीर खुसरो ने नूहसिपेहर (1318 ई.) में भारत और उसकी प्राकृतिक-सांस्कृतिक महत्ता का बखान किया है। अमीर खुसरो से पहले शायद ही किसी ने भारत की प्राकृतिक और सांस्कृतिक महानता के बारे में इतने मुखर ढंग से बात की हो। लेखक 'हुब्बेवतन' (देशभक्ति) का गुणगान करता है। वह अपने देश हिन्दुस्तान के बारे में कहता है कि यहाँ लोग विभिन्न भाषाएँ बोलते हैं। वह उन्हें सूचीबद्ध करता है। उनमें मुख्य हैं : कन्नड़ (घोर समुन्दरी),

तेलुगु (तेलंगी) तथा तमिल (माबारी)। लगता है मलयालम अभी तक तमिल से पूरी तरह मुक्त नहीं हो पायी थी। अतः अमीर ख़ुसरो की सूची में इसका न होना आश्चर्यजनक नहीं है। इन सभी भाषाओं को वह हिन्दवी कहता है। हिन्दवी से तात्पर्य उसका उन भारतीय भाषाओं से है जिन्हें आम लोगों द्वारा व्यवहार में लाया जाता है। उनके अतिरिक्त, वह संस्कृत और उसके सम्पन्न साहित्य की प्रशंसा करता है। वह मानता है कि संस्कृत विद्वानों की भाषा है। वह बड़ी सावधानी के साथ यह भी दर्ज करता है कि फ़ारसी भी हिन्दुस्तान की भाषा हो गयी है। चूँकि 'गौरों' तथा तुर्कों के आने के बाद अब लोगों ने इसे भी सीख लिया है। अमीर ख़ुसरो भारतीय जनता और उसकी विभिन्न भाषाओं की छवि को उकेर रहे हैं। उनके वर्णन से लगता है कि हिन्दुस्तानी लोग एक इकाई के रूप में अपनी निर्मिति की प्रक्रिया में हैं।

ख़ुसरो के वक्तव्यों में देशभक्ति का स्वर स्पष्ट रूप से सुनाई पड़ता है। उसने अन्य देशों की तुलना में भारत को प्रमुखता दी है। उसने भारत की वस्तुओं, फलों, पशुओं, स्त्रियों के सौन्दर्य, ब्राह्मणों की विद्वत्ता की विस्तार से चर्चा की है। उसने भारत की विभिन्न सांस्कृतिक उपलब्धियों, जैसे अंकों के आविष्कार, शतरंज, पंचतन्त्र (कलीलो-दामा) आदि की चर्चा भी की है। स्पष्टतः भारत और उसकी संस्कृति की यह व्यापक छवि उस एकांगी छवि से भिन्न है जो हमें अलबरूनी के यहाँ मिलती है। ख़ुसरो भारत की संस्कृति के खुलेपन, नवोन्मेषशीलता तथा सहिष्णुता की चर्चा करता है। उसके यहाँ भारतीय संस्कृति के विषय में एक नयी दृष्टि मिलती है और उसका कारण यह है कि ख़ुसरो के समय तक भौतिक परिस्थितियाँ बदल चुकी थीं। इस बदलाव के पीछे दो संस्कृतियों (प्राचीन भारतीय संस्कृति तथा इस्लामी संस्कृति) के संगम की भूमिका थी। इस संगम को मेरे स्वर्गीय मित्र प्रो. अतहर अली 'मध्यकालीन पल्लवन' कहा करते थे।

महान मुग़ल बादशाह अकबर (1556-1605 ई.) के काल में भारत की यह अवधारणा और इसकी विशिष्ट सामाजिक संस्कृति अपनी पराकाष्ठा तक पहुँची। उसके मन्त्री अबुल फ़ज़ल ने *आईने-अकबरी* (1595 ई.) में भारत की संस्कृति के विषय में विस्तार से वर्णन किया है। उसमें अलबरूनी के बाद भारत के समाज, धार्मिक मतों और सम्प्रदायों, ज्ञान तथा कलाओं का सर्वाधिक विस्तृत विवेचन है। उल्लेखनीय है कि उसमें मुस्लिम तत्त्व को भी सावधानीपूर्वक जगह दी गयी। उसी काल में भारत का प्रथम इतिहास निज़ामुद्दीन अहमद द्वारा लिखित *तबकाते-अकबरी* (1592 ई.) भी लिखा गया। इसके बाद अन्य लेखकों ने भी उसी विषय पर लिखा।

भारत के विषय में उक्त अवधारणा मुग़ल शासन की लम्बी अवधि और स्थिर शासनकाल में और भी सुदृढ़ हुई। इस एकता को मज़बूत करने में मुग़ल शासन ने जो भूमिका निभायी उसे निरक्षर और जनसाधारण द्वारा भी महसूस किया गया। इस सन्दर्भ में डॉ. ताराचन्द (1928 ई.) का यह वक्तव्य व्यापक रूप से उद्धृत किया जाता है कि मुग़ल शासन ने भारत को जो राजनीतिक एकरूपता तथा व्यापक निष्ठाबोध दिया, वह भारत के अस्मिताबोध के लिए आवश्यक था।

अब हम देखते हैं कि भारत की अवधारणा कैसे विकसित हुई और वह कैसे क्रमशः समृद्ध होती चली गयी। जहाँ तक ऐतिहासिक साक्ष्य का सम्बन्ध है, मुग़ल काल में भारत विषयक एक देश की अवधारणा अपने पूर्ववर्ती किसी भी काल की तुलना में अधिक मज़बूत थी। हालाँकि भारत एक ऐसा राष्ट्र नहीं था। यह तभी सम्भव था जब उसे एक राजनीतिक इकाई के रूप में समझा जाता। बेनेडिक्ट एंडरसन ने अपनी सुप्रसिद्ध पुस्तक (जो सर्वपथम 1983 ई. में प्रकाशित हुई) में यह कहा कि राष्ट्र की अवधारणा पूरी तरह कल्पना पर आधारित है। यक़ीनन है, लेकिन क्या यह बात सभी तरह के समुदायों के बारे में भी समान रूप से लागू नहीं होती? धार्मिक समुदाय भी कोई सहज रूप से विकसित समुदाय नहीं हैं, वे भी कल्पनाजन्य हैं। वस्तुतः यह सब शब्द व्यापार है। इतिहासकार लम्बे अरसे से कल्पना के बजाय चेतना शब्द का प्रयोग करते रहे हैं, जैसे—राष्ट्रीय चेतना आदि। हालाँकि उस शब्द के व्यवहार से राष्ट्र उतना अवास्तविक नहीं लगता था जितना एंडरसन द्वारा प्रयुक्त 'काल्पनिक समुदाय' शब्द के बाद लगने लगा है। बहरहाल यदि इसे स्वीकार कर भी लिया जाये तो भी एक प्रश्न यह उठता है कि इतिहास के एक विशेष पड़ाव पर ही देश अथवा कोई भौगोलिक क्षेत्र एक काल्पनिक राष्ट्र क्यों लगने लगते हैं।

बहुत लम्बा अरसा नहीं हुआ जब 'सामान्य भाषा' को राष्ट्र निर्माण के लिए एक निर्णायक तत्त्व माना जाता था। 1906 में प्रकाशित ऑक्सफ़ोर्ड इंग्लिश डिक्शनरी में राष्ट्र को परिभाषित करते हुए लिखा था कि राष्ट्र में रहने वाले लोग अपनी सामान्य उत्पत्ति, सामान्य भाषा और सामान्य इतिहास से जुड़े होते हैं। स्टालिन ने भी 1913 में राष्ट्र को परिभाषित करते हुए राष्ट्र के उद्भव के सिलसिले में सामान्य भाषा को रेखांकित किया था। यह सही है कि सामान्य भाषा लोगों के बीच सांस्कृतिक एकता का एक महत्त्वपूर्ण सूत्र है, किन्तु मार्क्सवादी इतिहासकार ऐरिक हाब्सबाम ने अपनी पुस्तक *नेशंस एंड नेशनलिज़्म सिंस* 1970 में यह स्थापित किया है कि राष्ट्र के निर्माण में भाषा का तत्त्व अनेक तत्त्वों में से एक है, वह सांस्कृतिक समुदायों के बीच ऐसा विशिष्टता बोधक तत्त्व नहीं है

जिसे प्राथमिक माना जाये। बहुभाषी होने के नाते भारत को पुरानी परिभाषा के अनुसार अधिक-से-अधिक एक ऐसा देश माना जा सकता है जिसमें अनेक अन्तरराष्ट्रीयताएँ रहती हों, प्रत्येक की अपनी भाषा हो, किन्तु अब हमें यह अहसास होता है कि यदि भाषा कोई बुनियादी आधार नहीं है और वह राष्ट्र निर्माण की प्रक्रिया का महज़ एक घटक है तो भारत भी विभिन्न भाषाओं के बावजूद अपनी ऐतिहासिक प्रक्रिया के तहत राष्ट्र बना होगा, चाहे राष्ट्र शब्द की परम्परागत परिभाषाएँ जो भी रही हों।

राष्ट्र-राज्य का उद्भव पश्चिमी यूरोप में सोलहवीं सदी में उस समय हुआ जब व्यापारिक पूँजीवाद के अन्तर्गत पूँजीवाद का विकास होने लगा था और उसने राष्ट्रवादी राजतन्त्र को आर्थिक आधार प्रदान किया था, किन्तु यूरोप से बाहर राष्ट्रवाद के उद्भव की प्रक्रिया भिन्न रही है। एंडरसन ने उन्नीसवीं सदी में लैटिन अमेरिकन में राष्ट्रों के निर्माण की प्रक्रिया की ओर ध्यान आकृष्ट करते हुए यह रेखांकित किया है कि वहाँ ऐसा कोई पूँजीवादी आधार नहीं था। उसने इस तथ्य को रेखांकित किया है कि इन राष्ट्रों के निर्माण के पीछे वेस्टइंडीज के हब्शियों अथवा स्थानीय गोरे बाशिन्दों की भूमिका थी। वे भू-स्वामी थे और उनके हितों का टकराव वहाँ के मूल निवासियों के साथ था, चाहे वे अमेरिकी-भारतीय हों अथवा अफ़्रीकी दास हों। उक्त लोगों द्वारा जनता के दूसरे तबक़ों को दी गयी रियायतें नाममात्र की होती थीं। किन्तु यदि बोलीवार और सैन मार्टिन को आज भी राष्ट्र निर्माताओं के रूप में याद किया जाता है तो उसका कारण यह है कि उन्होंने अमेरिका के बड़े हिस्से को स्पेनिश उपनिवेशवाद से मुक्त कराया था जो महाद्वीप की अधिकांश सम्पदा का दोहन कर रहा था। एंडरसन यह नहीं देखते कि बुनियादी रूप से यही उपनिवेशवाद विरोधी प्रतिरोध दक्षिण अमेरिकी राष्ट्रवाद तथा दक्षिण अमेरिकी राष्ट्रों के निर्माण का मूल स्रोत था। एक-दूसरे के सन्दर्भ में उनकी वास्तविक भौगोलिक सीमाओं अथवा सुदूर अस्मिताओं के बीच समीकरण का महत्त्व गौण है।

दक्षिण अमेरिका में राष्ट्र निर्माण की प्रक्रिया का मूल स्रोत उपनिवेशवाद विरोध था तो यह स्पष्ट है कि यह प्रक्रिया घटित ही नहीं होती यदि विद्रोही लोग राष्ट्रवाद सम्बन्धी विचारों से परिचित और प्रभावित न होते। ये विचार शुद्ध रूप से देशज नहीं थे, न तो दक्षिण अमेरिका में, न अन्यत्र। हालाँकि दक्षिण अमेरिका आदि में बसने वाले यूरोपियनों (क्रियोल) में उच्च शिक्षा बहुत सीमित थी, तथापि वे स्पेनिश भाषा प्रयोग करते थे और फ्रांसीसी क्रान्ति (1789 ई.), स्वतन्त्रता, समानता तथा भ्रातृत्व के महान नारों से प्रेरित थी। अतः इसमें कोई

आश्चर्य नहीं कि अमेरिकी अर्द्ध-गोलार्द्ध में स्पेनिश राज्यों से बने सभी राष्ट्र गणतन्त्र के रूप में स्थापित हुए, हालाँकि वहाँ कोई वास्तविक ढंग का जनतन्त्र स्थापित न हो सका था। इस सन्दर्भ में दक्षिण अमेरिकी विद्रोहों की हमारे यहाँ के 1857 के विद्रोह से तुलना की जा सकती है। हालाँकि 1857 का विद्रोह बड़े व्यापक क्षेत्र में फैला था, लेकिन उसके नेताओं में राष्ट्रवादी चेतना का स्पष्ट अभाव था। राजा राममोहन राय बड़े दूरदर्शी नेता थे। उन्होंने 1830 में ही यह लक्षित किया था कि भारत एक राष्ट्र नहीं है, क्योंकि वह जातियों में विभक्त है। जातिगत विभाजन के साथ वे चाहते तो धार्मिक विभाजन को भी रेखांकित कर सकते थे। जब तक भारतीय लोग इन सीमाओं को नहीं तोड़ते (जिनके आधार पर उन्होंने अपनी अस्मिताएँ खड़ी की हैं और जिनके कारण अपने राष्ट्र के प्रति उनकी निष्ठा विभाजित हो जाती है), वे एक राष्ट्र का रूप ग्रहण नहीं कर सकते। अतः मानस से इन सामाजिक विषमताओं का दूर होना अति आवश्यक है। जाति तथा अन्य प्रकार की संकीर्णताएँ दूर हों तभी वास्तविक राष्ट्रवादी चेतना का उदय हो सकता है। प्रस्तुत सन्दर्भ से यूरोप संगृहीत पूँजीवादी जनतान्त्रिक विचारों के महत्त्व को अतिरिक्त रूप से रेखांकित करने की आवश्यकता नहीं है। मार्क्स इस सन्दर्भ में उपनिवेशवाद की सृजनशील भूमिका का उल्लेख कर चुके थे। प्रशासनिक सहूलियत के लिए अंग्रेज़ों भाषा का जो प्रचार-प्रसार हुआ, उससे इन विचारों की ग्रहणशीलता बढ़ी। मार्क्स ने अपने एक लेख 'दि फ़्यूचर रिजल्ट ऑफ़ ब्रिटिश रूल इन इंडिया' (1853) में यह भविष्यवाणी की थी कि किस प्रकार भारतीय इन विचारों से सुसज्जित होकर तथा आधुनिक भौतिक परिस्थितियों के बदलाव के आधार पर ब्रिटिश शासन से अपने आपको मुक्त करने में कामयाब हो सकेंगे।

यह भी उल्लेखनीय है कि समाज सुधार के आन्दोलन भी आधुनिक विचारों से प्रभावित थे, जिनके तहत उक्त विषमताओं और संकीर्णताओं को समाप्त करने का प्रयास किया गया। इन प्रयासों को हिन्दू अथवा इस्लामी विरासत से जोड़ना अनैतिहासिक होगा। राष्ट्रवाद की अवधारणा का उद्गम वस्तुतः उस समय होता है जब राष्ट्रीय अस्मिता की चेतना, जातिगत, सम्प्रदायगत अथवा क्षेत्रगत अस्मिता की चेतनाओं के ऊपर अपना वर्चस्व स्थापित कर लेती है तथा सामाजिक वर्जनाएँ शिथिल होने लगती हैं। इस सन्दर्भ में राजा राममोहन राय (1832) तथा केशवचन्द्र सेन (1884) की भूमिकाएँ विशेष रूप से उल्लेखनीय हैं। उन्होंने जातिगत अयोग्यताओं को दूर करने तथा नारी जागरण को व्यापक बनाने का महत्त्वपूर्ण कार्य किया जिससे राष्ट्र निर्माण के कार्य में विशेष सहायता मिली।

1909 में गाँधीजी ने अपनी पुस्तक *हिन्द स्वराज* में प्राचीन भारत की संस्थाओं की भूरि-भूरि प्रशंसा की है और उनकी कमज़ोरियों को दरगुज़र किया है। किन्तु 1915 में दक्षिण अफ्रीका से भारत लौटने पर उन्होंने जातिगत अयोग्यताओं और नारी समानता के लिए अथक संघर्ष किया और अपने आचरण से यह भी सिद्ध किया कि उनका यह संघर्ष राष्ट्रीय मुक्ति संघर्ष का अविभाज्य अंग है। इस सन्दर्भ में उनकी भूमिका किसी भी राष्ट्रीय नेता की तुलना में कहीं अधिक श्लाघनीय थी, संयोगवश उनके और उन शक्तियों के बीच यह एक बुनियादी संघर्ष था जिन्होंने बाद में चलकर हिन्दुत्व की अवधारणा को अपना लिया।

जहाँ एक ओर समाज सुधार आन्दोलनों ने हमारी पुरानी संस्कृति द्वारा खड़ी की गयी दीवारों पर प्रहार करके देशवासियों के बीच एकता का सन्देश दिया, वहीं एक अन्य दिशा से भी देश के रूपान्तरण की प्रक्रिया को गति मिली—शोषण और ग़रीबी से मुक्ति के रूप में राष्ट्रीय नियति का आदर्श। आर्थिक मुक्ति की अवधारणा का मूल उत्स भी बाह्य था। प्रथमतः इसकी प्रेरणा फ्रांसीसी क्रान्ति से मिली लिस्ट के आर्थिक राष्ट्रवाद तथा मार्क्स के समाजवाद की अवधारणाओं ने भारतीय राष्ट्रकवियों को प्रभावित किया।

भारतीय राष्ट्रवाद की प्रारम्भ से ही एक विशेषता यह रही है कि उसने ब्रिटेन के आर्थिक शोषण की आलोचना की। राष्ट्रीय आन्दोलन के 'दि ग्रांड ओल्डमैन' की उपाधि से विभूषित दादाभाई नौरोजी ने 1870 से ही इस शोषण तथा उसके द्वारा भारतीय जनता पर थोपी गयी ग़रीबी की ओर ध्यान आकृष्ट करना शुरू कर दिया था। उनकी पुस्तक *पावर्टी एंड अनब्रिटिश रूल इन इंडिया* (1901 में प्रकाशित) से ही यह ध्वनित होता है कि ब्रिटिश शासन का सर्वाधिक दुष्प्रभाव भारत की ग़रीब जनता को झेलना पड़ रहा है। आर.सी. दत्त ने दो भागों (1901 तथा 1903) में प्रकाशित अपनी पुस्तक *इकोनॉमिक हिस्टरी ऑफ़ ब्रिटिश रूल इन इंडिया* में विस्तार से ब्रिटिश शासन के आर्थिक पक्ष की समीक्षा की। उनके निष्कर्ष भी लगभग वही थे। एक स्थान पर उन्होंने कहा, 'हर सच्चे भारतीय को यह आशा है कि छोटी खेती का स्थान ज़मींदारी प्रथा नहीं लेगी।' ऐसा लगता है कि उनकी देशभक्ति के केन्द्र में छोटा किसान था। ऐसा नहीं है कि ये प्रारम्भिक राष्ट्रवादी नेता छोटे उभरते हुए मध्य वर्ग तथा व्यापारी वर्ग के हितों के प्रति लापरवाह थे अपितु प्रायः उक्त वर्गों के हित उनकी चिन्ता के प्रमुख विषय होते थे। प्रो. बिपिन चन्द्र ने अपनी पुस्तक *दि राइज एंड ग्रोथ ऑफ़ इकोनॉमिक नेशनलिज़्म इन इंडिया* में विस्तार से इस विषय पर प्रकाश

डाला है। मध्य वर्ग के प्रति उनकी चिन्ता भी छिपी हुई नहीं थी। वस्तुतः, इन राष्ट्रवादी नेताओं ने उनके हितों को अपना पूरा स्वर दिया। उनका तर्क था कि शिक्षित मध्य वर्ग न केवल अपने हितों का प्रतिनिधित्व कर रहा था, अपितु जनसाधारण के हितों का प्रतिनिधित्व भी कर रहा था, चूँकि जनसाधारण अपने हितों का प्रतिनिधित्व स्वयं करने की स्थिति में नहीं था। इस दृष्टि की सीमा स्पष्ट है, लेकिन यह एक तथ्य है कि इन राष्ट्रवादियों ने ब्रिटिश उपनिवेशवाद की आलोचना करते हुए ग़रीब जनता की बदहाली को एक प्रमुख तत्त्व बनाया और इसी के कारण परवर्ती काल में राष्ट्रवादी विचारधारा को व्यापक प्रचार-प्रसार मिला। ब्रिटिश उपनिवेशवाद की आर्थिक आलोचना के सार रूप को पैम्फलेट तथा पुस्तिका रूप में (जिसका एक रूप गाँधीजी की पुस्तक *हिन्द स्वराज* में देखा जा सकता है) लगभग सभी भाषाओं में प्रकाशित किया गया। इन विचारों के व्यापक प्रचार-प्रसार ने राष्ट्रीय आन्दोलन में जनसाधारण की हिस्सेदारी के लिए दरवाज़े खोल दिये।

जनसाधारण की भागीदारी गाँधी के अपने प्रयत्नों और प्रयोगों (जो 1917 के चम्पारण के किसान सत्याग्रह से शुरू हुए थे) असहयोग आन्दोलन, ख़िलाफ़त आन्दोलन, 1920 के वामपन्थ के उदय, 1930-31 में किसानों तथा महिलाओं के बड़े पैमाने पर हिस्सेदारी आदि के साथ बढ़ रही थी। राष्ट्रीय आन्दोलन में यह जो रूपान्तरण आ रहा था, उसके तहत स्वतन्त्रता प्राप्ति के साथ राष्ट्र के भविष्य की रूपरेखा की माँग भी की जा रही थी। न तो आधुनिक पूँजीवादी राज्य, जो माडरेट्स की एक परिकल्पना थी और न ही गाँधीजी के *हिन्द स्वराज* में परिकल्पित प्राचीन भारत का परिष्कृत रूप उन वर्गों की आकांक्षाओं के अनुरूप थे जो स्वाधीनता संग्राम की प्रमुख शक्ति थे। यह नयी स्थिति भारतीय राष्ट्रीय काँग्रेस के अत्यन्त महत्त्वपूर्ण दस्तावेज़ के लिए बुनियादी आधार बन गयी थी, जो उसने मूलभूत अधिकारों के सम्बन्ध में कराची में पारित किया था।

यह प्रस्ताव इस घोषणा के साथ शुरू होता है, 'राजनीतिक स्वतन्त्रता के अन्तर्गत लाखों भूखे लोगों की आर्थिक स्वाधीनता भी अन्तर्निहित है।' उसमें एक ऐसे जनतान्त्रिक राष्ट्र की कल्पना की गयी है जिसमें वयस्क मताधिकार, नारी समानता, धर्म के मामलों में संवैधानिक निरपेक्षता तथा अल्पसंख्यकों की सुरक्षा की चर्चा की गयी थी जिसमें ऐसे प्रावधान भी थे जिसमें श्रम की सुरक्षा, भूमि अधिग्रहण, लगान को कम करना तथा किसानों को क़र्ज़ से राहत शामिल थे। पूँजीवाद भी नियन्त्रित होगा, 'राज्य प्रमुख उद्योगों, सेवाओं, रेलवे, नहर, नौपरिवहन तथा सार्वजनिक यातायात के अन्य साधनों को संचालित करेगा।'

अतः उसमें एक मज़बूत सार्वजनिक क्षेत्र की कल्पना थी जो देशहित में औद्योगिक विकास को बरक़रार रखेगा। सहमत ने *इंडियन पीपुल इन दि स्ट्रगल फॉर फ्रीडम* नाम की पुस्तिका का पुनः प्रकाशन करके बड़ा श्लाघनीय कार्य किया है।

कराची प्रस्ताव में स्वतन्त्र भारत की एक ऐसी छवि प्रतिबिम्बित होती है जिसमें राष्ट्रीय आन्दोलन में शिरकत करने वाला प्रत्येक तबक़ा (गाँधीवादियों से लेकर साम्यवादियों तक) अपनी-अपनी भूमिका को स्पष्ट रूप से लक्षित कर सकता है। यह एक प्रकार की प्रतिज्ञा थी, जिसे 1937 के चुनावों में काँग्रेस के घोषणा-पत्र में पुनः दोहराया गया था और उसी के आधार पर जनता से आग्रह किया गया था कि वह राष्ट्रीय आन्दोलन को अपना समर्थन दे।

इसके बावजूद राष्ट्रीय आन्दोलन में दो धाराएँ कराची प्रस्ताव के सिद्धान्तों की बुनियादी रूप से विरोधी थीं। ये थीं—हिन्दू और मुस्लिम सम्प्रदायवाद।

स्वाधीनता आन्दोलन के प्रारम्भिक चरण में धर्म ने जनता को संगठित करने में निश्चित रूप से महत्त्वपूर्ण भूमिका निभाई थी। 1857 के क्रान्तिकारियों ने धर्म रक्षा की गुहार लगाई थी (यह विद्रोह चर्बी लगे कारतूसों के विरोध से शुरू हुआ था)। उस महान घटना का ज़िक्र प्रत्येक स्कूली पाठ्य पुस्तक में मिलेगा। 1890 में तिलक ने भी धर्म के आधार पर राष्ट्रवादी विचारधारा का विकास किया था जो कभी-कभी जितनी ब्रिटिश साम्राज्य के विरोध में दिखाई पड़ती थी तो उतनी ही मुस्लिम विरोधी। अरविन्द घोष ने 'हिन्दू राष्ट्र' को एक दार्शनिक आधार प्रदान किया था। दूसरी ओर जमालुद्दीन अफ़ग़ानी ने अपनी अखिल इस्लामी विचारधारा को विकसित किया था जिसके तहत दुनियाभर के मुसलमानों को ब्रिटिश साम्राज्यवाद के विरुद्ध लामबन्द किया था। हालाँकि राष्ट्रवाद के ये साम्प्रदायिक रूप ब्रिटिश साम्राज्यवाद का विरोध तो करते थे, लेकिन अन्ततः वे भारतीय जनता को विभाजित ही करते थे। जमालुद्दीन अफ़ग़ानी को यह शदीद अहसास था कि ब्रिटिश साम्राज्यवाद का विरोध करने के लिए हिन्दुओं और मुसलमानों को एकजुट रहना चाहिए और उसके अखिल इस्लामी राष्ट्र में हिन्दुस्तान की कोई जगह नहीं है। कलकत्ता के नौजवान मुसलमानों को सम्बोधित करते हुए उसने अपने ये विचार व्यक्त किये थे। तिलक भी अपने परवर्ती काल में अधिकाधिक समन्वयवादी होते चले गये थे। हिन्दू-मुस्लिम एकता उनका मुख्य उद्देश्य बन गयी थी। 1916 के काँग्रेस-मुस्लिम लीग समझौते के वे प्रमुख सूत्रधार थे। इसमें काँग्रेस ने मुसलमानों के लिए अलग निर्वाचन की माँग को स्वीकार कर लिया था और मुस्लिम लीग ने भारत के सन्दर्भ में '*स्वराज*' के आदर्श को स्वीकार कर लिया था। यह घटना इस दृष्टि से बहुत महत्त्वपूर्ण थी कि उसने भारतीय राष्ट्र

की उस परिकल्पना को मान्यता दी जिसमें सभी धर्मों के लोगों की भूमिका को समान महत्त्व दिया गया था। भारतीय राष्ट्रीय काँग्रेस के संस्थापक भी अपनी प्रतिष्ठा के अनुरूप इसी अवधारणा पर बल देते थे।

जैसे-जैसे राष्ट्रीय आन्दोलन का विस्तार होता गया और उसका वास्तविक रूप से जनवादी चरित्र बनता गया तो उसमें किसानों और मज़दूरों, महिलाओं तथा सामाजिक और आर्थिक रूप से शोषित पीड़ित अन्य वर्गों की भागीदारी बढ़ती गयी क्योंकि उसने 98 प्रतिशत जनता के लिए क्रान्तिकारी आश्वासन दिये थे (सी.आर. दास, 1922)। इसका परिणाम यह हुआ कि जो सम्पत्तिशाली वर्ग थे, विशेष रूप से भू-स्वामी वर्ग, उनका रुझान साम्प्रदायिक होता गया और उन्होंने राष्ट्रीय आन्दोलन का विरोध करना शुरू कर दिया। इसके लिए उनको साम्राज्यवाद से भी मदद मिली। साइमन कमीशन ने बड़े परिश्रम के साथ अपनी रिपोर्ट तैयार की थी और धार्मिक तथा भाषिक वैविध्य के आधार पर यह स्थापित किया था कि भारत एक राष्ट्र नहीं है। अतः पूर्ण विकसित 'द्वि-राष्ट्र' के सिद्धान्त के लिए ज़मीन तैयार कर दी गयी।

सामान्यतः यह माना जाता है कि द्वि-राष्ट्र का सिद्धान्त मुस्लिम साम्प्रदायिकता की उपज है। किन्तु वास्तविकता यह है कि 'हिन्दी, हिन्दू, हिन्दुस्तान' का नारा पाकिस्तान के नारे से कहीं ज़्यादा पुराना है। 'पाकिस्तान' शब्द की ईजाद 1930 में रहमत अली ने की थी, जिसे मुस्लिम लीग ने 1940 के लाहौर प्रस्ताव के बाद स्वीकार कर लिया था। राष्ट्रीय स्वयंसेवक संघ ने, 'हिन्दू राष्ट्र' का आदर्श प्रस्तुत किया जिसकी स्थापना 1925 में हुई। उस राष्ट्र में मुसलमानों तथा अन्य अल्पसंख्यकों का कोई स्थान नहीं था। संघ यह मानकर चलता था कि भारत में दो या उससे भी अधिक राष्ट्र हैं। बहुसंख्यकों की साम्प्रदायिकता ने मुस्लिम साम्प्रदायिकता के समान ही देश की एकता को तोड़ने का उद्देश्य ही सामने रखा। अतः उसने भी राष्ट्रीय आन्दोलन को कमज़ोर किया। अतः यह महज़ संयोग नहीं है कि संघ ने हमेशा ही अपने आपको राष्ट्रीय आन्दोलन से दूर रखा।

1947 में देश का विभाजन भारतीय जनता की एक कठिन परीक्षा थी। मुस्लिम राज्य के रूप में पाकिस्तान की स्थापना के बावजूद भारत के लोगों ने भारतीय गणराज्य को जनतान्त्रिक और धर्मनिरपेक्ष रखने का निर्णय लिया। यह एक ऐसा निर्णय था जिसे साम्प्रदायिक शक्तियों ने कभी स्वीकार नहीं किया। 30 जनवरी 1948 को गाँधीजी की नृशंस हत्या उस निर्णय के विरोध की खुली घोषणा थी। वे लोग जो गाँधीजी के हत्यारे के विचारों से सहमति रखते थे और

आज भी सहमति रखते हैं, वे 30 जनवरी के दिन उपवास रखने का चाहे जितना पाखण्ड करें, वह पाखण्ड उनके पापों को धो नहीं सकता।

राष्ट्रीय आन्दोलन की विरासत और राष्ट्रीय एकता के लिए यह एक बड़ा ख़तरा है कि जिन लोगों ने गाँधीजी की हत्या का उत्सव मनाया था, वे ही लोग आज सत्ता पर क़ाबिज़ हैं। ऐसा कैसे हुआ? इसकी व्याख्या अनेक प्रकार से की जा सकती है। काँग्रेस की असफलता तथा लम्बे समय तक उसका सत्ता में बने रहना; हाल के वर्षों में समाजवाद को लगने वाले झटके; धर्मनिरपेक्ष राजनीतिक दलों का संगठित न हो पाना और अन्ततः पूँजीपति घरानों का भाजपा को संरक्षण; एक राजनीतिक दल के रूप में भाजपा भी उस वर्ग के हितों का पूरा ख़याल रखती है जैसा कि संघ परिवार के स्वदेशी प्रवक्ता श्री गुरुस्वामी ने स्वीकार किया है। राष्ट्र को यह परिवर्तन बड़ा महँगा पड़ा है। ऐसा लगता है जैसे 1992 में बाबरी मस्जिद का ध्वंस भारत को दुनिया के सामने अपमानित और बदनाम करने के लिए काफ़ी नहीं रहा। अब ईसाइयों पर लगातार होने वाले बर्बर हमलों के ज़रिये हमारे धर्मनिरपेक्ष राष्ट्र की बुनियाद को कमज़ोर किया जा रहा है। पोखरन के विस्फोट तथा उसके बाद दिये जाने वाले युद्धोन्मादी बयानों से दुनिया में भारत के दीर्घकालिक हितों को नुक़सान पहुँचाया है। ये बयान देश के अन्दर अपनी खोखली प्रतिष्ठा अर्जित करने के लिए दिये गये थे। जहाँ एक ओर जनता की निगाहें देश की जनतान्त्रिक व्यवस्था के सामने एक के बाद एक आने वाले संकटों तथा जन-प्रवादों पर टिकी होती हैं, वहीं नया शासक वर्ग टी.वी. तथा प्रेस का इस्तेमाल साम्प्रदायिक प्रचार के लिए कर रहा होता है, इतिहास के नाम पर साम्प्रदायिक तथा संकीर्ण मिथकों का प्रचार-प्रसार कर रहा है। पाठ्यक्रमों तथा पाठ्य पुस्तकों में ऐसा हेर-फेर कर रहा है जो नयी सरकारी नीति के अनुरूप हो। अतः भारतीय राष्ट्र की धर्मनिरपेक्ष तथा जनतान्त्रिक प्रकृति के समक्ष दीर्घकालिक ख़तरा गम्भीर है और यदि भगवाकरण की यह प्रक्रिया जारी रहती है तो देश की एकता और अखण्डता के लिए इसके गम्भीर परिणाम होंगे।

इस तथ्य को बलपूर्वक रेखांकित किया जाना चाहिए कि राष्ट्र के रूप में यह निर्मिति भारतीय जनता के सैकड़ों वर्षों के प्रयास का फल है। जैसा कि हमने देखा लगभग ढाई हज़ार साल पहले भारतीय जनता के मानस में भारत देश की एक अस्पष्ट-सी अवधारणा मिलती है। तदुपरान्त जैसे-जैसे उसकी जानकारी अपने और दूसरों के बारे में बढ़ती गयी, वह अपनी कुछ सांस्कृतिक समानताओं की पहचान करने लगी तथा उसने विभिन्न धर्मों और विभिन्न भाषाओं के बीच एकता के सूत्रों की तलाश भी की। किन्तु उपनिवेशवाद के विरोध तथा जनतान्त्रिक

(बाद में समाजवादी) विचारों को आत्मसात करने की प्रक्रिया में उसने भारत को (जो एक भौगोलिक तथा सांस्कृतिक इकाई था) एक वास्तविक राष्ट्र के रूप में बदला। अतः, 'भारत' भारतीय जनता की सृष्टि है। वह प्रकृति की अथवा अन्ध परिस्थितियों की उपज नहीं है। अपितु जनता की चेतना की सजग संरचना है। अतः जिस प्रक्रिया में उसकी सृष्टि अथवा निर्मिति हुई है, उसी में उसका विघटन भी हो सकता है। गत दस वर्षों तक हम स्थापित राष्ट्रों का विघटन देख चुके हैं जैसे कि सोवियत संघ, यूगोस्लाविया तथा चेकोस्लाविया। सोवियत संघ की बहुसंख्यक जनता किसी भी तरह सोवियत संघ का विघटन नहीं चाहती थी। 1990 में जो जनमत संग्रह हुआ, उससे भी यह स्पष्ट है। बहरहाल, चूँकि लोग पर्याप्त रूप से सजग और सतर्क नहीं थे, सत्ता एक छोटे से वर्ग के हाथ में आ गयी जिसने रूसी राष्ट्रवाद के नाम पर झूठ का उग्र अभियान चलाया, उसने जारवादी प्रतीकों को भी प्रचारित-प्रसारित किया तथा वैचारिक रूप से सारे राष्ट्र को भ्रमित किया तथा शक्तिहीन बनाया। सोवियत संघ के पूर्ववर्ती क्षेत्रों—विशेष रूप से रूस के लिए इस प्रक्रिया के क्या परिणाम रहे, यह आज भी पूरी दुनिया के सामने स्पष्ट है। उत्पादन में गिरावट आयी। लोग भीख माँगने लगे और भुखमरी फैली। जो एक समय दुनिया की दूसरी महाशक्ति था, उसकी यह हालत।

भारत जैसे देश को इस सबसे सबक लेना चाहिए। यदि हम लोग भी सतर्क नहीं रहेंगे और विचारों के मैदान में लड़ाई हारते हैं जैसे हम 1947 में पाकिस्तान के निर्माण के दौरान हारे थे तो भारत भी एक राष्ट्र के रूप में सुरक्षित नहीं रहेगा। अतः भाजपा सरकार को एक अन्य बुर्जुआ शासन नहीं मानना चाहिए। इसकी संकीर्णतावादी तथा फासीवादी विचारधारा शासन की मजबूरियों से प्रभावित नहीं होगी। शायद भ्रमवश कुछ लोग ऐसी आशा करते हैं। राष्ट्र की सुरक्षा के संघर्ष में वामपन्थियों से विशेष भूमिका की अपेक्षा की जाती है। यक़ीनन उनको यह लाभ है कि वे मार्क्सवाद से लैस हैं और मार्क्सवाद के पास साम्प्रदायिकता के विरुद्ध सुसंगत और वैज्ञानिक तर्क प्रणाली है। अतः ये सभी मार्क्सवादियों का कर्तव्य है कि वे सभी धर्मनिरपेक्ष तथा सच्चे राष्ट्रवादियों का संयुक्त मोर्चा बनायें ताकि वे हिन्दुत्ववादी तथा अन्य सभी कट्टरपन्थी और संकीर्णतावादी शक्तियों के विरुद्ध मोर्चा ले सकें। नम्बूदरीपाद मार्क्स के इस सूत्र वाक्य को हमेशा अपने दिल में सँजोकर रखते थे कि 'दार्शनिकों का काम जीवन और जगत की व्याख्या करना भर नहीं है, उसमें बदलाव लाना भी उनका काम है', उनकी विरासत की रक्षा करने का यही एक शानदार तरीक़ा हो सकता है।

भारत की आत्म समीक्षा

पिछले कुछ दिनों से इतिहासलेखन के क्षेत्र में अभूतपूर्व विकास दिखायी पड़ रहा है मानो कोई विस्फोट हुआ हो। गत एक या दो दशकों में इतिहास के शोध कार्य में संलग्न विद्वानों की संख्या में असाधारण बढ़ोतरी हुई है तथा साहित्यिक प्रदेय भी उसी अनुपात में सामने आ रहा है। हालाँकि अधिकांश कार्य अंग्रेज़ों भाषा में प्रकाशित हुआ. है, किन्तु विश्वविद्यालयीय शिक्षा के बढ़ते हुए प्रसार के कारण उसे सन्तोषजनक पाठक वर्ग भी उपलब्ध हुआ है। इसके अतिरिक्त, अमेरिकी और रूसी विद्वानों ने इस क्षेत्र में बड़ी संख्या में प्रवेश कर उस असन्तुलन को दूर कर दिया है जो अंग्रेज़ विद्वानों की उदासीनता के कारण उत्पन्न हो गया था। कुछ जापानी विद्वान भी भारतीय इतिहास के अध्ययन में जुटे हुए हैं।

प्रकाशित कार्य की मात्रा की अधिकता और विषय-वस्तु की व्यापकता को देखते हुए उसकी गुणवत्ता तथा उपलब्धि का सामान्य मूल्यांकन यहाँ सम्भव नहीं है और साथ ही यह पता लगाना भी कोई मामूली काम नहीं है कि उसमें नया क्या है। फिर भी ऐसा लगता है कि इनमें से ज़्यादातर काम उन्हीं सूत्रों के तहत किया गया है जो दो या तीन पीढ़ी पहले विकसित किये गये थे।

उदाहरण के लिए, विषयों के चुनाव के सम्बन्ध में जो सामान्य धारणाएँ और विशिष्ट आग्रह रहे हैं, उनका मूल उत्स उन्नीसवीं सदी के ब्रिटिश प्रशासकों और विद्वानों के स्वान्तःसुखाय तथा आधिकारिक लेखन में खोजा जा सकता है। इतिहासलेखन के क्षेत्र में इन लोगों के योगदान को निर्विवाद रूप से स्वीकार करने के बावजूद इतना अवश्य कहा जायेगा कि इनकी इतिहास दृष्टि संकीर्ण थी। ये लोग यह मानकर चलते थे कि पूर्वी देशों में 'परिवर्तनशीलता' कभी थी ही नहीं। उनकी राय में गाँव, जाति, जनता में व्याप्त अन्धविश्वास सब कुछ अनन्त काल से अथवा कम-से-कम आर्यों के आने के बाद से यथावत चले आ रहे हैं। ऐसी स्थिति में दो विषय ही ऐसे थे जिनका ऐतिहासिक विवेचन सम्भव था। पहला निरंकुश राजाओं के क्रियाकलाप, दूसरा विरोधी धर्मों का परस्पर टकराव।

इनके अतिरिक्त, अतीत के कुछ स्मारकों ने भी ध्यान आकृष्ट किया। कालक्रमागत व्यवस्था के अन्तर्गत प्रस्तुत घटनाओं के शुद्ध वर्णन को उनके लेखन की विशिष्ट शैली माना जा सकता है, हालाँकि उसमें कहीं-कहीं चिन्तन की झलक भी मिल जाती है।

इस सदी के प्रारम्भ में जब भारतीय लोगों ने अपना इतिहास स्वयं लिखना शुरू किया तो उन्होंने सामान्य रूप से अपने पूर्ववर्ती और समकालीन अंग्रेज़ इतिहासकारों का ही अनुसरण किया। अतः समय के साथ उन्होंने राज्यों, राजवंशों, राजाओं, गवर्नर जनरलों तथा वाइसरायों के इतिहास बड़ी संख्या में प्रस्तुत किये। इसके लिए उन्होंने मूल स्रोतों की छानबीन की तथा उच्च कोटि की वस्तुनिष्ठता अर्जित की। फिर भी उन्होंने अनिवार्यतः राजनीतिक इतिहास को उसके सामाजिक और आर्थिक परिदृश्य से काटकर देखा। राजनीतिक इतिहास पर आज भी जिस बड़ी संख्या में पुस्तकें प्रकाशित हो रही हैं, उनके सन्दर्भ में भी यह बात उतनी ही सही है। हालाँकि आधुनिक इतिहासलेखन की माँग के तहत राजाओं और राजवंशों पर लिखे गये 'विशिष्ट निबन्धों' (मोनोग्राफ़्स) में सामाजिक और आर्थिक परिस्थितियों पर भी कुछ अध्याय होते हैं, लेकिन वे अध्याय अपूर्ण और अति सामान्य होते हैं और प्रमुख विषय से प्रत्यक्षतः उनका कोई सम्बन्ध नहीं होता।

वस्तुतः भारत में सामाजिक और आर्थिक (प्रशासनिक भी) अध्ययन का विकास अपेक्षाकृत रूप से हाल में हुआ है। इसकी प्रमुख प्रेरणा उस विवाद से मिली जो राष्ट्रवादियों तथा साम्राज्यवाद समर्थकों के बीच ब्रिटिश शासन की ऐतिहासिक भूमिका तथा भारत के आर्थिक पिछड़ेपन को लेकर उत्पन्न हुई।

इसके पीछे राजनीतिक जटिलताओं का भी अपना महत्त्व था। विरोधी भी चूँकि निकट ही था और चौकन्ना भी, अतः इस विवाद के प्रभाव में सम्पन्न बहुत से कार्यों की अकादमिक गुणवत्ता असाधारण रूप से उच्च कोटि की थी। दो भिन्न-भिन्न कालों पर एक-दूसरे के ठीक विपरीत दृष्टिकोणों से लिखते हुए आर.सी. दत्त तथा डब्ल्यू.एच. मोरलैंड ने भारतीय आर्थिक इतिहास के सम्बन्ध में स्थायी योगदान दिया। उसी प्रकार सामाजिक तथा प्रशासनिक इतिहास के सन्दर्भ में सम्पन्न अधिकांश कार्य भी बुनियादी रूप से महत्त्वपूर्ण था जो प्रमुख रूप से 1920 तथा 1930 में प्रकाशित हुआ (के.पी. जायसवाल, यू.एन. घोषाल तथा अल्तेकर का कार्य प्राचीन भारत के सन्दर्भ में तथा त्रिपाठी, अशरफ़, इमाम हसन का कार्य मध्यकाल के सन्दर्भ में द्रष्टव्य है)।

यदि प्रकाशित कार्य के आधार पर ही निर्णय किया जाये तो पता चलेगा कि इतिहास की इन शाखाओं में पिछले दशक में अत्यधिक रुचि बढ़ी है।

निस्सन्देह मूल स्रोतों से जो सूचना इन पुस्तकों में प्रस्तुत की गयी है, वह चकित कर देने वाली है। अब चूँकि पुराना विवाद अपनी प्रासंगिकता खो चुका है। अतः लगता है जैसे बहुत से लेखकों के पास कोई दृष्टिकोण ही नहीं रहा। उनमें शुद्ध वर्णनात्मकता बहुत ज़्यादा होती है, कोई तर्क प्रणाली अथवा विश्लेषण नहीं मिलता। उनमें व्याख्या को स्रोत के अनुसार ढालने की प्रवृत्ति भी बड़ी प्रबल है। किन्तु ब्रिटिश काल के सन्दर्भ में वे अभिलेखों तथा व्यक्तिगत काग़ज़ों में उपलब्ध ब्रिटिश अधिकारियों के विचारों को निदर्शित करके ही सन्तोष कर लेते हैं।

भारतीय इतिहासलेखन की एक सशक्त प्रवृत्ति वस्तुतः साम्प्रदायिक परम्परा के साथ विकसित हुई है। इस प्रवृत्ति के तहत भारतीय इतिहास को बारहवीं-तेरहवीं सदी से (मुस्लिम शासन की स्थापना के काल से) मुख्यतः हिन्दुओं और मुसलमानों के संघर्ष की कहानी के रूप में पेश किया गया है। अनेक इतिहासकारों ने (जिनमें से कुछ अत्यन्त प्रतिष्ठित भी हैं) ख़ुद को अपनी व्यक्तिगत आस्था के आधार पर इस या उस पक्ष से जोड़ लिया। उन्होंने अपने-अपने नायकों को महिमामण्डित किया है तथा विरोधियों पर प्रहार किये हैं। उन्होंने उन घटनाओं पर विद्वत्तापूर्ण ढंग से लिखा जो वैसे तो अल्पज्ञात थीं किन्तु जिन्होंने साम्प्रदायिक ज्ञान लाभ की दृष्टि से महत्त्व अख़्तियार कर लिया था। यह सही है कि इस प्रकार के लेखन के आलोचक भी थे। उन आलोचकों ने भारत की सामासिक संस्कृति पर बल दिया जो हिन्दू और मुसलमानों की परम्पराओं के एकीकरण पर आधारित थी। उन्होंने इस समझ पर प्रश्न-चिह्न लगाया कि शासकों अथवा शासितों की जीवन पद्धति के सन्दर्भ में धर्म ने निर्णायक भूमिका अदा की थी। इस सन्दर्भ में 'इलाहाबाद स्कूल' का योगदान विशेष रूप से उल्लेखनीय रहा है। किन्तु इसके बावजूद साम्प्रदायिक लेखन प्रचुर मात्रा में होता रहा तथा उसे आज की राजनीतिक परिस्थितियों से ख़ुराक भी मिलती रही।

साम्प्रदायिकता के साथ-साथ भारतीय इतिहासलेखन की एक दुःखद प्रवृत्ति अन्धराष्ट्रवाद भी रही है। प्राचीन भारत को प्रायः विश्व की आर्य सभ्यता के केन्द्र बिन्दु के रूप में प्रस्तुत किया जाता रहा है। उसके अपने उपनिवेश थे और अपना एक मिशन था। इसीलिए बृहत्तर भारत की अवधारणा (जिसमें समूचा दक्षिण-पूर्व एशिया तथा मध्य एशिया सम्मिलित था) पर बल दिया गया।

जहाँ एक ओर पूरी दुनिया ने इस विचार को त्याग दिया है कि ऐतिहासिक प्रगति में नस्ल की कोई निर्णायक भूमिका हो सकती है, वहीं भारतीय इतिहास पर प्रस्तुत अब तक की सर्वाधिक महत्त्वाकांक्षी शृंखला (विद्या भवन) में यह स्थापित किया गया है कि भारत ही आर्यों का मूल उद्गम रहा है। इसके साथ ही भारतीय

सभ्यता को अधिक-से-अधिक पुराना ठहराने के लिए एक वैसी ही असंगत धारणा का व्यापक रूप से प्रचार-प्रसार किया गया है।

इस सबसे ऐसा प्रतीत होता है कि भारतीय इतिहासलेखन अत्यन्त संकीर्ण है और उसमें ऐसा बहुत कम है जिसका सम्बन्ध प्राथमिक महत्त्व के उन मसलों से हो जिनमें बाहर के इतिहासकार अपनी रुचि रखते हैं। हालाँकि यह उपेक्षाकृत कुछ अधिक कठोर टिप्पणी है, क्योंकि इसके तहत अतीत में हुए कुछ मूल्यवान कार्यों की उपेक्षा हो जाती है। अभी भी भारतीय इतिहासलेखन में कोई आमूलचूल परिवर्तन दिखायी नहीं पड़ता; फिर भी हम इस दौर को संक्रान्ति काल के रूप में देख सकते हैं।

अनेक कारणों से भारत में नयी-नयी इतिहास दृष्टियों तथा ऐतिहासिक विश्लेषण की पद्धतियों के प्रति ध्यान दिया जा रहा है। इसका एक कारण तो यह है कि पिछले दो दशकों में एशिया के हालात में जो व्यापक परिवर्तन हुए हैं, उन्होंने बहुतों के संकीर्ण दृष्टिकोण को तोड़ दिया है और इतिहासकारों पर भी ऐसा दबाव बना है कि वे भारत को एशिया तथा विश्व के अंग के रूप में देखें। भारत का इतिहास और उसका सन्दर्भ इतना विशिष्ट और पृथक् नहीं है कि उसका शेष दुनिया से कोई सम्बन्ध ही न हो। इसके अतिरिक्त, अपने-अपने देशों के ऐतिहासिक प्रशिक्षण से प्रभावित विदेशी विद्वानों के कार्यों के माध्यम से नयी-नयी शोध तकनीकों का आयात भी हुआ है।

बहुत से नये विचारों और पद्धतियों का अभी व्यापक उपयोग होना है तभी भारत के सन्दर्भ में उनकी सार्थकता प्रमाणित होगी। इस सन्दर्भ में मार्क्सवादी पद्धति एक अपवाद है। मार्क्सवादी दृष्टि के अन्तर्गत इतना कार्य प्रकाशित हो चुका है कि उसके आधार पर उसकी उपलब्धियों और सीमाओं का लेखा-जोखा प्रस्तुत किया जा सकता है।

मार्क्सवाद का नयापन उन्हीं इतिहासकारों को आश्चर्यजनक लग सकता है जिन्हें यह याद न आये कि 1940 से पहले तक भारत को उसकी छूत से बचाने के लिए सरकारी स्तर पर प्रभावशाली व्यवस्था की गयी थी। उसके बाद ही रजनी पाम दत्त की पुस्तक *इंडिया टुडे* आयी (प्रथम संस्करण, 1947) जिसमें ब्रिटिश शासन की प्रकृति की विश्वसनीय व्याख्या तथा राष्ट्रीय आन्दोलन का इतिहास था। 1956 में प्रकाशित डी.डी. कोसम्बी की पुस्तक *एन इंट्रोडक्शन टू दि स्टडी ऑफ़ इंडियन हिस्टरी* शीर्षक से प्रकाशित हुई। इस पुस्तक में जो गहराई और विस्तार है, उसका पता उसके सामान्य ढंग के शीर्षक से नहीं चलता। उक्त पुस्तक द्वारा उन्होंने मार्क्सवादी विश्लेषण का विस्तार प्राचीन भारत तक कर दिया। इन पुस्तकों के बाद

मार्क्सवादी दृष्टि से किये गये अध्ययनों का एक लम्बा सिलसिला रहा है। उदाहरण के लिए, आर.एस. शर्मा, डी. चानना, डी.पी. चट्टोपाध्याय ने प्राचीन भारतीय समाज और विचारधारा के विभिन्न पक्षों पर लिखा है। स्वर्गीय के.एम. अशरफ़, मो. हबीब, एस.एन. हसन, एस. चन्द्र और स्वयं मैंने मध्यकाल पर लिखा है। एस.जे. पटेल तथा डी. थार्नर ने आधुनिक आर्थिक इतिहास पर तथा ए.आर. देसाई और बिपिन चन्द्र ने राष्ट्रीय आन्दोलन पर लिखा है। सोवियत विद्वानों का उल्लेख भी आवश्यक है जिनकी निष्ठाएँ सामान्यतः अघोषित नहीं रहतीं।

विभिन्न महत्त्वपूर्ण विषयों पर इन इतिहासकारों में गहरे मतभेद भी हैं, किन्तु सामान्यतः बहुत कम लोग (खुले तौर पर तो सिवा सोवियत विद्वानों के) यह मानने को तैयार हैं कि एशियाई उत्पादन पद्धति के सन्दर्भ में क्लासिकीय मार्क्सवादी प्रतिरूपों; जैसे—दासप्रथा, सामन्तवाद, पूँजीवाद के अलावा किसी अन्य प्रकार के वर्गीय समाज की सम्भावना को नहीं तलाशा जा सकता। अतः उन्होंने मार्क्स के काल-विभाजन की अपेक्षा उसकी पद्धति के विनियोग में ही अधिक रुचि दिखायी है। सामान्यतः उनके अध्ययन मूल स्रोतों पर अधिक निर्भर हैं। इनमें अनुसन्धान के विकसित औज़ारों का उपयोग मिलता है। हालाँकि, यह भी सही है कि मार्क्सवाद के लेबल के तहत कुछ विचित्र ढंग का अगम्भीर कार्य भी हुआ है।

मार्क्सवादी तथा अर्द्ध-मार्क्सवादी विद्वानों के शोधों के जो परिणाम रहे हैं तथा उनकी चर्चाओं में जो प्रमुख विषय उठाये गये हैं, उनका उल्लेख भी समीचीन होगा ताकि जिन समस्याओं को उन्होंने रेखांकित किया है, उन्हें स्पष्ट किया जा सके।

पहले तो यह कि उन्होंने एशियाई पद्धति की अवधारणा को पूरी तरह अस्वीकार कर दिया है : एशियाई पद्धति से अभिप्राय उस सामाजिक संरचना से है जो आर्थिक रूप से ऐसे ग्राम समुदायों द्वारा निर्मित थी जिनके ऊपर निरंकुश सत्ता का आधिपत्य था। यद्यपि इस अवधारणा को वि‿फ़ोगिल ने भी अपनी पुस्तक *ओरिएंटल डेस्पोटिज़्म* में उसके चरम रूप में स्वीकार नहीं किया है। फिर भी जो लोग पूर्वी समाजों के पिछड़ेपन को सार्वभौमिक रूप से व्याख्यायित करने में रुचि रखते हैं, उनके लिए इसमें सदैव आकर्षण रहा है। अब तक वे मार्क्सवादी विद्वान, जिन्होंने अपने अध्ययन की शुरुआत एशियाई पद्धति की तलाश से की थी, भारत में किसी ऐसे सामाजिक स्वरूप का पता नहीं लगा सके हैं जिससे किसी भी तरह यह अभिधान दिया जा सके। निस्सन्देह, कोसम्बी भारतीय ग्राम समाज के निर्माण को मौर्योत्तर काल से जोड़कर देखते हैं और डी.डी. कोसम्बी तथा आर.एस. शर्मा की दृष्टि में इस समाज व्यवस्था से उस उत्पादन पद्धति का विकास हुआ जो कुछ रूपों में यूरोपीय सामन्तवाद के अनुरूप था। दूसरी ओर,

जहाँ मुग़ल साम्राज्य (सोलहवीं-सत्रहवीं सदी) प्राच्य ढंग का एक विशिष्ट निरंकुश राज्य प्रतीत हो सकता है, वहीं यह भी दिखाया गया है कि उसमें ग्राम समुदायों के अनुरूप अभिलक्षणों का अभाव है। इसके अतिरिक्त, उसमें बाज़ार के लिए होने वाला उत्पादन भी व्यापक स्तर पर मिलता है, जबकि उत्तर भारत में व्यापक पैमाने पर कृत्रिम सिंचाई के साधनों का साक्ष्य नहीं मिलता। यह माना जाता है कि सिंचाई के ये कृत्रिम साधन ही निरंकुश सत्ता की सामाजिक शक्ति थे। वस्तुतः यह आग्रह किया गया है कि परिवर्तनहीन एशियाई समाज की अवधारणा को स्वीकार कर मार्क्स इतिहास में अनवरत वर्ग संघर्षों तथा सामाजिक परिवर्तन के अपने बुनियादी विचारों का खण्डन करते हैं।

प्राचीन तथा मध्यकाल से सम्बन्धित मार्क्सवादी अध्ययनों में दोनों युगों के समाजों के उपयुक्त वर्गीकरण की समस्या को भी उठाया गया है। हालाँकि दोनों ही प्राक्-पूँजीवादी समाज हैं तथा कृषि अर्थव्यवस्था पर आधारित हैं, लेकिन एक-दूसरे से बहुत भिन्न हैं। पूर्ववर्ती समाज (अर्थात् 400 ई. से लेकर 1200 ई. तक) को सामन्ती कहकर अभिहित किया गया है तथा कृषि दासता की उपस्थिति, प्राकृतिक अर्थव्यवस्था और राज्य व्यवस्था के रूपाकार के आधार पर यूरोपीय सामन्तवाद तथा उक्त समाज व्यवस्था के बीच समानताएँ तलाश की गयी हैं (देखें आर.एस. शर्मा)।

लेकिन परवर्ती युग (1200 ई. से 1700 ई. तक) में इस प्रकार की बहुत कम समानताएँ मिलती हैं। मुग़लकालीन भारतीय समाज के जिन मूलभूत तत्त्वों को उद्घाटित किया गया है, वे इस प्रकार हैं : किसान वर्ग के अन्दर स्तर भेद; किसानों की अतिरिक्त उपज के एक छोटे से हिस्से पर अधिकार रखने वाला उच्च ग्रामीण वर्ग अर्थात् ज़मींदारी भू-राजस्व (यह सामान्यतः किसानों से नक़द रूप में वसूल किया जाता था तथा इसमें अतिरिक्त उपज का एक बड़ा हिस्सा समाहित होता था) बादशाह और उसके नौकरों से बने ग़ैर-वंशानुगत शासक वर्ग में इन राजस्व संसाधनों का वितरण तथा एक विशाल शहरी बाज़ार जो अमीर वर्ग द्वारा अपनी सैनिक टुकड़ियों तथा राजपरिवार पर किये व्यय पर निर्भर था। वाणिज्यिक साख व्यवस्था तथा आरम्भिक ढंग की जमा बैंकिंग की उपस्थिति से नवजागरणकालीन यूरोप का परिदृश्य उपस्थित हो उठता है।

सोवियत विद्वान इन तत्त्वों (वाणिज्यिक साख तथा जमा बैंकिंग) को पूँजीवाद के उद्भव के संकेत के रूप में लेते हैं। वे मानते हैं कि यह एक शुरुआत थी जो अंग्रेज़ों के आगमन से नष्ट हो गयी (देखें एन्तोवा, पावलोव)। इसके जवाब में यह प्रश्न उठाया गया है कि क्या मुद्रा के प्रचलन को हमेशा पूँजीवादी सम्बन्धों

के उद्भव का द्योतक माना जा सकता है? और क्या मुग़लकालीन आर्थिक तन्त्र उत्पादन व्यवस्था अथवा कृषि सम्बन्धों में बिना बुनियादी परिवर्तन किये उच्च स्तरीय मौद्रिकीकरण को बरक़रार नहीं रख सकता था अथवा उसे अन्तर्भुक्त नहीं कर सकता था। यह समूची बहस किसी भी प्राक्-पूँजीवादी समाज में मौद्रिक अर्थव्यवस्था के प्रसार और उसके प्रभावों के अध्ययन के सन्दर्भ में प्रासंगिक हो सकती है।

मार्क्सवादी इतिहासकारों ने पहली बार (शुरुआत राइजनर तथा डब्ल्यू.सी. स्मिथ ने की) मुग़ल साम्राज्य के विरुद्ध होने वाले विद्रोहों में किसान तत्त्व की ओर संकेत किया। हाल ही में ज़मींदारों की भूमिका का भी अध्ययन किया गया है। उसके साथ ही चीन में होने वाले किसान विद्रोहों की परम्परा की ओर ध्यान जाता है और यह मन होता है कि दोनों के बीच तुलनात्मक अध्ययन किया जाये।

ये कुछ ऐसी समस्याएँ हैं जो मार्क्सवादी दृष्टि से किये गये अध्ययन के दौरान उपस्थित हुई हैं। इनका चुनाव करते समय हो सकता है मेरी व्यक्तिगत रुचि का आग्रह आवश्यकता से अधिक रहा हो। इस सन्दर्भ में मैं इतना और जोड़ना चाहूँगा कि जहाँ एक ओर मार्क्सवादी विद्वान सामान्यतः सकारात्मक विश्लेषण का प्रयत्न करते हैं, वहीं वे ग़लत सामान्यीकरण करने का जोख़िम भी उठाते हैं और यह जोख़िम वहाँ ज़्यादा होता है जहाँ उपलब्ध साक्ष्य या तो सीमित होता है या अपूर्ण।

अन्य प्रकार के प्रभावों में आधुनिक मानवविज्ञान (एंथ्रोपोलॉजी तथा समाज विज्ञान की महत्त्वपूर्ण भूमिका को रेखांकित किया जा सकता है। बीस वर्ष पहले अकेले प्रो. डी.पी. मुखर्जी की आवाज़ सुनाई पड़ती थी। उन्होंने इतिहासकारों और अर्थशास्त्रियों के समक्ष समाजशास्त्र के अध्ययन के महत्त्व को प्रतिपादित किया। तब से भारत में समाज विज्ञान सम्बन्धी अध्ययनों का बहुत विकास हुआ है। जातियों तथा समुदायों के सन्दर्भ में व्यापक तथा ग्राम स्तरीय अध्ययन ख़ूब हो रहे हैं। उन अध्ययनों के निष्कर्ष इतिहासकारों के लिए भी कम महत्त्व नहीं रखते। कुछ ऐसे अध्ययन भी हुए हैं जिनमें वर्तमानकालीन राजनीतिक इतिहास का जातिगत विश्लेषण प्रस्तुत किया गया है तथा स्थानीय सामाजिक समूहों पर ब्रिटिश शासन के प्रभाव की जाँच-पड़ताल की गयी है (देखें, आर.ई. फ्राइकेनबर्ग, बी. कोहेन)। एम.एन. श्रीनिवास ने संस्कृतिकरण की जो अवधारणा प्रस्तुत की है, उसका आधुनिक भारतीय समाज के इतिहासकार के लिए असाधारण महत्त्व है। उक्त अवधारणा से उस प्रक्रिया का संकेत मिलता है जिसके तहत ज्यों-ज्यों आधुनिकता बढ़ती जाती है, निम्न जातियाँ उच्च जातियों की रूढ़ परम्पराओं और प्रथाओं को ही अपनाती

चली जाती हैं। इस प्रकार आधुनिकीकरण अपने बढ़ते क़दमों के साथ स्वयं अपने मार्ग में बाधाएँ खड़ी कर लेता है।

जब पेशेवर अर्थशास्त्रियों ने मौजूदा तथा गत सदी के आर्थिक इतिहास की कुछ समस्याओं पर विचार किया तो उन्होंने एक सामान्यतः उपयोगी मूल्यांकन प्रस्तुत किया। उस प्रक्रिया में स्वीकृत मान्यताओं के सन्दर्भ में यदि आमूल परिवर्तन नहीं हुआ तो संशोधन अवश्य हुआ। उदाहरण के लिए, ब्रिटिश शासन के दौरान उत्पन्न खेतिहर मज़दूर वर्ग में हुए विस्तार को लेकर जो विवाद हुआ (देखें, एस.जे. पटेल, डी. कुमार) तथा उन्नीसवीं सदी के दौरान भारतीय विउद्योगीकरण की अवधारणा पर जो प्रश्न-चिह्न लगाये गये (देखें, डी. थार्नर तथा ए. थार्नर, एम.डी. मौरिस)।

भारतीय इतिहास के विश्लेषण की उस नयी दृष्टि का उल्लेख भी आवश्यक है जिसके पीछे अमेरिका के 'मुक्त उद्यम के अर्थशास्त्र' की प्रेरणा रही है अर्थात् ऐतिहासिक स्थिति को पूर्ण बाज़ार के आदर्श की दृष्टि से देखना और उन घटकों की जाँच-पड़ताल करना जो उस समय इस आदर्श की प्राप्ति में बाधक बने। यह सम्भव है कि इन विचार पद्धतियों के तहत किये जाने वाले अध्ययन से हमें आर्थिक इतिहास की सीमित पक्षों के विषय में कुछ नयी दृष्टि प्राप्त हो, किन्तु उक्त दृष्टि के तहत व्यापक ऐतिहासिक प्रक्रियाओं की सन्तोषजनक व्याख्या शायद ही की जा सके। डब्ल्यू.सी. नील की पुस्तक *इकोनॉमिक चेंज इन रूरल इंडिया* को इस प्रकार के लेखन का एक मानक उदाहरण मान सकते हैं। पुस्तक उन्हीं सब पुराने रूढ़ कथनों की पुनरुक्ति से शुरू होती है जो प्राक्-ब्रिटिश भारतीय समाज के विषय में दिये गये हैं तथा कृषि सुधार के विरुद्ध परम्परागत उपदेश के साथ समाप्त हो जाती है।

इतिहास की एक अन्य दिलचस्प शाखा पिछले दशक के आसपास स्थापित हुई। इसके तहत उन विचारों का अध्ययन किया गया है जिन्होंने प्रशासनिक कार्यों को प्रभावित किया अथवा उन्हें निर्धारित किया। इस दिशा में पथप्रदर्शक कार्य ई. स्टोक्स की पुस्तक *दि यूटीलिटेरियंस एंड इंडिया* (1959) है। रणजीत गुहा ने बंगाल में स्थायी बन्दोबस्त के विचार को 'प्रकृति तन्त्रवादियों' (फ़िजियोक्रेट्स) से जोड़ा है। यद्यपि इसके तहत ऐसी सम्भावना भी बनी रहती है कि विचारों के उद्भव की तलाश में आप इतने डूब जायें कि आपकी आँखों से वह सामाजिक परिप्रेक्ष्य ही ओझल हो जाये जिसमें उन विचारों को चरितार्थ किया गया था। आशा है, एक-न-दिन पूर्ववर्ती कालों के सन्दर्भ में भी विचार और कार्य के बीच के रिश्ते की तलाश कर ली जायेगी, हालाँकि उक्त सन्दर्भ में उपलब्ध शोध सामग्री अत्यधिक विषम है।

विश्लेषण के औज़ारों के सम्बन्ध में स्पष्टतः परिमाणन (क्वांटिफिकेशन) के उपयोग का सामान्य विस्तार हुआ है। अकस्मात् ढंग से मैं जिन अध्ययनों का उल्लेख कर सकता हूँ, उनमें भिन्न-भिन्न क्षेत्रों के सन्दर्भ में, जैसे प्राचीन भारतीय सिक्कों के सन्दर्भ में (कोसम्बी) तथा मुग़लकालीन अभिजात वर्ग की संरचना और संघटन के विषय में अतहर अली का उल्लेख किया जा सकता है। दोनों ही सन्दर्भों में महत्त्वपूर्ण परिणाम सामने आये हैं।

भारत में लुईस नेमियर की पद्धति में रुचि प्रकट की जा रही है। व्यक्तिगत क़ागज़ों पर दिये जाने वाले बल के पीछे आंशिक रूप से उसी की प्रेरणा रही है। इसे हाल ही में प्रकाशित अध्ययनों में लक्षित किया जा सकता है। यह कहा गया है कि उपलब्ध साक्ष्य को दृष्टि में रखते हुए राष्ट्रीय आन्दोलन के नेताओं का उपयोगी ढंग से संरचनात्मक विश्लेषण किया जा सकता है, लेकिन ऐसे अध्ययनों के परिणाम अभी मुद्रित रूप में सामने नहीं आये हैं। यद्यपि ऐसा लगता है कि अंशतः इसी उद्देश्य को सामने रखकर भारत तथा इंग्लैंड में प्रोफ़ेसर जे. गेलेगर के अधीन शोध परियोजना जारी है।

अतः यह कहा जा सकता है कि हालाँकि भारतीय इतिहासलेखन ने अभी अपनी पुरानी लीक को नहीं छोड़ा है, फिर भी उसने नयी-नयी प्रेरणाओं के लिए अपने दरवाज़े बन्द नहीं किये हैं और ऐसी सम्भावना है कि इन नयी प्रेरणाओं का प्रभाव भविष्य में और भी अधिक बढ़ेगा। सामान्यतः इसका परिणाम अच्छा ही होगा। निस्सन्देह जैसे भारतीय इतिहास के सन्दर्भ में ऐतिहासिक अनुसन्धान की जहाँ सूक्ष्म छानबीन और पुनः छानबीन हमेशा सम्भव नहीं होती वहाँ उतावलेपन में किये गये सामान्यीकरणों तथा दायित्वहीन ढंग से किये गये मूर्तिभंजन का ख़तरा बना रहता है। यह ख़तरा वैसा ही है जैसे किसी पुरानी चीज़ को नयी शब्दावली में व्यक्त करने का ख़तरा रहता है। किन्तु जब विश्लेषण के नये प्रयत्नों से इतना कुछ प्राप्त होने की सम्भावना है तो स्पष्टतः उसके लिए जोख़िम भी लिए ही जा सकते हैं।

राष्ट्रीयताओं का उद्भव

राष्ट्र को आधुनिक विश्व की एक केन्द्रीय राजनीतिक अस्मिता के रूप में स्वीकार किया गया है। जैसा कि बहुप्रचलित शब्दों के साथ सामान्यतः होता है कि अपवाद मुख्य सिद्धान्तों को अस्पष्टता प्रदान करने लगते हैं। अतः इसी अर्थ में राष्ट्र की कोई सर्वमान्य परिभाषा ढूँढ़ना कठिन है। मार्क्सवादी चिन्तकों ने सामान्यतः स्टालिन की सुप्रसिद्ध परिभाषा को ही युक्तिसंगत माना है कि 'राष्ट्र एक ऐसा जनसमुदाय होता है जिसका गठन ऐतिहासिक प्रक्रिया में होता है। सामान्य भाषा, भौगोलिक क्षेत्र, आर्थिक जीवन तथा मनोवैज्ञानिक संरचना उसकी सामान्य संस्कृति के आवयविक तत्त्व होते हैं।'

परम्परागत रूप से कुछ विद्वानों ने सामान्य भाषा को राष्ट्र का बुनियादी तत्त्व स्वीकार नहीं किया है और इस सन्दर्भ में स्विट्ज़रलैंड का उदाहरण दिया है जिसकी तीन भाषाएँ हैं (जर्मन, फ्रांसीसी तथा इतालवी)। इस आधार पर यह तर्क दिया जाता है कि विभिन्न भाषाओं के बावजूद राष्ट्र का उद्भव सम्भव है। बहरहाल स्विट्ज़रलैंड का उदाहरण अपने आप में अनूठा है और उक्त सन्दर्भ में यह कहा जा सकता है कि भौगोलिक और ऐतिहासिक घटक यहाँ इतने प्रबल रहे हैं कि उन्होंने भाषा के घटक को पूरी तरह प्रभावहीन कर दिया। किन्तु ऐसा कोई अन्य निर्विवाद उदाहरण नहीं मिलता जहाँ लोग दो भिन्न-भिन्न विकसित साहित्यिक भाषाएँ बोलते हों और फिर भी एक राष्ट्र के रूप में उनका अस्तित्व हो।

बहरहाल, स्टालिन की परिभाषा में एक अत्यन्त महत्त्वपूर्ण पहलू की उपेक्षा दिखायी पड़ती है। यह पहलू है (जिसके विषय में वे स्वयं टिप्पणी करते हैं) राष्ट्र और राज्य के बीच सम्बन्ध।

राष्ट्र महज़ सामान्य संस्कृति के आधार पर नहीं बनता, बल्कि जैसा कि जॉन स्टुअर्ट मिल ने 1861 में कहा था कि 'राष्ट्र के लिए जनता की ऐसी इच्छा का मौजूद होना आवश्यक है जिसमें वह अपने अथवा अपने एक अंश का शासन देखना चाहती है। राष्ट्र की अवधारणा की बुनियाद में एक विशेष ढंग

की लोकवादी चेतना होती है'—इस अर्थ में कि वह राष्ट्र अपने अस्तित्व को एक स्वतन्त्र और सार्वभौम इकाई के रूप में बनाये रखना चाहता है।

यह आख़िरी तत्त्व ही आधुनिक युग में राष्ट्र को सभी पूर्ववर्ती देशों और 'राज्यों' (जिनका आधार सामान्य भाषाएँ और सामान्य संस्कृतियाँ रही हैं) से भिन्नता प्रदान करता है। इस्लाम के उद्भव के समय अरब जाति थी तथा मोहम्मद की मृत्यु के समय वह राज्य भी था, जिसके तहत सभी अरबी जनजातियाँ समाहित थीं। किन्तु अरब 'राष्ट्र' नहीं था क्योंकि स्वतन्त्र और पृथक् 'अरब' राज्य के निर्माण के लिए कोई (किसी भी रूप में) जनाकांक्षा व्यक्त नहीं की गयी थी।

राष्ट्र निर्माण के लिए लोक स्वीकृति का होना अनिवार्य है। वही राष्ट्र को एक आधुनिक परिघटना का स्वरूप प्रदान करती है, चूँकि जनसंचार तथा यातायात के आधुनिक साधन, छापाख़ाना, सड़कें तथा रेल आदि के माध्यम से ही वास्तविक राष्ट्रीय चेतना का निर्माण होता है।

राष्ट्र-राज्यों का उद्भव

सामान्यतः यह माना जाता है कि प्रारम्भ में स्पेन, पुर्तगाल, फ्रांस, इंग्लैंड तथा होलैंड 'राष्ट्र' के प्रतिनिधि थे जिनका उद्भव पन्द्रहवीं, सोलहवीं सदियों में हुआ अर्थात् जैसा कि स्टालिन ने कहा है, राष्ट्र का जन्म सामन्तवाद के विघटन तथा पूँजीवाद के विकास की प्रक्रिया के दौरान हुआ। किन्तु मध्य और पूर्वी यूरोप में राष्ट्रों का उद्भव औद्योगिक क्रान्ति के साथ हुआ। उन्नीसवीं सदी के प्रारम्भ में मेटरनिख के अनुसार इटली महज़ भौगोलिक इकाई था और फ्रांस भी उस समय तक पूरी तरह राष्ट्र नहीं बन सका था जब तक कि 1789 की फ्रांसीसी क्रान्ति ने अपने प्रवाह द्वारा विभिन्न स्थानीय निष्ठाओं को समाप्त नहीं कर दिया।

अठारहवीं सदी तक राष्ट्र निर्माण की यह धीमी गति तथा सम्पूर्ण यूरोप और दुनिया के अन्य हिस्सों में अठारहवीं सदी के अन्तिम वर्षों के बाद से राष्ट्रों का उद्भव उनके समानान्तर संचार माध्यमों के विकास का परिणाम नहीं था। पूँजीपति वर्ग ने भी राष्ट्र निर्माण की प्रक्रिया में महत्त्वपूर्ण भूमिका निभायी। पूँजीपति वर्ग ही राष्ट्रीय दीवारों के पीछे घरेलू बाज़ार बना रहा था। स्टालिन ने ठीक कहा है कि 'बाज़ार वह पहली पाठशाला है जहाँ पूँजीपति वर्ग राष्ट्रवाद का सबक सीखता है।'

राष्ट्रों के निर्माण की प्रक्रिया के अध्ययन के सन्दर्भ में अनेक प्रकार की जटिलताओं का सामना करना पड़ता है। ऐसे भी उदाहरण हैं जहाँ दो भाषाएँ एक-दूसरे से जुड़ी हुई हैं। संयुक्त राष्ट्र और स्वतन्त्र राष्ट्र के प्रवक्ताओं के बीच लोक स्वीकृति के लिए संघर्ष देखा जा सकता है। बुलगारिया के सन्दर्भ में

मैसिडोनिया का ऐसा ही उदाहरण है, या फिर सामान्य संस्कृति के होते हुए भी ऐसी स्वतन्त्र और सार्वभौम राज्य की जनाकांक्षा या तो होती ही नहीं है या बहुत कमज़ोर होती है। ऐसे अनेक उदाहरण हैं। ऑस्ट्रिया-हंगरी के अन्तर्गत स्लाव जातियाँ तथा यू.एस.एस.आर. के अन्तर्गत गणराज्य क्रमशः पहले और दूसरे ढंग के उदाहरण हैं। इस प्रकार की जातियाँ मार्क्सवादी परिभाषा के अन्तर्गत सामान्यतः राष्ट्रीयताएँ कहलाती हैं, राष्ट्र नहीं।

भारत : राष्ट्र और देश

इस सामान्य विवेचन के उपरान्त अब हम भारत के विशिष्ट सन्दर्भ की छानबीन करना चाहेंगे। इसमें कोई सन्देह नहीं कि भारत के सन्दर्भ में एक देश की अवधारणा सदियों तक रही है। कुछ तो इसके भौगोलिक कारण रहे हैं जैसे हिमालय और पश्चिमी और पूर्वी पर्वत शृंखलाएँ इसे शेष दुनिया से अलग करती हैं और कुछ सांस्कृतिक कारण जैसे इसकी ब्राह्मणवादी संस्कृति तथा संस्कृत भाषा ने समाज के ऊपरी वर्गों में एकता प्रदान की। चौदहवीं सदी के अमीर ख़ुसरो तथा इसामी जैसे कवियों ने हिन्दुस्तान के वैभव, उसकी सम्पन्नता, सौन्दर्य तथा संस्कृति के गीत गाये। उनके विवरणों से यह स्पष्ट है कि उनका आशय सम्पूर्ण भारतीय उपमहाद्वीप से है। किन्तु साम्राज्यवादी संघर्ष के दौरान जनता की व्यापक भागीदारी के कारण भारतीय राष्ट्र के प्रति निर्मित होने वाली निष्ठा सर्वोपरि बनकर उभरी तथा अन्य क्षेत्रीय निष्ठाएँ पीछे छूटती चली गयीं।

1947 के विभाजन ने यह भी दिखा दिया कि भारतीय जनता के एक बड़े हिस्से को धर्म के नाम पर अभी भी बरगलाया जा सकता है। पाकिस्तान का निर्माण धार्मिक चेतना के तहत हुआ। उक्त प्रसंग में यह भी कहा जा सकता है कि धर्म उस लोक स्वीकृत अवधारणा के अन्दर प्रवेश कर गया था जो देश के रूप में भारत के सन्दर्भ में मौजूद थी। उदाहरण के लिए, बहुतों की दृष्टि में हिन्दू धर्म राष्ट्रीय एकता का आधार था।

इसमें कोई सन्देह नहीं कि भारत के बड़े पूँजीपति वर्ग की भारतीय राष्ट्र की अवधारणा के विकास में गहरी दिलचस्पी रही है। वह उसे भौगोलिक निष्ठा का मूलाधार मानता है। भारतीय संविधान अपने संघीय आवरण के बावजूद कुख्यात रूप से एकात्मक है।

ऐसी स्थिति में क्या भारत एक राष्ट्र है?

मार्क्सवादी चिन्तकों के लिए इस प्रश्न का उत्तर बिना किसी झिझक के नकारात्मक होना चाहिए। निश्चित रूप से भारत एक देश है, किन्तु वह राष्ट्र

नहीं है, क्योंकि वह न तो सामान्य भाषा की शर्त को पूरी करता है और न सामान्य संस्कृति की। वह एक ऐसा देश है जिसमें अनेक उभरती हुई राष्ट्रीयताएँ हैं जिनकी अपनी भिन्न-भिन्न भाषाएँ और संस्कृतियाँ हैं।

कुछ मार्क्सवादी विचारकों का लिखने का ढंग कुछ ऐसा है कि जैसे ये राष्ट्रीयताएँ अंग्रेज़ों के आगमन से पूर्व ही विकसित होने लगी थीं। अतः आज हमें उन्हें उभरती हुई राष्ट्रीयताएँ नहीं, अपितु पूर्ण विकसित राष्ट्रीयताएँ मानना चाहिए।

इस दृष्टि के मूल में ब्रिटिश राज की स्थापना की पूर्व सन्ध्या पर भारतीय समाज की विकासावस्था का अपना आकलन है। रजनी पाम दत्त ने लिखा है—

> "आन्तरिक युद्ध, जिन्होंने अठाहरवीं सदी में मुग़ल शासन के पतन के बाद भारत को तहस-नहस कर दिया था, देश में व्याप्त अराजकता के प्रतीक थे। कुछ अर्थों में इन युद्धों की तुलना इंग्लैंड के 'वार्स ऑफ़ रोजिज' तथा जर्मनी के 'थर्टी ईयर्स वार्स' से की जा राकती है। ये युद्ध पुरानी व्यवस्था के विघटन तथा विकास के नये मार्ग को प्रशस्त करने के लिए आवश्यक थे। ये भारतीय समाज में बढ़ते हुए व्यापारिक, नौवहन तथा उपभोक्ता वस्तुओं से जुड़े हितों पर आधारित बुर्जुआ व्यवस्था के उद्‌भव के लिए भी ज़रूरी थे। ब्रिटिश विजयों का परिणाम यह हुआ कि पुरानी व्यवस्था के स्थान पर जो बुर्जुआ शासन स्थापित हुआ, वह पुराने ढाँचे के अन्तर्गत विकसित होने वाला भारतीय बुर्जुआ शासन नहीं था, अपितु विदेशी बुर्जुआ शासन था जिसने पुरानी व्यवस्था पर बलात् अपने को थोपा और उदीयमान भारतीय बुर्जुआ वर्ग के विकास की सम्भावनाओं को नष्ट कर दिया।"

जवाहरलाल नेहरू ने भी इसी मत को अतिरंजित रूप में प्रस्तुत किया। उन्होंने कहा कि 'भारत वस्तुतः सत्रहवीं सदी में औद्योगिक रूप से, वाणिज्यिक तथा वित्तीय रूप से औद्योगिक क्रान्ति के पूर्व के देशों की तुलना में कहीं अधिक विकसित था।'

दूसरे शब्दों में, ब्रिटिश राज की स्थापना से पूर्व भारत की स्थिति वही थी जो औद्योगिक क्रान्ति के पूर्व पश्चिमी यूरोप की थी। भारत की अर्थव्यवस्था के बारे में इस धारणा (जिसके तहत भारत में उदीयमान भारतीय पूँजीपति वर्ग के तत्त्वों की मौजूदगी को स्वीकार किया गया था) से यह निष्कर्ष निकलता है कि पश्चिमी यूरोप के समान ही यहाँ भी राजनीतिक परिणामों की तलाश की जाये अर्थात् भारत में राष्ट्रीयताओं के उद्‌भव को तलाशा जाये।

भाषाई आधार

यह एक तथ्य है कि अमीर ख़ुसरो ने चौदहवीं सदी में भारत में बोली जाने वाली भाषाओं की सूची प्रस्तुत की है। धार्मिक सन्तों-भक्तों ने विभिन्न लोक भाषाओं;

जैसे—बांग्ला (चैतन्य), अवधी (कबीर), ब्रज (सूरदास), पंजाबी (नानक), मराठी (नामदेव) आदि में भक्ति गीत गाये। उक्त तथ्यों के आधार पर यह स्थापित किया जाता है कि पन्द्रहवीं-सोलहवीं सदियों में मराठा, अफ़ग़ान, जाट, सिख राज्यों का उद्भव भी हुआ। इन राज्यों को उभरती हुई राष्ट्रीय चेतना की राजनीतिक अभिव्यक्ति के रूप में देखा गया। सोवियत संघ के भारतविद् राइजनर का यही मत था। इसी प्रकार नम्बूदरीपाद ने केरल राष्ट्र के निर्माण का काल भी इसी के आसपास ठहराया है। शिवाजी के सन्दर्भ में यह मान्यता प्रचलित है कि उसने मराठा राज्य की स्थापना की। इस मान्यता के समर्थक पुराने राष्ट्रवादी दोनों हैं। शिवाजी के उदार ढंग के व्याख्याता पी.बी. रानाडे यह मानते हैं कि शिवाजी के समय तक ऐसी परिस्थितियाँ बन गयी थीं जिनके तहत मराठी भाषी जनता का एक सामान्य ढंग का मनोवैज्ञानिक ढाँचा आकार ग्रहण करने लगा था।

फिर भी, यह अभी भी विवादास्पद है कि क्या ब्रिटिश राज्य की स्थापना से पूर्व भारतीय अर्थव्यवस्था में पूँजीवादी विकास के तत्त्व मौजूद थे। उपभोक्ता वस्तुओं के उत्पादन को पूँजीवादी उत्पाद नहीं समझना चाहिए। जैसा कि मार्क्स ने स्पष्ट किया है कि प्राक्-पूँजीवादी प्रणालियों के तहत ही व्यापारिक पूँजी फलती-फूलती है। इसके लिए उत्पादन-प्रक्रिया में किसी प्रकार के परिवर्तन की आवश्यकता नहीं है। अंग्रेज़ों के आने से पहले भारत में तकनीकी विकास की गति बहुत धीमी थी और सोलहवीं-सत्रहवीं सदी में यूरोप में होने वाले परिवर्तनों के साथ उसकी किसी भी तरह तुलना नहीं की जा सकती। हस्त-उद्योगशाला (जिसे मार्क्स कारख़ाने तक की यात्रा का अन्तिम निर्णायक चरण मानते थे) मुग़ल काल में विकसित नहीं हो सकी थी और सबसे बड़ी बात यह कि शहरी माल की खपत के लिए देहात में कोई बाज़ार नहीं बना था। इन शहरों की प्रकृति परजीवी थी तथा इसका आधार शासक वर्ग द्वारा वसूल किया गया कृषि के अतिरिक्त उत्पादन का वितरण था। अतः न तो कोई पूँजीपति वर्ग मौजूद था और न विभिन्न क्षेत्रों को घरेलू बाज़ार के रूप में विकसित करने की आकांक्षा थी।

यह स्पष्ट है कि ब्रिटिश शासन की स्थापना से पूर्व राष्ट्रीयताओं के निर्माण का कोई आर्थिक आधार नहीं था। लोक भाषाओं का अस्तित्व तथा उनका साहित्यिक भाषा के रूप में विकसित होना अपने आप में कोई अर्थ नहीं रखता। यदि भाषाओं के आधारं को ऐतिहासिक रूप से वैध मान लिया जायेगा तो फिर तमिल राष्ट्रीयता को संगम युग में स्थापित करना पड़ेगा।

उसी प्रकार 1000 ई. के आसपास साहित्यिक भाषा के रूप में फ़ारसी भाषा के उद्‌भव को क्या इस बात का सबूत मान लिया जाये कि ईरान उस समय तक राष्ट्र के रूप में विकसित हो रहा था। वस्तुतः सभी साहित्यिक भाषाएँ कभी-न-कभी बोलचाल की भाषाएँ रही होती हैं और इतिहास के पूरे दौर में यह देखा जा सकता है कि बोलचाल की भाषा ही साहित्यिक भाषा के रूप में विकसित होती रही है।

यह समझने के लिए कि क्या किसी क्षेत्र विशेष की साहित्यिक भाषा के उद्‌भव का सम्बन्ध वहाँ उभरती हुई राष्ट्रीय चेतना से है, हमें उन भाषाओं में व्यक्त अन्तर्वस्तु की छानबीन करनी चाहिए। उक्त प्रसंग में हम देखते हैं कि पन्द्रहवीं-सोलहवीं सदियों में (कुछ इहलौकिक काव्य के अतिरिक्त) जो लोकप्रिय ढंग की काव्य रचना हो रही थी उसके पीछे धार्मिक प्रचार की भावना ही प्रमुख थी। उसमें न तो कोई देशभक्ति की भावना थी और न किसी क्षेत्र विशेष की आकांक्षाओं को व्यक्त किया गया था। जैसा कि हम ऊपर कह चुके हैं, स्वतन्त्र राज्य की स्थापना के लिए व्यापक लोकांक्षा का होना अनिवार्य है। आकस्मिक ढंग से बने किसी क्षेत्रीय राज्य का उद्‌भव काफ़ी नहीं है जैसा कि शिवाजी ने मराठा राज्य का निर्माण किया (किन्तु शिवाजी ने कहा था कि मराठा नहीं है, उसका सम्बन्ध मेवाड़ के राणाओं से है)। व्यापक लोकांक्षा के आधार पर बने राज्य के अन्दर ही एक भाषा और एक संस्कृति वाले जनसमुदाय में वास्तविक राष्ट्रीय भावना का उदय होता है। जब तक इस दिशा में कोई सजग प्रयास नहीं मिलता (चाहे वह प्रयास प्रत्यक्ष रूप से किया गया हो अथवा परोक्ष रूप से) तब तक राष्ट्र अथवा राष्ट्रीयता के अस्तित्व को स्वीकार नहीं किया जा सकता।

निष्कर्षतः यह कहा जा सकता है कि ब्रिटिश शासन की स्थापना से पूर्व राष्ट्रीयताओं के उद्‌भव का कोई आधार नहीं था, चूँकि उदीयमान पूँजीपति वर्ग का कोई अस्तित्व नहीं था और उस काल की लोक भाषाओं में रचे गये साहित्य में भी राष्ट्रीय चेतना के कोई लक्षण नहीं मिलते।

आर्थिक आधार

भारत में राष्ट्रीयताओं का उद्‌भव ब्रिटिश राज की स्थापना के बाद की परिघटना है। उसी के साथ भारतीय पूँजीपति वर्ग अस्तित्व में आया। ब्रिटिश शासन ने उसके निर्माण के लिए बुनियादी शर्तों को पूरा किया था। स्टालिन ने भारत में पूँजीपति वर्ग के विकास के प्रारम्भिक चरण के सन्दर्भ में कहा था–

भारत के सन्दर्भ में भी यह देखा जा सकता है कि वहाँ भी अभी तक राष्ट्रीयताएँ सुषुप्तावस्था में हैं और जैसे-जैसे पूँजीपति वर्ग का विकास होता जायेगा, वे भी जीवन्तता ग्रहण करती जायेंगी।

जिस प्रकार बुर्जुआ विचारधारा, विश्व के किसी एक हिस्से में बने बुर्जुआ समाज के आधार पर, विश्व के अन्य हिस्से में भी बुर्जुआ विकास मानकर चलती है, उसी तरह भारत के सन्दर्भ में भी यह सम्भव है कि बंगाल की राष्ट्रीय चेतना उन्नीसवीं सदी के प्रारम्भ में यूरोप से आयी नयी विचार शृंखला का परिणाम थी, सम्पूर्ण भारत के सन्दर्भ में यह कहना युक्तियुक्त होगा कि क्षेत्रीय भाषाओं और संस्कृतियों के प्रति जो निष्ठा विकसित हुई, वह उन्नीसवीं सदी के उत्तरार्द्ध में बुर्जुआजी के विकास के साथ-साथ विकसित हुई थी। स्वतन्त्रता आन्दोलन ने इस प्रकार की क्षेत्रीय चेतना के निर्माण में दोहरी भूमिका निभायी, चूँकि यह जन समर्थन पर आधारित था अतः उसने क्षेत्रीय भाषाओं के साहित्य में व्यक्त अन्तर्वस्तु को राजनीतिक स्वरूप प्रदान किया और इस प्रकार उसने राष्ट्रीयता की चेतना का निर्माण किया। दूसरी ओर, ब्रिटिश साम्राज्य के विरुद्ध संयुक्त संघर्ष की प्रक्रिया के तहत भारत माता के प्रति व्यापक निष्ठा इतनी प्रबल हुई कि उसके कारण विभिन्न क्षेत्रों की स्वतन्त्र राष्ट्रीयताओं के रूप में विकसित होने की जनाकांक्षा दब गयी। भारत की उदीयमान राष्ट्रीयताओं के सम्मुख कोई उत्पीड़क राष्ट्रीयता नहीं थी, न तो 1947 से पहले, न बाद में।[2] फिर भी, यह प्रश्न पूछा जा सकता है कि क्या, विशेष रूप से 1947 के बाद, उदीयमान मध्यवर्ती तथा छोटे पूँजीपति वर्ग ने राष्ट्रीयता के नारों (भाषावार प्रान्त, क्षेत्रीय आरक्षण, भूमिपुत्रों को प्राथमिकता) में अपने लिए सुरक्षा की दीवारें नहीं देखी हैं, जबकि बड़ा पूँजीपति वर्ग अपने अत्यधिक केन्द्रीभूत संसाधनों द्वारा सम्पूर्ण भारत पर बेहतर ढंग से नियन्त्रण करने की क्षमता रखता है। भाषायी आधार पर ब्रिटिश-भारतीय प्रान्तों की पुनर्रचना का सरकारी स्तर पर इतने लम्बे अरसे से जो विरोध हो रहा है, उसकी यही पृष्ठभूमि है।

इसके बावजूद, बड़े पूँजीपति वर्ग और पूँजीपति वर्ग के अन्य हिस्सों के बीच राष्ट्रीय स्तर पर कोई टकराव दिखाई नहीं पड़ता। आज भी विभिन्न क्षेत्रों में राष्ट्रीयता की चेतना के स्तरों में न केवल गहरी विषमता है, अपितु स्वयं राष्ट्रीयताएँ भी अपने आप में पूरी तरह विकसित नहीं हुई हैं।

राष्ट्रीय उत्पीड़न के विरुद्ध

भारत में राष्ट्रवाद के प्रश्न के सन्दर्भ में मज़दूर वर्ग के दृष्टिकोण का विशेष महत्त्व है। मार्क्सवादी चिन्तकों ने हमेशा ही राष्ट्रीय चेतना की वास्तविक परिस्थितियों

का विश्लेषण किया है। वे अन्तरराष्ट्रीयतावादी होते हैं। वे राष्ट्रों के उत्पीड़न के विरुद्ध हैं। हालाँकि वे अपने आप में राष्ट्रवादी नहीं होते। जहाँ कोई राष्ट्र नहीं है, वहाँ वे किसी राष्ट्र का निर्माण करना नहीं चाहेंगे। वे ज़्यादा-से-ज़्यादा लोगों को वर्गीय शोषण के विरुद्ध लामबन्द करना चाहते हैं और इस बात को भी सुनिश्चित करते हैं कि राष्ट्रीय एकता की आड़ में कोई राष्ट्रीयता उत्पीड़नकारी भूमिका में न आये।

आज के भारत को देखते हुए ऐसा लगता है कि गम्भीर बुर्जुआ राजनीति के स्तर पर भारत के अन्दर किसी भी प्रमुख राष्ट्रीयता में अलग होने की आकांक्षा दिखायी नहीं पड़ती। साथ ही, भविष्य में राष्ट्रीय उत्पीड़न की सम्भावना को रोकने के लिए तथा जनता के जनवादी मोर्चे के रूप में, जिसमें छोटे तथा मध्यम पूँजीपति वर्ग को बड़े पूँजीपति वर्ग के विरुद्ध सहयोगी के रूप में साथ लिया जा सके, राज्यों को (जो विभिन्न राष्ट्रीयताओं के प्रतिनिधि हैं) अधिक-से-अधिक शक्तिसम्पन्न करने के लिए संघर्ष करना वांछनीय होगा।

हाँ, इतना अवश्य कहा जा सकता है कि यह दृष्टिकोण महज़ भारत के सन्दर्भ में ही युक्तिसंगत है। इसके तहत सिक्किम जैसी राष्ट्रीयता को भारत में नहीं मिलाया जा सकता।

वामपन्थ और राष्ट्रीय आन्दोलन

आज हमारा देश एक ऐसे दौर से गुज़र रहा है जिसमें राष्ट्रीय आन्दोलन के बुनियादी मूल्यों को ध्वस्त करने की मुहिम जारी है। उक्त सन्दर्भ में प्रस्तुत विषय का महत्त्व और भी अधिक बढ़ गया है। हमें यह याद रखना चाहिए कि जनता के अन्य घटकों के साथ ही वामपन्थ ने हमेशा राष्ट्रीय आन्दोलन द्वारा अर्जित मूल्यों के साथ अपनी गहरी प्रतिबद्धता प्रकट की है। यह उपयुक्त समय है कि हम 1998 की ज़मीन पर खड़े होकर राष्ट्रीय आन्दोलन के सन्दर्भ में वामपन्थ की भूमिका और उसके योगदान का आकलन करें। हालाँकि एक पेशेवर इतिहासकार के रूप में यह मेरा 'कार्यक्षेत्र' नहीं है फिर भी मैं राष्ट्रीय आन्दोलन के दौर में उभरने वाले कुछ महत्त्वपूर्ण मुद्दों के सन्दर्भ में वामपन्थ की स्थिति और रुख़ को स्पष्ट करने का प्रयास करूँगा। हो सकता है मेरा यह विनम्र प्रयास पाठकों को अपर्याप्त लगे।

मार्क्स और भारत की स्वाधीनता

राष्ट्रीय आन्दोलन के इतिहासलेखन तथा प्रचलित राजनीतिक विमर्श में 'वामपन्थ' को उन सभी घटकों के समुच्चय के रूप में परिभाषित किया गया है जो समाजवादी विश्वदृष्टि के प्रति निष्ठावान थे। यह ऐसा युग है जिसमें मार्क्सवादी दृष्टि का वर्चस्व था। हालाँकि यह सही है कि पूँजीवाद के विरुद्ध संघर्ष में मार्क्स ने मज़दूर वर्ग का पथप्रदर्शन किया, फिर भी मार्क्स के बुनियादी सैद्धान्तिक लेखन का सम्बन्ध पूँजीवाद की कार्यप्रणाली तथा श्रम के शोषण से था। उक्त सन्दर्भ में यह विशेष रूप से उल्लेखनीय है कि मार्क्स ने भारत में राष्ट्रीय आन्दोलन की शुरुआत से बहुत पहले ही भारत की मुक्ति के प्रति अपनी प्रतिबद्धता घोषित कर दी थी। 1853 में उन्होंने अमेरिकी अख़बार *न्यूयॉर्क ट्रिब्यून* में लिखा था—

> "ब्रिटिश पूँजीपति वर्ग ने भारतीय समाज में जिन नये तत्त्वों का यत्र तत्र बीज बोया है, भारतीय जनता को उनका लाभ तब तक नहीं मिल सकता जब तक कि या तो स्वयं ग्रेट ब्रिटेन में मौजूदा शासक वर्ग का स्थान औद्योगिक सर्वहारा न ले ले,

अथवा स्वयं 'हिन्दू' (भारतीय) इतने सशक्त न हो जायें कि वे ब्रिटिश शासन को उखाड़कर फेंक सकें।"

1857 में अंग्रेज़ों के विरुद्ध जब महाविद्रोह फूट पड़ा तो मार्क्स और एंगेल्स ने उसी अख़बार में सुसंगत रूप से विद्रोहियों का पक्ष लिया और अंग्रेज़ों के अत्याचारों की कड़ी निन्दा की।[1] इस तथ्य पर इसलिए भी बल देने की आवश्यकता है कि एडवर्ड सईद जैसे लेखकों ने मार्क्स की यह कहकर आलोचना की है कि उसकी विद्रोहियों के प्रति कोई सहानुभूति नहीं थी।[2]

ऐसा कोई साक्ष्य नहीं मिलता कि मार्क्स और ब्रिटिश शासन के किसी भी भारतीय विरोधी के बीच कोई व्यक्तिगत सम्बन्ध था। 1871 में 'इंटरनेशनल वर्किंगमेंस एसोसिएशन' (मार्क्स जिसकी आत्मा थे) की सामान्य सभा को कलकत्ता के किसी अज्ञात समर्थक का पत्र प्राप्त हुआ था। उस पत्र में 'भारतीय जनता के असन्तोष तथा उसकी दुर्दशा' की ओर ध्यान आकृष्ट किया गया था। उसका परिणाम क्या हुआ, यह तो पता नहीं है, किन्तु 'सामान्य सभा' ने पत्र-लेखक को यह परामर्श दिया था कि 'इंटरनेशनल' की एक शाखा वहाँ खोले और अपने देशवासियों को उसका सदस्य बनाने का कार्य शुरू करे।[3] दादाभाई नौरोजी लन्दन में भारतीय हितों के प्रबल पक्षधर थे। हो सकता है इंग्लैंड के एक पुराने सोशल डेमोक्रेट एच.एम. हिंडमैन के माध्यम से मार्क्स और दादाभाई नौरोजी के बीच कोई परोक्ष सम्बन्ध बना हो। एच.एम. हिंडमैन मार्क्स और दादाभाई नौरोजी दोनों के मित्र थे। 1881 की गर्मियों तक मार्क्स और हिंडमैन अच्छे मित्र रहे थे। दादाभाई नौरोजी ने हिंडमैन को भारत का मित्र कहा था।[4] 1881 के प्रारम्भ में मार्क्स ने अपने एक पत्र में भारत के ऊपर थोपे गये भारी कर के बोझ के सम्बन्ध में कुछ ऐसे वक्तव्य दिये हैं जिनसे नौरोजी के आकलनों का प्रभाव ध्वनित होता है। साथ ही यह भी सूचना मिलती है कि भारतीय जनता में अंग्रेज़ों के विरुद्ध व्यापक जन असन्तोष मौजूद है।[5] दुर्भाग्यवश, हिंडमैन का मार्क्स से सम्बन्ध विच्छेद हो गया और इसके साथ ही मार्क्स और नोरौजी के बीच बनने वाले सम्बन्ध की सम्भावना भी समाप्त हो गयी।

विश्व समाजवादी आन्दोलन और राष्ट्रीय आन्दोलन

कार्ल मार्क्स की 1883 में मृत्यु हो गयी। उनकी मृत्यु के कुछ ही वर्षों बाद दो महत्त्वपूर्ण घटनाएँ घटित हुईं जिनके तहत भारतीय राष्ट्रवाद तथा अन्तरराष्ट्रीय समाजवाद ने सांगठनिक आकार ग्रहण किया। 1885 में बम्बई में 'भारतीय राष्ट्रीय काँग्रेस' की स्थापना हुई तथा 1889 में पेरिस में 'द्वितीय इंटरनेशनल' की स्थापना

की गयी। 'द्वितीय इंटरनेशनल' ने अपने झण्डे के तहत यूरोप तथा अमेरिका के मज़दूर वर्ग के आगे बढ़े तबक़ों को लामबन्द किया। दुर्भाग्यवश काँग्रेस की संविधानवादी राजनीति तथा 'द्वितीय इंटरनेशनल' में दक्षिणपन्थी 'सोशल डेमोक्रेसी' के बढ़ते प्रभाव के कारण दोनों एक-दूसरे से अलग-थलग रहे। दादाभाई नौरोजी ने 1886 में काँग्रेस के कलकत्ता सत्र की अध्यक्षता की थी (उन्होंने 1906 में भी काँग्रेस की अध्यक्षता की थी)। उन्होंने 1904 में 'इंटरनेशनल' की 'एम्सटर्डम काँग्रेस' में यह घोषणा की थी कि उन्हें भरोसा है कि भारत के राष्ट्रवादी ब्रिटेन के मज़दूर वर्ग का समर्थन करेंगे। मैडम कामा क्रान्तिकारी प्रवासियों की मित्र थीं। उन्होंने 1907 में इंटरनेशनल की 'स्टटगार्ड काँग्रेस' में स्वतन्त्र भारत का तिरंगा झण्डा (लाल, सफ़ेद और हरे रंग का) फहराया था। किन्तु सामान्यतः ये कुछ फुटकर घटनाएँ ही थीं। वस्तुतः, स्वयं स्टटगार्ड में वाम और केन्द्रीय शक्तियाँ बड़ी कठिनाई से 'उपनिवेशीय समस्या' से सम्बन्धित प्रस्ताव के उस अंश को हटवा पायी थीं जिसमें यह कहा गया था कि अब केन्द्रीय समाजवादी सत्ताओं ने पूँजीवाद को उखाड़कर 'सांस्कृतिक अभियान' की उस भूमिका को अपना लिया है जो पहले उपनिवेशवाद ने निभाई थी।[6]

'द्वितीय इंटरनेशनल' के तहत क्रान्तिकारी मार्क्सवादियों ने ही यह दृष्टि विकसित करने की कोशिश की थी कि समाजवाद के लिए किये जाने वाले संघर्ष में सर्वहारा वर्ग के सबसे भरोसेमन्द साथी उपनिवेशों के बाशिन्दें हैं जो साम्राज्यवाद से अपनी मुक्ति के लिए संघर्ष कर रहे हैं। लेनिन ने 1908 में अपने एक लेख 'इनफ्लेमेबुल मैटिरीयल इन वर्ल्ड पॉलिटिक्स' में इसी समझ को व्यक्त किया।[7] ईरान, तुर्की, भारत तथा चीन की घटनाओं का सर्वेक्षण करते हुए उन्होंने जापान को एक ऐसे आदर्श के रूप में रेखांकित किया, (ग़ैर-समाजवादी तथा बुर्जुआ राष्ट्रवाद के प्रतिमान के रूप में) जिसके प्रति पूर्वी देश आकृष्ट होते दिखायी पड़ते हैं।[8] फिर भी उन्होंने 'पूँजीवादी साम्राज्यवाद' को एक साझा और सामान्य शत्रु मानते हुए उपनिवेश के लोगों का अपने साथी के रूप में बड़े उत्साह के साथ स्वागत किया। भारत के सन्दर्भ में उनके वक्तव्य बड़े महत्त्वपूर्ण हैं। तिलक को छह वर्ष के कारावास की सज़ा के विरोध में बम्बई में जो प्रदर्शन हुआ और जो हड़ताल हुई, उन्होंने उसका भी हवाला दिया है। उन्होंने यह विश्वास व्यक्त किया था कि यूरोप के वर्ग चेतस मज़दूरों को अब एशिया में भी अपने साथी मिल गये हैं और उनकी संख्या दिन दूनी-रात चौगुनी बढ़ती चली जायेगी।[9]

सोवियत क्रान्ति और कम्युनिस्ट इंटरनेशनल

उल्लेखनीय है कि 1917 की सोवियत क्रान्ति तक राष्ट्रीय मुक्ति आन्दोलन के अन्तर्गत कोई समाजवादी घटक नहीं था। 1914 में भी लेनिन दमित राष्ट्रों के बुर्जुआ मुक्ति आन्दोलनों तथा दमनकारी राष्ट्रों के अन्दर चलने वाले सर्वहारा मुक्ति आन्दोलनों के बीच सम्भावनापूर्ण सहसम्बन्ध की बात कर रहे थे।[10] उन्हें लगता था कि दमित राष्ट्रों के मुक्ति आन्दोलनों का बुनियादी चरित्र अभी बुर्जुआ है। किन्तु रूस की अक्तूबर क्रान्ति ने उस अलगाव को तोड़ दिया। उसके प्रभाव के फलस्वरूप मार्क्सवाद-लेनिनवाद न केवल चीन तक पहुँचा, जैसा कि माओ त्से-तुंग ने स्वीकार किया है,[11] बल्कि दुनिया के सभी गुलाम देशों में समाजवादी विचारों का प्रचार-प्रसार हुआ। अस्तु, समाजवादी आन्दोलन ने राष्ट्रीय आन्दोलन को पूरा बल दिया। अब वामपन्थी आन्दोलन के सामने पूरी दुनिया के स्तर पर एक राजनीतिक प्रश्न यह था कि दुनिया के गुलाम देशों में बुर्जुआ जनतान्त्रिक नेतृत्व में चलने वाले मुक्ति आन्दोलनों के साथ उसके रिश्ते क्या हों?

1920 में नव-स्थापित 'कम्युनिस्ट इंटरनेशनल' (कोमिन्टर्न) के द्वितीय अधिवेशन में इस नये परिप्रेक्ष्य पर विचार-विमर्श किया गया। राष्ट्रीय उपनिवेशीय प्रश्न के सन्दर्भ में लेनिन ने अपनी जो 'प्रारम्भिक थीसिस' प्रस्तुत की और उसे प्रस्तुत करते हुए उन्होंने जो व्याख्यान दिया, दोनों में उसकी झलक देखी जा सकती है।[12] लेनिन ने इस बात को स्वीकार किया कि इन परिस्थितियों में प्रत्येक राष्ट्रवादी आन्दोलनों (उपनिवेशीय देशों के अन्दर चलने वाले) का चरित्र बुर्जुआ जनतान्त्रिक ही होगा, चूँकि पिछड़े हुए देशों में ज़्यादातर किसान हैं जो बुर्जुआ पूँजीवादी रिश्तों का प्रतिनिधित्व करते हैं। किन्तु वास्तविकता यह भी है कि प्रायः जहाँ दमित राष्ट्रों का पूँजीपति वर्ग राष्टीय आन्दोलन को समर्थन देता है, वहीं वह साम्राज्यवादी पूँजीपति वर्ग के साथ भी तालमेल रखता है, अर्थात् वह सभी क्रान्तिकारी आन्दोलनों तथा वर्गों के विरुद्ध साम्राज्यवाद का साथ देता है। अतः बुर्जुआ जनतान्त्रिक आन्दोलनों के अन्तर्गत हमें सुधारवादी तत्त्वों से क्रान्तिकारी तत्त्वों को अलगाना होगा। उन्होंने कम्युनिस्टों को सलाह देते हुए कहा कि उन्हें उपनिवेशीय देशों के बुर्जुआ मुक्ति आन्दोलनों को (जब वे वास्तव में क्रान्तिकारी रूप धारण करें तो) अपना समर्थन दें। किन्तु, उन्होंने 'क्रान्तिकारी' शब्द को बड़े आश्चर्यजनक ढंग से 'मर्यादित' अर्थ प्रदान किया। उन्होंने 'क्रान्तिकारी' शब्द का प्रयोग उस सन्दर्भ को परिभाषित करते हुए किया 'जहाँ बुर्जुआ राष्ट्रवादी हमारे काम में अर्थात् किसानों और बहुसंख्यक शोषितों को

क्रान्तिकारी भावना के साथ संगठित करने तथा प्रशिक्षित करने के काम में हमें बाधा नहीं पहुँचाते। वस्तुतः इस प्रकारान्तर से उसी आह्वान का पूरक वक्तव्य था जिसके तहत सभी उपनिवेशों तथा पिछड़े देशों में स्वतन्त्र रूप से कम्युनिस्ट कैडर तथा पार्टी संगठन खड़ा करने के लिए कहा गया था और जिसका उद्देश्य जनता को लामबन्द करना था। किन्तु कम्युनिस्ट जनता के सामने भविष्य का क्या नक़्शा पेश करते? क्या वे पूँजीवादी विकास की अनिवार्यता को पेश कर सकते थे जिसकी चर्चा लेनिन पहले अपने एक व्याख्यान में कर चुके थे। इसके विपरीत लेनिन अब यह मानते थे कि जो पिछड़े हुए देश 'सोवियत प्रणाली' से गुज़र रहे हैं, वहाँ कम्युनिस्ट साम्यवाद के लिए संघर्ष करें। उनका मानना था कि ऐसे देशों को पूँजीवादी व्यवस्था के पड़ाव से गुज़रना अनिवार्य नहीं है।[13] दूसरे शब्दों में जहाँ उन्होंने पारस्परिक सहिष्णुता के आधार पर बने संयुक्त मोर्चे के तहत क्रान्तिकारी राष्ट्रवादियों को समर्थन देने की वकालत की, वहीं उन्होंने कम्युनिस्टों से यह आग्रह भी किया कि स्वतन्त्रता मिलने के बाद राष्ट्र के सम्मुख अपनी वैकल्पिक योजना का प्रारूप भी प्रस्तुत करें।

वस्तुतः यही बात बाद में चलकर 1925 में स्टालिन ने भारत के सन्दर्भ में कही। उन्होंने कम्युनिस्ट पार्टी से आग्रह किया था कि वे बुर्जुआ वर्ग के क्रान्तिकारी तबक़े के साथ खुला मंच तैयार करें, राष्ट्रवादी-बुर्जुआ वर्ग के समझौतापरस्त वर्ग को अलगाएँ और इस प्रकार साम्राज्यवाद के विरुद्ध संघर्ष में शहरी तथा ग्रामीण निम्न-मध्य वर्ग के विशाल जनसमूह का नेतृत्व करें।[14]

उपनिवेशों में साम्यवादी संगठन तैयार करने का जो आह्वान किया गया, उससे प्रेरित होकर ही एम.एन. राय ने ताशकन्द की यात्रा की। वहाँ भारत से गये हुए मुस्लिम मुहाजिर बड़ी तादाद में रहते थे। उनमें से कुछ मुहाजिरों का झुकाव साम्यवाद के प्रति हो गया था। उन्हीं के आग्रह पर ताशकन्द में अक्तूबर 1920 में कम्युनिस्ट पार्टी का गठन किया गया। पार्टी का मुख्यालय भी एम.एन. राय के साथ होता था जो निरन्तर बाहर प्रशिक्षित कम्युनिस्टों को भारत भेजते रहते थे। दुर्भाग्यवश, शीघ्र ही उनकी गतिविधियों का पता चल गया और उन्हें भारी सज़ाएँ भुगतनी पड़ीं। विशेष रूप से 1921-23 का पेशावर षड्यन्त्र मामला उसकी ज्वलन्त मिसाल है।

इन प्रारम्भिक प्रयासों का (चाहे उनमें कितनी ही असफलता मिली हो) भारत के वामपन्थी आन्दोलन के निर्माण में उनकी विशिष्ट भूमिका रही है। प्रारम्भिक कम्युनिस्ट स्वतन्त्रता संग्राम सेनानियों (जैसे अकबर ख़ान जिन्हें सात वर्ष का कठोर कारावास मिला तथा अन्य लोग जिन्हें कुछ कम समय के लिए वैसी ही

सज़ा मिली) को कृतज्ञतापूर्वक याद करना चाहिए। किन्तु वामपन्थ के उद्भव की वास्तविक प्रेरणा स्वयं देश के अन्दर से ही पैदा हुई।

भारत में समाजवादी तथा वामपन्थी विचारों का उद्भव

भारत की स्वाधीनता तथा ख़िलाफ़त आन्दोलन (1920-22) के दौरान तुर्की प्रतिरोध के प्रति एकजुटता के मुद्दे पर भारतीय राष्ट्रवाद तथा सोवियत रूस साथ-साथ थे। इस कारण राष्ट्रवादी तबक़े में सोवियत संघ के प्रति विशेष प्रकार की सहानुभूति उत्पन्न हुई। इसके अतिरिक्त, एक अन्य कारण भी था जिसने वस्तुतः भारत में समाजवादी विचारों के लिए उपजाऊ ज़मीन तैयार की और वह था भारत के राष्ट्रवादियों की भारत की ग़रीबी के प्रति गहरी संवेदनशीलता।

ब्रिटिश शासन की आलोचना करते हुए भारतीय काँग्रेस के संस्थापकों ने भारतीय जनता की ग़रीबी को केन्द्रीय मुद्दा बनाया। दादाभाई नौरोजी ने 1876 से ही लेख, प्रतिवेदन तथा परचे लिखने शुरू कर दिये थे। उन्होंने ग़रीबी के सन्दर्भ में आँकड़े पेश किये और उसके कारणों की व्याख्या की। उन्होंने उक्त सन्दर्भ में ब्रिटेन को दिया जाने वाला कर, मुक्त बाज़ार द्वारा उत्पन्न निरूद्योगीकरण, अनुचित कराधान तथा ब्रिटिश शासन द्वारा अपने हित में मुद्रा संचालन को इसके लिए ज़िम्मेदार ठहराया। नौरोजी के साहित्य को 'स्वान-सोने-चीन एंड कम्पनी' (लन्दन) ने 1901 में प्रकाशित किया। यह संयोग ही है कि उक्त प्रकाशन संस्थान ने 1887 में एंगेल्स द्वारा सम्पादित मार्क्स की *कैपिटल*, खण्ड 1, को भी प्रकाशित किया था।

1901 में रोमेश दत्त ने भी अपनी पुस्तक *इकोनॉमिक हिस्टरी ऑफ़ इंडिया अंडर अर्ली ब्रिटिश रूल* प्रकाशित की। इसके प्रकाशन के दो वर्ष बाद ही इसका दूसरा भाग, *इकोनॉमिक हिस्टरी ऑफ़ इंडिया इन दि विक्टोरियन एज* भी प्रकाशित हुआ। उक्त पुस्तक में उपनिवेशकालीन आर्थिक शोषण का व्यापक विवरण था। उस काल में राष्ट्रवादियों ने भारत की ग़रीबी की बाबत विस्तार से लिखा जिसका बड़ा प्रामाणिक अध्ययन बिपिन चन्द्र ने किया है।[15]

ब्रिटिश शासन के तहत होने वाले शोषण का राष्ट्रवादी दृष्टिकोण से सरल ढंग का आकलन तथा विश्लेषण किया गया और उसका प्रचार-प्रसार भी किया गया। 1909 में गाँधीजी द्वारा लिखित *हिन्द स्वराज* इसका शानदार नमूना है। यह सही है कि इन राष्ट्रवादियों ने ख़ास तौर से अंग्रेज़ों शासकों को ही अपनी आलोचना का मुख्य निशाना बनाया था। उन्होंने भारतीयों के अपने कारख़ानों में काम करने वाले मज़दूरों की दुरवस्था तथा ज़मींदारों द्वारा किसानों के शोषण-उत्पीड़न के बारे में प्रायः मौन ही रखा। फिर भी जनता की ग़रीबी को एक बार ऐसी

कसौटी बनाने के बाद जिसके आधार पर उत्पीड़नकारी शक्तियों की शिनाख़्त की जा सके, तो यह स्वाभाविक था कि भारतीय पूँजीपतियों और ज़मींदारों को भी उत्पीड़नकारी शक्तियों के रूप में पहचानना आसान हो गया था।

गाँधीजी द्वारा 1917-18 में चम्पारण और खेड़ा में किसानों की प्रारम्भिक दौर की लामबन्दी अपनी विशेष रणनीति के तहत की गयी थी। उल्लेखनीय है कि दोनों ही इलाक़ों में भारतीय ज़मींदारों की उपस्थिति नहीं थी। किन्तु 1918 में अहमदाबाद में उन्होंने बुनकरों का जो आन्दोलन चलाया तो उन्हें स्वयं अपने समर्थकों यानी सूत मिल मालिकों से टकराना पड़ा। स्पष्ट है कि राष्ट्रीय आन्दोलन के दौरान यदि जनता के दुःख-दर्द और शोषण-उत्पीड़न के आधार पर कार्यक्रम बनाकर उससे सम्पर्क साधा जाता तो इस तरह की बाधाएँ और भी दूर होतीं। यह आकस्मिक नहीं है कि ख़िलाफ़त तथा असहयोग आन्दोलन (1920-22) की पृष्ठभूमि में जगह-जगह ज़मींदारों के ख़िलाफ़ किसान आन्दोलन दृढ़तापूर्वक अभूतपूर्व स्तर पर चलाये गये, जैसे दरभंगा, बिहार का किसान आन्दोलन (1920), अवध (यू.पी.) में 1921-22 में तालुकदारों के विरुद्ध किसानों का उत्पात; मालाबार (केरल) में 1921 का मोपिला विद्रोह। इसी काल में हम यह भी देखते हैं कि मज़दुर वर्ग भी अपनी आकांक्षाओं को अभिव्यक्ति दे रहा था, 1921 में 'आल इंडिया ट्रेड यूनियन' की स्थापना हुई, जिसमें गाँधीजी को छोड़कर लगभग सभी महत्त्वपूर्ण राष्ट्रीय नेताओं ने हिस्सा लिया।

सी.आर. दास ने काँग्रेस के गया अधिवेशन के अपने अध्यक्षीय भाषण में इस नयी आवश्यकता पर विशेष रूप से बल दिया कि राष्ट्रीय आन्दोलन से मज़दूरों और किसानों को व्यापक रूप से जोड़ा जाये। उसी वर्ष उन्होंने 'एटक' को सम्बोधित करते हुए देश की 98 प्रतिशत जनता के सन्दर्भ में *स्वराज* की व्याख्या की। गाँधीजी भी 1924 में जेल से रिहा होने पर समतावाद की ओर उन्मुख हुए थे और सर्वव्यापी मताधिकार की माँग करने लगे थे। वे अपने आपको इस अर्थ में समाजवादी कहते थे कि उनकी अपनी कल्पना का जो भारत था उसमें वे मशीन उद्योग पर राज्य के स्वामित्व की वकालत करते थे। 1925 में उन्होंने अपने *यंग इंडिया* पत्र में एम.एन. राय को भी जगह दी, बिना इसकी परवाह किये कि इससे ब्रिटिश सरकार नाराज़ होगी। गाँधीजी के विरोध के बावजूद लेनिन की मृत्यु का शोक प्रस्ताव ए.आई.सी.सी. की बैठक में 63 के मुक़ाबले 54 मतों से गिर गया।[16]

किन्तु उक्त मतदान से राष्ट्रीय आन्दोलन से जुड़े क्रान्तिकारी तबक़े में समाजवाद तथा सोवियत रूस के प्रति बढ़ती सहानुभूति का पता चलता है।

1923 से लगातार नेहरू ने *स्वराज* अथवा 'होम रूल' की अस्पष्ट-सी अवधारणा के स्थान पर स्वाधीनता की वकालत की और इस प्रक्रिया में कम्युनिस्टों के निकट आये। 1927 तक आते-आते, उन्होंने कम्युनिस्टों के नेतृत्व में ब्रुसेल्स में आयोजित 'पीड़ित राष्ट्रीयताओं' के अधिवेशन में भाग लिया तथा साम्राज्यवाद के विरुद्ध बनी लीग में उन्होंने पद भी प्राप्त किया। उन्होंने सोवियत रूस का भ्रमण भी किया। इस वर्ष के अन्त में सुभाष चन्द्र बोस के साथ उन्होंने मद्रास काँग्रेस में एक प्रस्ताव भी पेश किया जिसमें पूर्ण स्वतन्त्रता की माँग की गयी थी तथा दोनों ने मिलकर 'इंडिपेंडेंस फ़ार इंडिया लीग' की स्थापना भी की। 1934-35 में नेहरू ने समाजवाद और साम्यवाद की ओर अपने रुझान के बारे में भी लिखा और यह भी लिखा कि किस प्रकार मार्क्सवाद ने मेरे मस्तिष्क के अनेक अन्धकारपूर्ण स्थलों को दीप्त कर दिया है। यक़ीनन वे 1920 के उत्तरार्द्ध में प्राप्त अपने अनुभवों के बारे में बता रहे थे।[17] क्रान्तिकारियों में भी समाजवाद के प्रति इसी प्रकार का झुकाव दिखायी पड़ता है। मार्च 1926 में जब भगतसिंह ने 'नौजवान भारत सभा' का गठन किया था तो समाजवाद के प्रति उनका लगाव स्पष्ट हो गया था। 1928 में जब दिल्ली में चन्द्रशेखर आज़ाद और भगतसिंह के नेतृत्व में सभी क्रान्तिकारियों की सभी टोलियों की बैठक हुई तो उन्होंने अपने संगठन का नाम बढ़ाकर 'हिन्दुस्तान सोशलिस्ट रिपब्लिकन एसोसिएशन' कर दिया था।

इन रुझानों से यह साफ़ ज़ाहिर होता है कि उनके अन्तर्गत सच्चे समाजवादी तत्त्व मौजूद थे। एम.एन. राय ने इन समूहों की इस काल में तीखी आलोचना की थी। किन्तु, लगता है वे उनसे कुछ ज़्यादा अपेक्षा रखते थे जबकि लेनिन की राय में ये लोग 'बुर्जुआ डेमोक्रेट' थे।[18] बहरहाल यह एक ऐतिहासिक सच्चाई है कि इन्हीं तबक़ों से भारत में साम्यवादी आन्दोलन के संस्थापक निकले।

कम्युनिस्ट तथा राष्ट्रीय आन्दोलन (1922-29)

1922 तक कलकत्ता में मुज़फ़्फ़र अहमद, बम्बई में एस.ए. डांगे, मद्रास में सिंग्रावेलू चेट्टियार तथा लाहौर में गुलाम हुसैन ने अपने-अपने ढंग से साम्यवादी विचारों का प्रचार-प्रसार शुरू कर दिया था। 'स्वराज पार्टी' के गठन से राष्ट्रीय आन्दोलन के अन्तर्गत एक वामपन्थी दल की उपस्थिति स्पष्ट हो गयी थी। 1922 में डांगे ने 'इंडियन नेशनल काँग्रेस' की तर्ज़ पर इंडियन सोशलिस्ट पार्टी का विचार पेश किया। अगले वर्ष चेट्टियार ने 'लेबर एंड किसान पार्टी ऑफ़ हिन्दुस्तान' नामक दल का घोषणा-पत्र जारी किया। अप्रैल 1923 में गुलाम हुसैन 'इन्क़लाब' के सम्पादक (लाहौर) ने लखनऊ में एक सम्मेलन आयोजित करने का प्रस्ताव रखा।

उस सम्मेलन में वे 'लेबर पीजेंट पार्टी ऑफ़ इंडिया' नामक राजनीतिक दल का गठन करना चाहते थे। किन्तु इससे पूर्व कि ये प्रयास सफल हो पाते, ब्रिटिश सरकार ने सभी महत्त्वपूर्ण कम्युनिस्ट नेताओं को गिरफ़्तार कर लिया तथा उन्हें कानपुर 'बोल्शेविक षड्यन्त्र' मामले में फँसा दिया। मई 1924 में मुज़फ़्फ़र अहमद, शौकत उस्मानी, श्रीपाद अमृत डांगे तथा नलिनी गुप्ता को चार वर्ष का कठोर कारावास दिया गया। चेट्टियार को ख़राब स्वास्थ्य के कारण सज़ा नहीं हुई थी।[19] पेशावर के मामलों की तरह ही इन कठोर सज़ाओं का राष्ट्रवादी ख़ेमे ने कोई विरोध नहीं किया था। यदि इसे राष्ट्रीय स्वाधीनता का मसला न भी माना जाये तो भी यह नागरिक स्वतन्त्रता का मसला तो था ही किन्तु इस ख़ेमे ने इसके प्रति घोर उपेक्षा दिखायी। राष्ट्रीय स्वाधीनता के मसले के रूप में न सही, नागरिक स्वाधीनता की दृष्टि से ही सही उसका इस मुद्दे के प्रति विचित्र प्रकार का उपेक्षापूर्ण दृष्टिकोण था।

आगे चलकर ढीले-ढाले ढंग के राष्ट्रवाद का कम्युनिस्टों ने जो विरोध किया आजकल के समीक्षक उसकी आलोचना करते हैं, किन्तु इस सन्दर्भ में वे उक्त परिप्रेक्ष्य को नज़रअन्दाज़ कर जाते हैं।[20]

कानपुर षड्यन्त्र मामले के बावजूद दो घटनाएँ और भी घटित हुईं, जिन्होंने वाम तत्त्वों को पर्याप्त रूप से मज़बूत किया। एक, स्वयं कानपुर में भारतीय कम्युनिस्टों का सम्मेलन जिसे वहाँ के एक स्थानीय राष्ट्रीय कम्युनिस्ट सत्यभक्त ने दिसम्बर 1925 में खुले तौर पर आयोजित किया था। उस सम्मेलन में एम. सिंगरावेलु को अध्यक्ष बनाया गया तथा जानकी प्रसाद बागरहत्ता (वे ए.आई.सी.सी. के सदस्य थे) को महासचिव बनाया गया तथा मुज़फ़्फ़र अहमद (जिन्हें बीमारी के कारण जेल से रिहा कर दिया गया था) और एस.वी. घाटे को कार्यकारिणी का सदस्य चुना गया। सम्मेलन को सरकार की नाराज़गी की परवाह किये बिना, खुले तौर पर आयोजित किया गया था और सम्मेलन में एक प्रस्ताव पारित कर पेशावर तथा कानपुर के षड्यन्त्र मामलों में फँसाये गये तेरह नामजद कम्युनिस्टों के प्रति एकता प्रकट की गयी थी। पार्टी के संविधान में उसके उद्देश्य को भी बेलाग ढंग से परिभाषित किया गया था–

> "ब्रिटिश साम्राज्यवाद से देश को मुक्त कराने के बाद देश में मज़दूरों और किसानों का गणतन्त्र स्थापित किया जायेगा जिसका आधार होगा उत्पादन के साधनों और वितरण का समाजीकरण।"

घोषणापत्र का निम्नलिखित वक्तव्य भी बहुत महत्त्वपूर्ण था : 'किसी भी साम्प्रदायिक संगठन के किसी भी व्यक्ति को कम्युनिस्ट पार्टी की सदस्यता नहीं दी

जायेगी।'[21] शायद कम्युनिस्ट पार्टी पहली ऐसी महत्त्वपूर्ण राजनीतिक पार्टी थी जिसने साम्प्रदायिक संगठनों से जुड़े व्यक्तियों को अपने से दूर रखा।

दूसरी महत्त्वपूर्ण घटना बंगाल में व्यापक जनाधार वाली वामोन्मुखी पार्टी का गठन था जो 1925 में कानपुर में होने वाले सम्मलेन से कुछ ही पहले हुआ था। यह पार्टी थी 'लेबर स्वराज पार्टी ऑफ़ दि इंडियन नेशनल काँग्रेस।' 1926 में इसका नाम बदलकर 'पीजेंट्स एंड वर्कर्स पार्टी ऑफ़ बंगाल' कर दिया गया। इसे प्रारम्भ में वामपन्थी स्वराजी हेमन्त कुमार सरकार तथा क्रान्तिकारी कवि नज़रुल इस्लाम से प्रेरणा प्राप्त हुई थी। मुज़फ़्फ़र अहमद ने इसके मुखपत्र *लांगल* के सम्पादक के रूप में कार्य किया था। पार्टी ने आर्थिक तथा सामाजिक मुक्ति पर आधारित भारत की पूर्ण स्वाधीनता पर बल दिया तथा साम्यवादी विचारों का प्रचार-प्रसार करते हुए *लांगल* ने पूरी दृढ़ता के साथ सुभाषचन्द्र बोस के साथ अपनी एकता प्रकट की जो 1924 से ही मांडले जेल में थे। उसने किसानों के हित से जुड़े मुद्दों को भी उठाया तथा मज़दूरों को संगठित करना शुरू किया। इसी पार्टी के आदर्श को सामने रखते हुए जनवरी 1927 में बम्बई में 'बॉम्बे वर्कर्स एंड पीजेंट्स पार्टी' का गठन किया गया। यू.पी. और पंजाब में गठित ऐसी पार्टियों के आधार पर दिसम्बर 1928 में 'एन आल इंडियन वर्कर्स एंड पीजेंट्स पार्टी' का गठन किया गया। इन सभी पार्टियों में एक विशेषता समान थी, यह कि सभी स्तरों पर काँग्रेस और कम्युनिस्ट मौजूद थे। नयी पार्टी की ताक़त 30 दिसम्बर 1928 को उस समय दिखायी पड़ी जब 20,000 औद्योगिक मज़दूरों ने कलकत्ता में आयोजित काँग्रेस के पंडाल पर धावा बोलकर यह माँग की कि काँग्रेस पूर्ण स्वाधीनता का प्रस्ताव पास करे और मोतीलाल नेहरू रिपोर्ट के तहत 'डोमीनियन स्टेट्स' की माँग को निरस्त करे। नेहरू ने उन मज़दूरों का स्वागत किया और उन्हें सम्बोधित भी किया। नेहरू ने 27 दिसम्बर को सोशलिस्ट यूथ काँग्रेस की अध्यक्षता भी की जिसमें साम्यवाद को ही एकमात्र रास्ता घोषित किया गया था।

मेरठ दमन तथा नागरिक अवज्ञा आन्दोलन (1929-34)

इस प्रकार क्रान्तिकारी राष्ट्रवादी तत्त्वों तथा साम्यवादियों के बीच सहयोग के लिए ज़मीन तैयार कर दी गयी थी। अंग्रेज़ों सरकार दोनों के बीच बढ़ते सहयोग को देखकर भौचक थी[22] 20 मार्च 1929 को देश के विभिन्न इलाकों से सभी महत्त्वपूर्ण कम्युनिस्ट तथा वामोन्मुखी मज़दूर संगठनों के नेताओं को (जिनकी संख्या 29 थी) गिरफ़्तार कर लिया गया और उन पर मेरठ में मुक़दमा चलाया गया।[23]

उन पर यह आरोप लगाया गया था कि वे भारत में ब्रिटिश सरकार को उखाड़ फेंकने की साज़िश कर रहे थे। बाद में दो और लोगों को गिरफ़्तार करके मुक़दमा चलाया गया। उक्त अभियुक्तों में बेन-ब्रेडले सहित तीन ब्रिटिश कम्युनिस्ट थे। मुक़दमा जनवरी 1933 तक चला। सभी को कठोर सज़ाएँ सुनाई गयीं। मुज़फ़्फ़र अहमद को आजीवन कारावास मिला। पाँच लोगों को बारह वर्ष की सज़ा हुई जिनमें डांगे और स्प्रैट थे। ब्रेडले, मीर जाफ़र तथा उस्मानी को दस-दस वर्ष की सज़ाएँ हुईं और शेष को चार से सात वर्ष की। अगस्त 1933 में अपील करने पर कठोर सज़ाएँ कुछ कम कर दी गयीं। किन्तु 1933 के अन्त तक अहमद, डांगे, स्प्रैट तथा उस्मानी जेल में ही थे। 23 जुलाई 1934 को ब्रिटिश सरकार ने कम्युनिस्ट पार्टी तथा उससे जुड़े सभी संगठनों को ग़ैर-क़ानूनी घोषित कर दिया तथा उनकी सदस्यता को अपराध घोषित कर दिया।[24]

'मेरठ षड्यन्त्र मामले' के कारण कम्युनिस्ट आन्दोलन पूरे चार साल से ज़्यादा अरसे तक (1929-33) नेतृत्वविहीन रहा। दोबारा उसमें उस समय जान आयी जब काँग्रेस ने 1930 के अन्त में आयोजित अधिवेशन के तुरन्त बाद नागरिक अवज्ञा आन्दोलन की घोषणा की। उस अधिवेशन के अपने अध्यक्षीय भाषण में नेहरू ने खुलकर समाजवाद की वकालत की थी। मेरठ षड्यन्त्र मामले के द्वारा ब्रिटिश सरकार ने कम्युनिस्टों को निष्प्रभावी बना दिया था। कम्युनिस्टों के नेतृत्व में चलने वाली मज़दूर-किसान पार्टी को तोड़ दिया था तथा काँग्रेस ने अपने नये-नये जनान्दोलनों द्वारा राष्ट्रीय आन्दोलन के क्रान्तिकारी तत्त्वों को अपनी ओर मिला लिया था। लगातार दमन सहने के कारण कम्युनिस्ट कोई केन्द्रीय नेतृत्व विकसित नहीं कर सके। बम्बई तथा कलकत्ता के कम्युनिस्ट अलग-अलग काम कर रहे थे। यहाँ तक कि 1932 में बम्बई के 'समूह' में भी फूट पड़ गयी थी। एम.एन. राय की 1929 में हुई वापसी तथा उनके द्वारा एक समानान्तर कम्युनिस्ट पार्टी बनाने के प्रयास से कम्युनिस्टों के बीच और अधिक अस्थिरता आयी। 1929 की गिरफ़्तारियों के तुरन्त बाद मेरठ केस के अभियुक्तों के बचाव के लिए एक समिति बनायी गयी। मोतीलाल नेहरू इस समिति के अध्यक्ष थे और जवाहरलाल नेहरू सदस्य थे, किन्तु बाद में इन अभियुक्तों के प्रति काँग्रेस का उत्साह फीका पड़ गया; विशेषरूप से उस बयान के बाद जो गाँधी, नेहरू तथा अन्य काँग्रेसी नेताओं ने 2 नवम्बर 1929 को अपने हस्ताक्षर से जारी किया था। भगतसिंह और उनके दूसरे साथियों का (जिनको मृत्युदण्ड दिया गया था) गाँधीजी के 11 बिन्दुओं में कोई ज़िक्र नहीं था। ये 11 बिन्दु 1930 के नागरिक अवज्ञा आन्दोलन का बुनियादी आधार थे। क़ैदियों के दोनों

समूहों के बारे में 4 मार्च 1931 को सम्पन्न हुए गाँधी-इरविन समझौते के तहत भी कोई विचार-विमर्श नहीं किया गया।

उक्त परिस्थितियों में कोमिंटर्न की नयी समझ, जो 1 सितम्बर 1928 को मास्को में सम्पन्न छठी कांग्रेस के बाद उभरी, का पहले से ही क्षुब्ध भारतीय कम्युनिस्टों के बीच स्वाभाविक रूस से स्वागत किया गया। भारत के विषय में उसका मूल्यांकन अपेक्षाकृत संकीर्ण था। अपनी उक्त समझ के तहत उसने माना था कि भारतीय राष्ट्रवाद ने कृषि क्रान्ति के साथ विश्वासघात किया है और उम्मीद है कि भविष्य में भी वह प्रतिक्रियावादी भूमिका अदा करे। अतः भारतीय कम्युनिस्टों का सबसे पहला काम यह है कि ये एक मज़बूत कम्युनिस्ट पार्टी का निर्माण करें और दूसरा यह है कि वे अपने नेतृत्व में कृषि क्रान्ति करें। इस प्रकार से साम्राज्यवादियों, भू-स्वामियों तथा समझौतापरस्त बुर्जुआजी के गठजोड़ को तोड़ें।[25] इससे निष्कर्ष यह निकला कि काँग्रेस के साथ किसी प्रकार से राजनीतिक मोर्चा बनाने की बात सोची भी नहीं जा सकती थी। और न ही 'वर्कर्स एंड पीजेंट्स पार्टी' बनाने की बात सोची जा सकती थी—एक ऐसी दोहरी भूमिका वाली वर्गीय पार्टी जिसकी स्टालिन ने साफ़-साफ़ वकालत की थी तथा जिसके निर्माण को लेकर स्वयं इतने सजग और आग्रहशील थे कि उन्होंने अपनी पार्टी तक नहीं बनायी थी।[26]

इस दूसरी वाली समझ का पालन करना तो आसान था, चूँकि मेरठ में कम्युनिस्टों की गिरफ़्तारी के साथ ही (डब्ल्यू.पी.पी.) कोई काम नहीं कर सकी थी, और उसकी स्वाभाविक मृत्यु हो गयी थी। जहाँ तक काँग्रेस का विश्वास करने का प्रश्न है, कम्युनिस्टों ने इस सलाह को गम्भीरतापूर्वक लिया। 9 नवम्बर 1929 को काँग्रेसी नेताओं द्वारा जारी बयान (जिससे नेहरू की अन्तरात्मा को बड़ी पीड़ा पहुँची थी)[27] तथा नागरिक अवज्ञा आन्दोलन की, बकौल नेहरू[28] 'रिरियाहट भरे अन्दाज़ में ख़त्म कर देने' से कम्युनिस्टों में काँग्रेस के प्रति बड़ी घृणा उत्पन्न हुई। जब गाँधीजी ने परेल (बम्बई) में 16 मार्च 1931 को एक मज़दूर सभा को सम्बोधित किया और इरविन के साथ अपने समझौते की बाबत समझाना शुरू किया तो उनके कम्युनिस्ट विरोधियों ने उन पर यह कहकर फब्तियाँ कसीं कि उन्हें समझौते के वक़्त की याद क्यों नहीं आयी।[29] मेरठ केस के अभियुक्तों, अपने ग्यारह बिन्दुओं तथा 'स्वाधीनता के सार तत्त्व' मेरठ केस के अभियुक्तों ने अपने बचाव में दिये बयानों में गाँधीजी की (1931 में लन्दन के गोलमेज सम्मेलन में भाग लेने तथा उनके समझौतावादी रवैये के लिए) तीखी आलोचना की। यह कटुता इस हद तक बढ़ी कि कलकत्ता में 1934 में कम्युनिस्टों ने 'गाँधीवाद के विरुद्ध लीग' जैसे समारोह के आयोजन में सहायता की।[30]

अपनी 'आत्मकथा' में नेहरू ने कुछेक पृष्ठों में 1934-35 में कम्युनिस्टों के कट्टरतावादी रवैये को सार रूप में पेश किया है। अपेक्षा के अनुसार नेहरू ने कम्युनिस्टों के इस विचार को शेखचिल्लीनुमा बताया कि पूँजीपतियों और भू-स्वामियों से जुड़े काँग्रेसी नेता नहीं चाहते कि अंग्रेज़ यहाँ से जायें। लेकिन उन्होंने इतना स्वीकार किया है कि कम्युनिस्टों की कुछ सैद्धान्तिक आलोचनाएँ बहुत सक्षम और ठोस थीं तथा आगामी घटनाओं ने उन्हें सही ठहराया।[31]

काँग्रेस के अन्दर कम्युनिस्ट समाजवादी तथा अन्य वामपन्थी ताक़तें (1930-34)

नागरिक अवज्ञा आन्दोलन ने पहली बार बड़ी तादाद में राष्ट्रीय आन्दोलन के साथ जनसाधारण को जोड़ा। उसके कारण काँग्रेस के अन्दर समाजवादी तथा वामपन्थी विचार बड़ी तीव्रता से फैले। साथ ही, रियायतों और समझौतों का दौर भी शुरू हुआ। 1934-35 में नेहरू यह ठीक सोचते हैं कि काँग्रेस में कुछ लोग ऐसे हैं और उनकी तादाद लगातार बढ़ रही है जो भूमि व्यवस्था तथा पूँजीवादी तन्त्र में बदलाव चाहते हैं, किन्तु वे काँग्रेस के मंच से यह सब व्यक्त नहीं कर सकते।[32] उनका यह कहना आधारहीन नहीं था। नेहरू ने स्वयं समाजवादी विचारों के पल्लवन और उनके पोषण के लिए बहुत कुछ किया था तथा मार्च 1931 में कराची काँग्रेस में उन्होंने मूलभूत अधिकारों से सम्बद्ध एक प्रस्ताव तैयार किया था जिसे गाँधीजी ने पेश किया था। इस प्रस्ताव में लगान तथा ऋण में भारी कमी तथा मुख्य-मुख्य उद्योगों और खनिज संसाधनों को राज्य के अधीन करने का प्रस्ताव था। उस प्रस्ताव में सार्वभौमिक मताधिकार, नारी समानता, छुआछूत को समाप्त करने जैसे बुर्जुआ जनतान्त्रिक अधिकारों का वादा भी था।[33] अगस्त 1931 में ए.आई.सी.सी. द्वारा इसका विस्तार करके एक समग्र कार्यक्रम के रूप में तैयार किया गया। गाँधीजी के समर्थकों को भी यह स्वीकार्य था।

जुलाई 1931 में जयप्रकाश की सहायता से 'सोशलिस्ट पार्टी' की स्थापना की गयी। इसके प्रतिरूप अगले कुछ वर्षों में अन्य प्रान्तों में भी स्थापित हो गये। इनकी स्थापना विशेष रूप से काँग्रेस के अन्दर काम करने वाले लोगों ने की। इन समूहों ने मिलकर 1934 में 'आल इंडिया काँग्रेस सोशलिस्ट पार्टी' की स्थापना की। इसके सदस्य नारायण तथा नरेन्द्र देव जैसे धुर मार्क्सवादियों से लेकर ब्रिटिश लेबर पार्टी के समर्थक मीनू मसानी जैसे लोग थे। वे प्रारम्भ में एम.एन. राय (जो कोमिन्टर्न से लम्बे निष्कासन को काटकर लौटे थे) के प्रति आकृष्ट थे। एम.एन. राय का तर्क था कि कम्युनिस्टों को काँग्रेस के अन्दर काम करना चाहिए और इस प्रकार उसके नेतृत्व में परिवर्तन लाना चाहिए।[34]

काँग्रेस के अन्दर जिस तरह सी.एस.पी. का प्रभाव बढ़ा, वह इस बात का संकेत था। उसकी पाँतों में समाजवादी विचारों की स्वीकृति की भारी सम्भावना थी। निश्चित रूप से इसके कारण काँग्रेस के प्रति कम्युनिस्टों के रवैये में भी बदलाव आया।

राष्ट्रवादी मोर्चे के निर्माण की दिशा में (1936-37)

1929 में मेरठ की गिरफ़्तारियों के बाद 1933 तक कम्युनिस्टों को लगातार भारी दमन का समाना करना पड़ा।[35] महज़ कम्युनिस्ट होना ही 'सविनय अवज्ञा' का अपराध था। किन्तु यह सब अव्यक्त रूप से ही लागू था। हालाँकि उन्होंने गाँधीजी के सविनय अवज्ञा आन्दोलन का तिरस्कार कर दिया था चूँकि उनकी दृष्टि में यह अत्यन्त सीमित और निष्प्रभावी था, तथापि एस.जी. सरदेसाई जैसे अनेक कम्युनिस्ट सत्याग्रह के रूप में जेल गये। अन्य कम्युनिस्ट; जैसे–बंकिम मुखर्जी, अब्दुल रज़्ज़ाक ख़ान तथा मोतीसिंह को सरकार के विरुद्ध क्रान्तिकारी गतिविधियों के कारण भारी सज़ाएँ हुई।[36] ट्रेड यूनियनों में भी कम्युनिस्टों की स्थिति कमज़ोर हो गयी थी। इसका कारण केवल दमन ही नहीं था, अपितु आर्थिक संकट तथा बढ़ती बेरोज़गारी भी था। इसीलिए हड़ताल के लिए दिये जाने वाले आहवानों के प्रति मज़दूर वर्ग का रुझान बहुत उत्साहजनक नहीं था। मॉडरेट्स 1929 में एटक से अलग हो गये थे। नेहरू ने कम्युनिस्टों को सही ठहराया था तथा उस विभाजित हिस्से का 1931 में पुनः विभाजन हुआ और उसमें से कम्युनिस्टों ने अलग होकर 'रेडटक' का निर्माण किया।[37]

इन परिस्थितियों में तीन पार्टियों (चीन, ब्रिटिश तथा जर्मन) द्वारा 1932 में लिखे पत्र या 1933 में चीन की पार्टी द्वारा लिखे पत्र में जो यह परामर्श दिया गया था कि कम्युनिस्टों को अपनी अलग पार्टी बनानी चाहिए और आगे बढ़कर अपनी स्वतन्त्र साम्राज्यवाद विरोधी भूमिका बनानी चाहिए, यथार्थवादी नहीं था। हालाँकि, उन पत्रों में संयुक्त मोर्चे की रणनीति का ज़्यादा-से-ज़्यादा उपयोग करने तथा ट्रेड यूनियनों के पुनर्गठन का सुझाव दिया गया था। इस हद तक उक्त पत्रों में दिये सुझावों से कम्युनिस्ट पार्टी को आंशिक रूप से अपनी स्थिति को सुधारने में सहायता मिली।[38]

1933 के आसपास स्थिति में उस समय बदलाव आने लगा जब मेरठ षड्यन्त्र मामले के क़ैदी जेल से रिहा हुए। उनकी अपील पर उनकी सज़ाएँ कम हो गयी थीं। टूटे हुए गुट पुनः संगठित हो गये थे और कम्युनिस्ट पार्टी की एक अस्थायी समिति का निर्माण हो गया था। 1934 के उत्तरार्द्ध तक वाम आन्दोलन में बहुत कुछ

नयी ऊर्जा आ गयी थी तथा ट्रेड यूनियनों में पार्टी का काम तेज़ी से बढ़ रहा था और नयी बनी 'काँग्रेस सोशलिस्ट पार्टी' के साथ नये सम्बन्ध स्थापित हो रहे थे जिसके अन्दर अजय घोष तथा पी. सुन्दरैया जैसे कुछ कम्युनिस्ट नेताओं ने काम करना शुरू कर दिया था। एम.एन. राय (जिन्हें स्वयं कानपुर में कठोर सज़ा सुनाई गयी तथा जो 1936 तक जेल में रहे) के समर्थकों के साथ चले विवाद के कारण ट्रेड यूनियनों में रायवादियों के साथ साझा गतिविधियाँ चलाने में कोई बाधा नहीं थी। इसके परिणामस्वरूप 1935 में 'एटक' में कम्युनिस्टों की वापसी हुई। जुलाई 1934 में कम्युनिस्ट पार्टी तथा उससे जुड़े संगठनों पर सरकार द्वारा लगाये गये प्रतिबन्धों तथा कम्युनिस्टों को बार-बार जेल में डाल दिये जाने के बावजूद ये सब बड़ी उपलब्धियाँ थीं।

राष्ट्रीय मोर्चा (1935-37)

वामपन्थी आन्दोलन के इसी नवजागरण काल में 1935 में मास्को में कोमिन्टर्न का सातवाँ अधिवेशन हुआ। 1933 में जर्मनी में हिटलर के अभ्युदय के बाद फासीवाद के बढ़ते ख़तरे को देखते हुए जी. दिमित्रोव ने काँग्रेस को अपनी रिपोर्ट पेश करते हुए 'जनता के व्यापक संयुक्त मोर्चे' की आवश्यकता पर बल दिया। इस संयुक्त मोर्चे में सोशल डेमोक्रेट्स तथा अन्य फासीवाद विरोधी ताक़तों को भी शामिल करने की बात कही गयी थी।[39] इसके निष्कर्ष के रूप में उसी अधिवेशन में 'वांग मिंग' ने उपनिवेशीय देशों पर अपनी रिपोर्ट पेश करते हुए भारतीय कम्युनिस्टों से यह आग्रह किया कि वे 'राष्ट्रीय काँग्रेस' के अन्दर काम करने की सलाह की उपेक्षा न करें। इसका अभिप्राय यह हुआ कि काँग्रेस को भी साम्राज्यवाद विरोधी संयुक्त मोर्चे के एक स्वाभाविक अंग के रूप में देखा गया। उक्त मोर्चे के विशिष्ट पक्षों की रजनी पाम दत्त तथा बेन ब्रेडले (दोनों ही ब्रिटिश कम्युनिस्ट पार्टी से सम्बद्ध) ने अपने एक महत्त्वपूर्ण आलेख 'दि एंटी इम्पीरियलिस्ट पीपुल्स फ्रंट इन इंडिया' में व्याख्या की। इसे दत्त-ब्रेडले थीसिस (फ़रवरी 1936) की संज्ञा दी गयी।[40]

उक्त थीसिस की प्रमुख स्थापनाएँ निम्नलिखित थीं—

(1) व्यापक एकता के वांछनीय आधार बिन्दु इस प्रकार हैं—

(अ) साम्राज्यवाद के विरुद्ध सतत संघर्ष।

(ब) श्रमजीवी जनता की बुनियादी आवश्यकता के लिए संघर्ष।

(2) काँग्रेस एक प्रमुख जन संगठन है जो स्वाधीनता के लिए संघर्ष करने वाले विभिन्न घटकों से बना है।

(3) काँग्रेस नेतृत्व की कुछ ऐसी कार्यवाहियाँ रही हैं जिन्होंने आन्दोलन को भारी नुक़सान पहुँचाया है—जैसे कि उसने साम्राज्यवाद के सामने घुटने टेक दिये हैं।

(4) अतः काँग्रेस नेतृत्व की आलोचना की आवश्यकता है, किन्तु यह आलोचना इस उद्देश्य से की जाये कि वह अपनी वास्तविक भूमिका निभाये, इस उद्देश्य से नहीं कि उससे काँग्रेस के अन्दर एकता के तत्त्व कमज़ोर हों।

(5) काँग्रेस में यह सम्भावना थी कि वह अपने संगठन तथा कार्यक्रम में परिवर्तन-संशोधन करके साम्राज्यवाद विरोधी जन मोर्चे के वास्तविक रूप को ग्रहण कर सके।

(6) मज़दूरों, किसानों, युवाओं इत्यादि के जन संगठन तैयार किये जायें तथा उन्हें काँग्रेस के साथ सम्बद्ध करने की कोशिश की जाये।

(7) काँग्रेस के जनतन्त्रीकरण की माँग की जाये।

(8) पूर्ण स्वराज्य, नागरिक स्वतन्त्रता (हड़ताल के अधिकार सहित), दमनकारी क़ानूनों के निरस्तीकरण, राजनीतिक क़ैदियों की मुक्ति, मज़दूरों के अधिकारों की सुरक्षा (आठ घंटे के दिन सहित), किसानों के लगान में पाँच प्रतिशत छूट तथा ज़मींदारों और साहूकारों से उनकी ज़मीनों की सुरक्षा आदि के आधार पर काँग्रेस का न्यूनतम कार्यक्रम पेश किया जाये।

(9) यह प्रश्न भी उठाया जाये कि क्या अहिंसा को काँग्रेस का बुनियादी सिद्धान्त माना जाये, किन्तु यह ध्यान भी रखा जाये कि इस मुद्दे पर संयुक्त मोर्चा न टूटे।

(10) काँग्रेस समाजवादियों, ट्रेड यूनियनिस्टों, कम्युनिस्टों तथा वाम-काँग्रेसियों के वाम मोर्चे को एकजुट किया जाये और इस कार्य में काँग्रेस सोशलिस्ट पार्टी अपनी विशेष भूमिका निभा सकती है।

(11) वाम मोर्चे को 1935 के अधिनियम के तहत होने वाले आगामी चुनावों में अपने प्रत्याशी खड़े करने चाहिए और दूसरी ओर चुनावों में राष्ट्रीय मोर्चे के मत-विभाजन को रोकने की कोशिश करनी चाहिए।

(12) स्वतन्त्र भारत का संविधान बनाने के लिए संविधान सभा के नारे को केन्द्रीय नारे के रूप में पेश किया जाये।

दत्त-ब्रेडले थीसिस को भारतीय कम्युनिस्टों ने शीघ्र ही स्वीकार कर लिया और इसके सकारात्मक परिणाम भी शीघ्र ही सामने आये।[41] सी.एस.पी. की राष्ट्रीय कार्यकारिणी ने जो पहले से ही 'सातवीं कोमिन्टर्न' काँग्रेस के प्रभाव में थी, जनवरी 1936 में मेरठ में हुई बैठक में यह तय किया गया कि वह कम्युनिस्टों के सी.एस.पी. में प्रवेश पर लगाये औपचारिक प्रतिबन्ध को घटा देगी।

व्यक्तिगत स्तर पर अनुमति दी जायेगी।[42] यह प्रतिबन्ध मूल रूप से 1934 में लगाया गया था। उसके बाद कम्युनिस्ट, अप्रैल 1936 से सी.एस.पी. में आने लगे। इससे उन्हें काँग्रेस में भी प्रभावशाली ढंग से प्रवेश मिला।

जब अप्रैल 1936 में काँग्रेस का साधारण अधिवेशन हुआ और जिसकी अध्यक्षता पुनः जवाहरलाल नेहरू ने की तो उसमें वामपन्थ ने बड़े महत्त्वपूर्ण ढंग से अपनी उपस्थिति का अहसास कराया। नेहरू ने समाजवाद की बात की, व्यक्तिगत सम्पत्ति को समाप्त करने की ज़रूरत पर बल दिया; सिर्फ़ विशेष परिस्थितियों में ही उसकी अनुमति हो। उन्होंने सोवियत संघ की नयी सभ्यता का उल्लेख भी किया। हालाँकि, जो प्रस्ताव वामपन्थियों द्वारा पेश किये गये थे, जैसे—जन संगठनों की सम्बद्धता, 1935 के एक्ट के तहत सम्पन्न चुनावों के बाद मिले मन्त्रालयों का अस्वीकार, वर्किंग कमिटी का समानुपातिक चुनाव आदि, वे निरस्त तो कर दिये गये, किन्तु उक्त प्रस्तावों पर उन्हें सम्मानजनक मत मिले।[43] नेहरू ने वर्किंग कमिटी में पहली बार सी.एस.पी. के तीन नेताओं को शामिल किया। इनमें जयप्रकाश नारायण भी थे। उसी समय 'अखिल भारतीय किसान काँग्रेस' (बाद में काँग्रेस के स्थान पर सभा कर दिया गया था) तथा प्रगतिशील लेखक संघ की स्थापना लखनऊ में आयोजित सम्मेलनों में हुई।[44] इन दोनों संगठनों में कम्युनिस्ट मुख्य शक्ति के रूप में उभरे। उन्होंने राष्ट्रीय आन्दोलन को मज़बूत करते हुए किसानों तथा लेखकों को संगठित किया और अपना वैचारिक प्रभाव भी बढ़ाया। रायवादियों तथा कम्युनिस्टों ने दक्षिणपन्थी 'एटक' में रहते हुए दक्षिणपन्थी 'नेशनल ट्रेड यूनियन फ़ेडरेशन' के साथ समझौता किया, हालाँकि अपेक्षित विलय एटक के 1936 के नागपुर सम्मेलन के समय नहीं हो पाया था। वह दो वर्ष बाद हुआ।

जनता पर वामपन्थियों की पकड़ बढ़ती जा रही थी। 'आल इंडिया किसान सभा' की सदस्य संख्या में निरन्तर वृद्धि होती जा रही थी और यह तथ्य हड़तालों और जन आन्दोलनों में आने वाले उभार से पुष्ट हो रहा था। मई 1938 में कैमिला (बंगाल) में होने वाले सम्मेलन के समय 'अखिल भारतीय किसान सभा' की सदस्य संख्या पाँच लाख से ऊपर थी। अप्रैल 1939 में गया सम्मेलन के समय यह सदस्य संख्या आठ लाख तक पहुँच गयी थी। 1938 में 'अखिल भारतीय किसान सभा' ने लाल झण्डे का बैनर बनाया था। औद्योगिक विवादों के कारण काम के दिनों का नुक़सान होता है। इससे ट्रेड यूनियन की ताक़त का पता चलता है। 1935 में औद्योगिक विवादों के कारण काम के दिनों में होने वाले नुक़सान में कमी आयी थी और वे घटकर दस लाख से भी कम हो गये थे। किन्तु 1936 में बढ़कर

24 लाख हो गये और 1937 में लगभग 90 लाख तथा 1938 में 90 लाख से भी ज़्यादा हो गये।[45] जब 1937 में ग्यारह में से आठ प्रान्तों में काँग्रेस की सरकारें बनीं तब कम्युनिस्टों पर से प्रतिबन्ध हटा दिया गया। इससे भी उनके प्रभाव क्षेत्र में वृद्धि हई।

राष्ट्रीय संयुक्त मोर्चे में संकट (1938-39)

जनता में वामपन्थियों के प्रभाव में वृद्धि काँग्रेस के अन्दर वामपन्थियों की बढ़ती हुई ताक़त (विशेष रूप से ए.आई.सी.सी.) में व्यक्त हो रही थी। जब काँग्रेस ने 1937 के चुनावों की तैयारी शुरू की तो फ़ैज़पुर काँग्रेस (दिसम्बर 1936) में अनुमोदित घोषणापत्र का आधार कराची प्रस्ताव था जो स्पष्ट रूप से वामोन्मुखी था। 1939 में ए.आई.सी.सी. में बीस लोग घोषित रूप से कम्युनिस्ट थे। सी.एस.पी. के अन्दर भी कम्युनिस्टों का प्रभाव बढ़ रहा था। ई.एम.एस. नम्बूदरीपाद और सज़्ज़ाद ज़हीर सी.एस.पी. के संयुक्त सचिव थे। कम्युनिस्टों की सबसे बड़ी जीत 1939 के प्रारम्भ में सुभाषचन्द्र बोस का काँग्रेस के पुनः अध्यक्ष के रूप में चुना जाना था। सुभाषचन्द्र बोस काँग्रेस के ऐसे क्रान्तिकारी नेता रहे थे जिन्हें अपने स्वतन्त्र विचारों के लिए बड़ी क़ीमत चुकानी पड़ी थी। फासीवाद के प्रति उनका मोह अब जाता रहा था। उन्होंने 1938 में नेहरू के उत्तराधिकारी के रूप में काँग्रेस की अध्यक्षता ग्रहण की थी और उनकी वामोन्मुखी नीतियों को जारी रखा था। जनवरी 1939 में उन्होंने दोबारा चुनाव लड़ा और वे गाँधीजी के प्रत्याशी पट्टाभि सीतारमैया के 1,375 मतों के विरुद्ध 1,580 मतों से विजयी हुए। अख़बारों ने इसे वामपन्थ की जीत बताया और काँग्रेम में वामपन्थी प्रभाव के भारी उभार के रूप में रेखांकित किया।

किन्तु यह विजय अल्पकालिक रही। 1934 में गाँधीजी ने समाजवादी विचारों के प्रति अपनी अरुचि व्यक्त की। उन्होंने यह तो स्वीकार किया कि काँग्रेस के अन्दर समाजवादियों का प्रतिनिधित्व हो, लेकिन काँग्रेस पर उनका वर्चस्व उन्होंने कभी स्वीकार नहीं किया। जैसे-जैसे काँग्रेस के अन्दर वामपन्थियों का प्रभाव बढ़ता गया, वैसे-वैसे गाँधीजी की दक्षिणपन्थियों के प्रति सहानुभूति मुखर होने लगी। हालाँकि उन्होंने नेहरू के साथ अपने सम्बन्धों को बराबर बनाये रखा। अधिकांश की नज़रों में नेहरू वामपन्थियों के महत्त्वपूर्ण नेता थे।

जब काँग्रेस ने चुनाव लड़ने तथा मन्त्रालय स्वीकार करने का फ़ैसला लिया तो प्रत्याशियों के चयन तथा मन्त्रालयों के नियन्त्रण का फ़ैसला एक संसदीय बोर्ड को सौंप दिया गया। उस संसदीय बोर्ड के सभापति वल्लभभाई पटेल तथा

राजेन्द्र प्रसाद उनके सहयोगी सदस्य थे। यह पूरी तरह से दक्षिणपन्थी समिति थी। कम्युनिस्टों का प्रत्याशी के रूप में चयन नहीं किया गया था। यहाँ तक कि एटक से जुड़े एकमात्र प्रत्याशी जोगलेकर को भी समर्थन नहीं दिया गया। इससे क्षुब्ध होकर डांगे ने काँग्रेस से इस्तीफ़ा दे दिया।[46] काँग्रेस को मन्त्रालय गठित हो जाने के बाद सी.एस.पी. ने उनके साथ काम करने से मना कर दिया। इसका परिणाम यह हुआ कि काँग्रेस मन्त्रालयों पर दक्षिणपन्थ के प्रतिनिधियों का वर्चस्व हो गया। अब यह एक विचारणीय मुद्दा है कि क्या उस समय वामपन्थ द्वारा अपने आपको अलग रखना सही निर्णय था।

जब मन्त्रालयों ने काम करना शुरू किया तो उनके तथा वामपन्थी संगठनों, जैसे–किसान सभा और एटक के बीच तनाव बढ़ने लगा। यह संकट बिहार में उपस्थित हुआ। सुप्रसिद्ध वामपन्थी किसान नेता स्वामी सहजानन्द सरस्वती ने बिहार की 'प्रदेश काँग्रेस कमेटी' की वर्किंग कमेटी से इस्तीफ़ा दे दिया, ताकि वे स्वतन्त्र रूप से भू-स्वामियों के हितों को खुलेआम समर्थन देने वाली सरकार के विरुद्ध किसान संघर्ष को नेतृत्व दे सकें। यहाँ तक कि उक्त सन्दर्भ में नेहरू भी गाँधीजी और दक्षिणपन्थियों के साथ ऐसी आशंका व्यक्त कर रहे थे कि किसान सभाएँ काँग्रेस को अन्दर से कमज़ोर कर रही हैं। सितम्बर 1938 में गाँधीजी ने काँग्रेस की सफ़ाई का प्रस्ताव पेश किया। उनके निशाने पर सीधे-सीधे वामपन्थी थे। दिल्ली में सम्पन्न ए.आई.सी.सी. की बैठक में उसी महीने काँग्रेस मन्त्रालयों से यह आग्रह किया कि हिंसात्मक उपायों द्वारा वर्ग संघर्ष चलाने वालों के साथ सख़्ती से निबटा जाये। लगभग उसी समय मिल मालिकों के प्रभाव के तहत बम्बई सरकार ने बम्बई इंडस्ट्रियल डिस्प्यूट्स बिल पेश किया। उसके विरुद्ध मज़दूर संगठनों ने एकजुट होकर 7 नवम्बर 1938 को आम हड़ताल आयोजित की।[47] इन टकरावों के कारण वामपन्थियों और दक्षिणपन्थियों के बीच सम्बन्ध उत्तरोत्तर तनावपूर्ण होते चले गये। इसी आधार पर सुभाषचन्द्र बोस काँग्रेस के त्रिपुरी सत्र (मार्च 1939) से पहले चुनावों में अपनी जीत के लिए समर्थन जुटाने में कामयाब रहे। किन्तु कम्युनिस्ट और समाजवादी दोनों ही दक्षिणपन्थियों के साथ पूरी तरह सम्बन्ध विच्छेद के पक्ष में नहीं थे, क्योंकि इससे 'नेशनल फ्रंट' ख़त्म हो जाता। इसीलिए जब दक्षिणपन्थियों ने त्रिपुरी में एक प्रस्ताव के तहत सुभाषचन्द्र बोस द्वारा गाँधीजी की 'इच्छाओं' की अधीनता स्वीकार करने की बात की थी तो सी.एस.पी. तथा कम्युनिस्टों ने उस प्रस्ताव का विरोध नहीं किया ताकि संयुक्त मोर्चे के बीच टूटन पैदा न हो। सुभाष बाबू ने (जिन्हें गाँधी और नेहरू दोनों का विरोध झेलना पड़ा था) इस्तीफ़ा दे दिया। उसके बाद वे

और उनके अनुयायी जो फॉरवर्ड ब्लॉक के रूप में संगठित थे, अलग-थलग पड़ गये और जुलाई 1939 के बाद अनुशासनात्मक कारणों के आधार पर, काँग्रेस से बाहर कर दिये गये। हालाँकि थोड़े समय के लिए फॉरवर्ड ब्लॉक, रायवादी, सी.एस.पी. और कम्युनिस्टों की एक समन्वय समिति भी बनी थी।

दक्षिणपन्थ के दबाव के तहत वाम एकता में और भी टूटन आने लगी। एम.एन. राय की एक समझ यह थी कि काँग्रेस के भीतर रहते हुए काम करना चाहिए। वस्तुतः यह नीति सातवीं कोमिन्टर्न काँग्रेस में पहले ही पारित हो चुकी थी। किन्तु अब उनका सुझाव भी उत्तरोत्तर दक्षिणपन्थ की ओर हो रहा था। उन्होंने 1937 में अपने अनुयायियों से सी.एस.पी. से त्याग-पत्र देने तथा किसान सभाओं का विरोध करने का आग्रह किया था। बोस के अनुयायियों की नियति को देखकर सी.एस.पी. को लगा कि कहीं उनका हश्र भी वैसा ही न हो और मसानी और लोहिया ने जब मई 1939 में इस मुद्दे पर दबाव डाला तो उसने भी कम्युनिस्टों की सफ़ाई शुरू कर दी। अगले साल के मई माह तक कम्युनिस्टों को निकाल दिया गया किन्तु उस प्रक्रिया में सी.एस.पी. की सदस्यता को भारी नुक़सान हुआ। केरल की सी.एस.पी. जिसका नेतृत्व पी. सुन्दरैया और सी. राजेश्वर राव कर रहे थे, एक तरह से कम्युनिस्टों की प्रादेशिक इकाइयों में बदल गयीं।[48] कम्युनिस्टों ने प्रमुख संगठनों, जैसे—एटक, आल इंडिया किसान सभा तथा आल इंडिया स्टूडेंट्स फेडरेशन पर क़ब्ज़ा कर लिया जो अभी तक सी.एस.पी. के प्रभाव में थे।

हालाँकि कम्युनिस्ट पार्टी वामपन्थियों के सभी समूहों के बीच से एक बड़ी ताक़त के रूप में उभरकर आयी, किन्तु आपसी मतभेदों के कारण साम्राज्यवाद विरोधी राष्ट्रीय मोर्चा बहुत कमज़ोर हो गया। हमें यह याद रखना चाहिए कि उक्त मोर्चा इसलिए भी कमज़ोर हुआ कि दक्षिणपन्थ ने क्रान्तिकारी शक्तियों के बढ़ते प्रभाव को ख़त्म करने के लिए सब कुछ दाँव पर लगा दिया।[49]

साम्राज्यवादी युद्ध से लोक युद्ध तक (1939-42)

जब 3 सितम्बर 1939 को द्वितीय विश्वयुद्ध शुरू हुआ तो उसे लेकर भारतीय राष्ट्रीय आन्दोलन में मतभेद हो गये। एक ओर भारत के शासक के रूप में अंग्रेज़ों के प्रति घृणा थी, दूसरी ओर मानवता के शत्रुओं के रूप में नाजियों का विरोध था। काँग्रेस के मन्त्रालयों को 'पार्टी हाईकमान' की ओर से यह निर्देश मिला कि वे इस्तीफ़ा दे दें, क्योंकि ब्रिटिश सरकार ने बिना भारतीय जन प्रतिनिधियों के सलाह-मशविरे के भारत को युद्ध में घसीट लिया। इसलिए काँग्रेस शासित प्रदेशों

में प्रत्यक्ष की घोषणा कर दी गयी। इस सबके बावजूद काँग्रेस ने यह प्रस्ताव रखा कि यदि उन्हें कुछ ठोस रियायतें मिलें तो काँग्रेस युद्ध के दौरान ब्रिटिश सरकार का सहयोग कर सकती है। इन प्रस्तावों के जवाब में उन्हें अस्पष्ट से आश्वासन मिले जैसा कि 17 अक्टूबर 1939 के वायसराय के वक्तव्य तथा 8 अगस्त 1940 के 'अगस्त प्रस्ताव' से स्पष्ट है। ब्रिटिश सरकार के रुख़ से यह साफ़ ज़ाहिर था कि उनकी चिन्ता का विषय युद्ध था। इसकी क़ीमत पर वह कोई भी रियायत देने की तैयार नहीं थी। अतः काँग्रेस को विवश होकर गाँधीजी के नेतृत्व में अक्टूबर 1940 से व्यक्तिगत नागरिक अवज्ञा अभियान चलाना पड़ा। सरकार ने बड़ी तादाद में गिरफ़्तारियाँ कीं और मई 1941 तक क़रीब बीस हज़ार लोगों को जेल में डाल दिया।

कम्युनिस्ट पार्टी ने कोमिन्टर्न के रुख़ के मुताबिक़ युद्ध को अन्तर-साम्राज्यवादी युद्ध माना।[50] इससे पहले म्यूनिख षड्यन्त्र (1938) हो चुका था। उसके जवाब में रूस ने जर्मनी के साथ 'अनाक्रमण सन्धि' (1939) की थी। ऐसी स्थिति में यह ज़रूरी था कि अपनी साम्राज्यवादी शक्ति का विरोध करने के लिए 'नेशनल फ्रंट' की नीति को जारी रखा जाता। पुरानी वाम एकता की नीति को अब दोबारा लागू नहीं किया जा सकता था, क्योंकि सी.एस.पी. का रुख़ लगातार रूस विरोधी होता जा रहा था। सुभाषचन्द्र बोस से व्यक्तिगत स्तर पर कुछ लोगों के सम्बन्ध रहे थे और इस बात के सबूत हैं कि 1940 की गर्मियों में भारत से रूस तक बच निकलने में कुछ कम्युनिस्टों ने उनकी मदद की।[51] इसके साथ ही, काँग्रेस द्वारा मन्त्रालयों से त्याग-पत्र देने और ब्रिटिश शासन सीधे तौर पर लागू होने के बाद कम्युनिस्टों पर 1934 वाला प्रतिबन्ध पुनः लगा दिया गया। गिरफ़्तारी और जेल से बचने के लिए उनका लुका-छिपी का खेल पुनः शुरू हो गया। मई 1941 तक कम्युनिस्टों के ज़्यादातर नेता अपनी 5,000 की विशाल सदस्य संख्या के साथ जेल में थे। जैसा कि महासचिव पी.सी. जोशी ने 1942 में नोट किया : 'इस सबका परिणाम यह हुआ कि हालाँकि ऊपरी तौर पर नेशनल फ्रंट बना रहा, लेकिन वह आगे न बढ़ सका।'[52] उसकी वास्तविक स्थिति सन्देहास्पद ही थी। उसका यदि अस्तित्व रहा भी तो महज़ कम्युनिस्टों की वजह से।

नाजी जर्मनी ने 22 जून 1941 को सोवियत यूनियन पर आक्रमण किया। इससे युद्ध का पूरा स्वरूप ही बदल गया। किन्तु अन्य कम्युनिस्ट पार्टियों से अलग होकर, भारत की कम्युनिस्ट पार्टी का नेतृत्व (जिसका बड़ा हिस्सा जेल में था) अपने आपको इसके लिए तैयार करने में बड़ी कठिनाई का अनुभव कर रहा था कि विश्व स्तर पर बने संयुक्त मोर्चे के सदस्य के रूप में इंग्लैंड को मान्यता

कैसे दे, क्योंकि लम्बे अरसे से वह इसके विरोध में था। इस स्थिति में स्वभावतः ब्रिटेन की कम्युनिस्ट पार्टी ने भारत की कम्युनिस्ट पार्टी से अपनी नीति में बदलाव करने का प्रस्ताव रखा। अक्टूबर 1941 में आर.पी. दत्त ने एक लेख भी लिखा, 'ए पॉलिसी फॉर दि इंडियन पीपुल'। बहरहाल, दिसम्बर में देवली कैम्प में बन्द कम्युनिस्ट नेताओं ने एक 'जेल डॉक्यूमेंट' भी तैयार किया। उस दस्तावेज़ में उन्होंने ज़ोरदार तर्कों के साथ अपनी नीति को बदलने और युद्ध को 'लोक युद्ध' के रूप में मान्यता देने की बात कही थी।[53] उसी माह युद्ध में जापान के प्रवेश करने तथा दक्षिण-पूर्व एशिया में उसको शीघ्र मिलने वाली सफलताओं के कारण भारत को भी युद्ध के मुहाने पर लाकर खड़ा कर दिया था। इसके कारण नीति में बदलाव की ज़रूरत और भी उग्र हो गयी थी।

काँग्रेस के नेतृत्व ने अपनी नीति में पहले से ही बदलाव कर लिया था। सरकार को दिसम्बर 1941 में काँग्रेस के सभी महत्त्वपूर्ण नेताओं को जेल से रिहा करना पड़ा था। उसके बाद बारदोली में उनका एक अधिवेशन हुआ और उसमें उन्होंने एक प्रस्ताव पारित करते हुए यह लक्षित किया कि 'विश्वयुद्ध' में नयी स्थिति पैदा हो गयी है। उसके साथ ही भारत का दृष्टिकोण भी बदला है और वे युद्ध में स्वतन्त्र और स्वाधीन भारत की ओर से 'मित्र राष्ट्रों' के सहयोग को तैयार हैं। काँग्रेस द्वारा अनुमोदित उक्त प्रस्ताव ने क्रिप्स मिशन (मार्च-अप्रैल) की भूमिका तैयार की जिसके तहत 'डोमीनियम स्टेट्स' देने की पेशकश की गयी जिसका अभिप्राय था साम्राज्य से अलग होने का अधिकार, संविधान सभा, प्रान्तों को आत्मनिर्णय का अधिकार, अल्पसंख्यकों की सुरक्षा; किन्तु सब युद्धोपरान्त। फ़िलहाल हस्तान्तरण को मुल्तवी कर दिया गया था। आख़िरी मुद्दे पर काँग्रेस के साथ वार्ता टूट गयी।

इसी बिन्दु से काँग्रेसी नेतृत्व ने ब्रिटिश सरकार से अपनी टकराव की नीति अपनायी और 8 अगस्त 1942 को ए.आई.सी.सी. की बैठक में 'भारत छोड़ो' का प्रस्ताव पारित किया गया। हालाँकि जर्मनी तथा जापान के साथ अपने विरोध को छोड़ने की कभी उन्होंने घोषणा नहीं की। कम्युनिस्टों ने प्रस्ताव का विरोध किया, किन्तु उन्हें केवल 13 मत मिले। उनकी समझ एशियाई ताक़तों को पराजित करने की प्राथमिक आवश्यकता पर आधारित थी। अतः उन्होंने अन्तरराष्ट्रीयतावाद का नारा दिया। नेहरू ने यह स्वीकार किया कि गाँधी द्वारा ब्रिटिश सरकार के ख़िलाफ़ एक नये आन्दोलन का दबाव इस बात का प्रतीक था कि अन्तरराष्ट्रीयतावाद पर राष्ट्रवाद की विजय हुई है।[54] ऐसा लगता है कि जर्मन वोल्गा के किनारे सोवियत रक्षा पंक्तियों को तोड़ने को सन्नद्ध हैं तथा जर्मनी

में मिस्र की सीमाओं पर ब्रिटिश साम्राज्य को ख़तरा पैदा कर रखा था; जापान ने भारत की पूर्वी सीमाओं पर उसकी घेराबन्दी कर रखी है। उक्त परिप्रेक्ष्य में गाँधीजी ने यह महसूस किया कि ख़तरे से घिरे संयुक्त मोर्चे का सदस्य ब्रिटेन शीघ्र ही काँग्रेस से समझौते के लिए विवश होगा।[55] स्वयं प्रस्ताव में यह कहा गया था कि काँग्रेस इस बात के लिए चिन्तित है कि चीन और रूस की सुरक्षा में किसी भी प्रकार की कोई बाधा उत्पन्न न हो। नेहरू ने कहा है कि गाँधी और आज़ाद दोनों ने ही (अध्यक्ष के रूप में) अपने अन्तिम भाषणों में समझौते के लिए बलपूर्वक अपनी इच्छा व्यक्त की और फौरी कार्यवाही के बजाय उन्होंने 'बातचीत' के मार्ग के बारे में विचार किया था।[56] किन्तु ब्रिटिश सरकार ने व्यापक पैमाने पर धरपकड़ करके स्थिति को उग्र बना दिया तथा गिरफ़्तारियों के विरुद्ध होने वाले सहज प्रतिरोध का हिंसात्मक रूप से दमन किया। तभी घटनाओं ने नाटकीय मोड़ लिया। लाल सेना ने 1942-43 की सर्दियों में स्टालिनग्राद पर अपनी ऐतिहासिक विजय हासिल की और ब्रिटिश सरकार अपने साम्राज्य की सुरक्षा की चिन्ता से मुक्त हो गयी। अब वह युद्ध के दबाव में भारतीयों की किसी भी माँग को मानने के लिए विवश नहीं थी। इस परिस्थिति में भारत छोड़ो आन्दोलन से भारत को कोई लाभ होने वाला नहीं था।

कम्युनिस्टों के भारत छोड़ो प्रस्ताव के विरोध को आधार बनाकर काँग्रेस ने मामलों के निष्कासन की मुहिम छेड़ दी। उसके बाद भी उनकी देशभक्ति पर प्रश्न-चिह्न लगाया जाता रहा है, किन्तु इसमें कोई शक नहीं कि यदि फासीवाद, की पराजय उस समय की ज़रूरत थी, तो कम्युनिस्टों के तत्कालीन रुख़ को श्लाघनीय ही कहा जायेगा।

लोक युद्ध के सन्दर्भ में गठित संयुक्त मोर्चा (1942-45)

22 जुलाई को वैधता मिलने (जिसके लिए ब्रिटिश सरकार से बातचीत होनी ही थी) तथा भारत छोड़ो प्रस्ताव के बाद कम्युनिस्ट पार्टी पुराने नेशनल फ्रंट में से अकेली ऐसी पार्टी रह गयी थी जिसे दमन झेलना नहीं पड़ा। ब्रिटिश सरकार के प्रति उसने टकरावपूर्ण नहीं, स्वतन्त्र दृष्टिकोण अपनाया। इसने काँग्रेस क़ैदियों को रिहा करने और राष्ट्रीय सरकार के गठन की माँग को बदस्तूर बनाये रखा। पार्टी की केन्द्रीय समितियों द्वारा 19 सितम्बर 1942 को जो प्रस्ताव पारित किया, उसमें यह माँग रखी गयी कि ब्रिटिश सरकार यह माने कि—

> वह भारत छोड़ो प्रस्ताव के बाद जनता और काँग्रेस पर दमन बन्द करेगी। महात्मा गाँधी तथा अन्य काँग्रेसी नेताओं को रिहा करेगी, काँग्रेस से अपना प्रतिबन्ध हटायेगी

और अस्थायी राष्ट्रीय सरकार के गठन के सिलसिले में बातचीत शुरू करेगी। ब्रिटिश सरकार के राज्य सचिव अमेरी के प्रस्ताव को भी जिसमें ग़ैर-काँग्रेसी दलों के गठबन्धन की बात कही गयी थी, पूरी तरह निरस्त कर दिया गया था (*पीपुल्स वार* का सम्पादकीय, 18 अक्टूबर 1942)।

अतः कम्युनिस्टों ने जहाँ काँग्रेस के असहयोग का विरोध किया, वहीं उसने ब्रिटिश सरकार की दमनात्मक नीति का भी विरोध किया। ये राजनीतिक रुझान थे, किन्तु व्यवहार में कम्युनिस्टों ने ब्रिटिश अधिकारियों के साथ खुले तौर पर कोई सहयोग नहीं किया।[57] उन्होंने ट्रेड यूनियनों, किसान सभाओं का गठन किया। सीमित रूप से ही, वे जनता की दैनिक समस्याओं को लेकर भी संघर्ष करते रहे। इस स्थिति में वे क़ानूनी तौर पर आम आदमी के एकमात्र प्रवक्ता बन गये। जहाँ उन्होंने 'कोई हड़ताल नहीं' का नारा दिया, वहीं उन्होंने जमाख़ोरों के विरुद्ध अभियान चलाये और उचित राशन-वितरण के लिए भी आन्दोलन किये। सीधे किसानों को सम्बोधित करते हुए उन्होंने 'ज़्यादा अन्न उगाओ' जैसे अभियानों के लिए भी प्रयास किये। राहत कार्यक्रम भी आयोजित किये गये। इनमें सर्वाधिक प्रमुख 1943-44 में 'बंगाल के अकाल' के सन्दर्भ में आयोजित राहत कार्यक्रम था।

इस प्रकार की जनवादी गतिविधियों के साथ-साथ मार्क्सवादी साहित्य का भी व्यापक पैमाने पर प्रचार-प्रसार किया गया। ग़ौरतलब है कि अब उसके वितरण पर प्रतिबन्ध नहीं था। इस सबसे कम्युनिस्ट पार्टी का भारी विकास हुआ। जून 1945 में एक गोपनीय सरकारी रिपोर्ट के मुताबिक पार्टी की सदस्य संख्या 30,000 तक पहुँच गयी थी। 1942 में यह सदस्य संख्या 5,000 थी। इसकी ट्रेड यूनियन की सदस्य संख्या क़रीब 50,000 थी। अब वह दस साप्ताहिक पत्र प्रकाशित करती थी और उसका मुखपत्र *पीपुल्स वार* की 25,000 से 30,000 तक प्रतियाँ प्रकाशित होती थीं। उसी रिपोर्ट में यह भी दर्ज किया था कि विद्यार्थियों में भी इसका प्रभाव बढ़ रहा है। यह प्रभाव किसानों में भी बढ़ रहा था।[58]

हालाँकि पार्टी 1930 के उत्तरार्द्ध में बने नेशनल फ्रंट के सभी घटकों से अलग-थलग पड़ गयी थी, लेकिन उसने उक्त उपलब्धियाँ अर्जित कीं। काँग्रेस का एक बड़ा धड़ा इसलिए पार्टी से दूर हो गया था, क्योंकि नेहरू के शब्दों में वह 'राष्ट्रवादी शक्तियों के हर अच्छे-बुरे काम में साथ नहीं थे।' जैसे भारत छोड़ों आन्दोलन में उन्होंने उनका साथ नहीं दिया था।[59] पुराने वामपन्थी सहयोगियों जैसे सी.एस.पी. के साथ पार्टी के सम्बन्ध विशेष रूप से कटुतापूर्ण हो गये थे। इन्हें कम्युनिस्ट विध्वंसक मानते थे क्योंकि वे ब्रिटिश सरकार के विरुद्ध चलने

वाले सशस्त्र संघर्ष को सहयोग कर रहे थे। फॉरवर्ड ब्लाक के कार्यकर्ताओं को भी गद्दार मानते थे, क्योंकि वे सुभाषचन्द्र बोस का समर्थन कर रहे थे जो जापान के सहयोग से आई.एन.ए. को पुनर्गठित करने का प्रयास कर रहे थे। एम.एन. राय को भी वे गद्दार कहते थे और उन्होंने उनकी इस राय को ब्रिटिश सरकार की गोद में जाकर पूर तरह सही साबित कर दिया।

भारत छोड़ो प्रस्ताव से पहले भी ऐसा ही अलगाव हो गया था जिसके कारण नेशनल फ्रंट का एक नया स्वरूप उभरकर आया था और वह था काँग्रेस मुस्लिम लीग गठजोड़ जिसका कम्युनिस्ट पार्टी के साथ मित्रतापूर्ण सहयोग था। इस नयी स्थिति के सम्बन्ध में *पीपुल्स वार* में एक आलेख के रूप में महत्त्वपूर्ण वक्तव्य प्रकाशित हुआ। वह वक्तव्य उसी दिन प्रकाशित हुआ जिस दिन भारत छोड़ो प्रस्ताव पारित हुआ था।[60]

हमें यह याद रखना चाहिए कि साम्प्रदायिक समस्या के सम्बन्ध में कम्युनिस्टों की समझ वही थी जो काँग्रेस के अन्दर वामपन्थ की थी। 1928 में ही कम्युनिस्टों के नेतृत्व में गठित 'वर्कर्स एंड पीजेंट्स पार्टी' ने हालाँकि साम्प्रदायिक समस्या के उस समाधान को स्वीकार कर लिया था जिसे 'आल पार्टीज़ रिपोर्ट' (जो एम.ए. जिन्ना द्वारा ख़ारिज कर दी गयी थी) में प्रस्तावित किया गया था, तथापि उसका यह तर्क था कि यह प्रश्न इतना महत्त्वपूर्ण नहीं है कि उस पर इतना ध्यान दिया जाये, चूँकि हमारा अनुभव इस बात का साक्षी है कि जनसाधारण में साम्प्रदायिकता की कोई भावना नहीं है।[61] अतः उसका मानना था कि जैसे ही जनता की आर्थिक माँगें सामूहिक संघर्ष के द्वारा पूरी होंगी तो उसके साथ ही साम्प्रदायिकता की समस्या भी तिरोहित हो जायेगी। मुस्लिम लीग को एक ऐसी उपयुक्त पार्टी समझा गया जिसमें रहकर कम्युनिस्ट काम कर सकें। हसरत मोहानी को इसी आधार पर पार्टी से निष्कासित कर दिया गया था। 1937-38 में काँग्रेस द्वारा संचालित मुस्लिम जन सम्पर्क अभियान में कम्युनिस्टों ने सक्रिय भाग लिया था। इसके कारण मुस्लिम लीग ने कम्युनिस्टों का कठोर विरोध किया था।

अब अधिकारी को समझ यह थी कि परिस्थितियाँ बदल गयी हैं। जब से मुस्लिम लीग ने यह प्रचार अभियान चलाया था कि काँग्रेस के मन्त्रित्व में मुसलमानों को दुर्व्यवहार झेलना पड़ा है, मुस्लिम लीग का मुसलमानों में भारी प्रभाव बढ़ा और 1940 के लाहौर प्रस्ताव के साथ ही, जो पाकिस्तान की माँग का बुनियादी आधार बना, लीग ने विभाजन को एक ऐसे प्रस्ताव के रूप में स्वीकार किया जिसके बिना वह किसी भावी संवैधानिक संशोधन करने को तैयार नहीं थी।

ब्रिटिश सरकार के सहयोग और प्रोत्साहन के कारण (उदाहरण के लिए, ब्रिटिश सरकार के सहयोग के तहत अल्पमत वाली मुस्लिम लीग एन.डब्ल्यू.एफ.पी. तथा असम में मन्त्रालय बना सकी थी) काँग्रेस ने उसका संगठित स्तर पर वैचारिक और राजनीतिक विरोध नहीं किया था। वस्तुतः काँग्रेस का नेतृत्व सभी स्तरों पर युद्धकाल में प्रायः जेलों में बन्द रहा।[62] स्पष्ट है कि लीग की ताक़त बढ़ जाने पर उसके साथ संवाद स्थापित करना ज़रूरी हो गया। यहाँ तक कि कम्युनिस्टों ने यह सही प्रस्ताव रखा कि काँग्रेस और लीग को एक-दूसरे के निकट आना चाहिए और लीग को एक राजनीतिक दल के रूप में कुछ छूट भी देनी चाहिए। वस्तुतः काँग्रेस ने अपना यह दृष्टिकोण 1944 के गाँधी-जिन्ना वार्ता के बाद अपना लिया था।

किन्तु अधिकारी का लेख और सी.पी.आई. के नीतिगत वक्तव्य और भी आगे चले गये। उनमें यह स्थापित किया गया कि मुस्लिम लीग का रूपान्तरण हो गया है और 1938 से वह निम्न-मध्य वर्गीय मुस्लिम जनता की साम्राज्यवाद विरोधी भावनाओं की प्रवक्ता बन गयी है तथा लीग का सामन्ती-प्रतिक्रियावादी नेतृत्व अब औद्योगिक पूँजीपति नेतृत्व में रूपान्तरित हो गया है। अतः उसकी भूमिका अब साम्राज्यवाद विरोधी हो गयी है। वस्तुतः वर्गीय दृष्टि से और साम्राज्यवाद विरोध के सन्दर्भ में उसे काँग्रेस के समकक्ष ठहराया गया। दोनों दलों को 'नयी राष्ट्रीय एकता' के सन्दर्भ में क़रीब आने के लिए कहा गया। इस प्रकार के सन्दर्भ में काँग्रेस का धार्मिक पूजा-अर्चना की स्वतन्त्रता तथा अल्पसंख्यकों की सुरक्षा का कार्यक्रम अपर्याप्त था। अब काँग्रेस को आत्मनिर्णय के अधिकार को भी स्वीकार करना अनिवार्य था। पाकिस्तान की माँग को सही ठहराया गया। इसके साथ ही, सिन्धी, बलूची, पठान तथा पंजाबी राष्ट्रीयताओं की अपने को अलग करने की माँग को सही ठहराया गया। आगामी रिपोर्ट (सितम्बर 1942) में अधिकारी ने उक्त सन्दर्भ में मार्क्सवादी-लेनिनवादी दृष्टिकोण का हवाला दिया। उन्होंने विशेष रूप से स्टालिन के उक्त सन्दर्भ को उद्धृत किया जिसमें उन्होंने कहा था कि भारत में क्रान्तिकारी उथल-पुथल के दौरान दर्जनों ऐसी अज्ञात राष्ट्रीयताएँ उभरेंगी जिनकी अपनी भाषाएँ और अपनी संस्कृतियाँ होंगी।[63] इस उद्धरण को प्रायः पाकिस्तान की माँग का औचित्य सिद्ध करने के लिए उद्धृत किया गया। हालाँकि वास्तविकता यह है कि स्टालिन ने कभी भी भाषायी राष्ट्रीयता से (जैसे-पंजाबी मुस्लिम, बंगाली मुस्लिम) धार्मिक राष्ट्रीयता की निर्मिति की अवधारणा पेश नहीं की थी। इस तथ्य को भी नज़रअन्दाज़ किया गया।[64]

अधिकारी की इस थीसिस को सी.पी.आई. ने मई 1943 में सम्पन्न होने वाली अपनी काँग्रेस में एक राजनीतिक प्रस्ताव पारित कर अपनी सहमति की मुहर लगा दी, हालाँकि प्रस्ताव की भाषा अपेक्षाकृत सन्तुलित थी।[65] किन्तु इससे कुछ व्यावहारिक समस्याएँ तात्कालिक रूप से खड़ी हो गयीं। अब कम्युनिस्टों को लीग के अन्दर काम करना था, जैसा कि उन्होंने काँग्रेस के अन्दर रहकर किया था। उनसे यह अपेक्षा थी कि वे अब लीग के कार्यकर्ताओं के बीच प्रगतिशील विचारों का प्रचार-प्रसार करेंगे तथा जून (मई) 1945 में शायद इसी आधार पर जेड.ए. अहमद ने जवाहरलाल नेहरू को आश्वस्त किया था कि लीग के अन्दर प्रगतिशील शक्तियाँ तेज़ी से पनप रही हैं।[66] राष्ट्रीयता का यह आवरण भी उस समय खिसक गया जब 1946 के चुनावों में कम्युनिस्ट पार्टी ने उन सभी मुस्लिम सीटों पर जहाँ उसके अपने उम्मीदवार नहीं थे, सभी प्रतिद्वन्द्वी उम्मीदवारों के विरुद्ध (काँग्रेस समेत) मुस्लिम लीग के उम्मीदवारों को अपना समर्थन दिया, चाहे उन उम्मीदवारों का चुनाव क्षेत्र उत्तर-पश्चिम के मुस्लिम राष्ट्रीयता वाले इलाक़े में है या नहीं।[67] अतः हर जगह कम्युनिस्ट और उनके समर्थक मुस्लिम और ग़ैर-मुस्लिम के बीच विभक्त हो गये। यह स्थिति मुसलमानों के बीच प्रगतिशील विचारों के प्रचार-प्रसार की दृष्टि से घातक सिद्ध हुई। वस्तुतः, अनेक कम्युनिस्ट और प्रगतिशील लोग जो लीग में काम कर रहे थे, हमेशा के लिए कम्युनिस्ट आन्दोलन छोड़कर चले गये।

शायद यह अधिकारी की थीसिस का ही विस्तार था जब दिसम्बर 1945 में पार्टी ने सिखों के लिए सिखस्तान की अपनी योजना की घोषणा की और इस तरह पंजाब को तीन राष्ट्रीयताओं में विभाजित कर दिया।[68] सौभाग्य से पाकिस्तान के रास्ते पर बढ़ने की तुलना में यह एक अल्पकालिक विचलन था।

साम्राज्यवाद तथा साम्प्रदायिकता विरोधी संघर्ष, 1945-47

जब दूसरा विश्वयुद्ध समाप्ति की ओर था और ध्रुवीय शक्तियों का पतन होने ही वाला था तो यह स्पष्ट था कि अब कम्युनिस्ट लोक युद्ध की अपनी रणनीति से पुनः साम्राज्यवाद विरोधी संघर्ष की रणनीति पर आरूढ़ होंगे। दिसम्बर 1945 में सी.पी.आई. की केन्द्रीय समिति ने भारत में युद्धोतर काल को सत्ता संघर्ष का अभूतपूर्व अवसर बताया।[69] लाल सेना की सफलता, पूर्वी यूरोप के देशों का साम्राज्यवादी तन्त्र से मुक्त होना, चीन में पीपुल्स लिबरेशन आर्मी की ताक़त, दक्षिण-पूर्व एशिया में सशस्त्र स्वाधीनता संघर्ष तथा साम्राज्यवादी देशों की जनता की चेतना पर साम्राज्यवाद की पकड़ ढीली होने से साम्राज्यवाद की नैतिक और

भौतिक शक्ति का क्षरण हुआ। अतः भारत में भी साम्राज्यवाद विरोधी संघर्ष उग्र हुआ। मार्क्सवाद की भी पुनः पुरानी समझ की ओर वापसी हो रही थी अर्थात् यह माना जाने लगा था कि भू-स्वामियों और रजवाड़ों की साम्राज्यवाद के साथ गहरी साँठ-गाँठ है और पूँजीपति वर्ग में भी समझौतावाद की प्रवृत्ति है, बड़े ब्रिटिश पूँजीपतियों तथा उनके हिन्दुस्तानी भाइयों के बीच शीघ्र ही गठबन्धन की सम्भावना देखी जा रही थी।

अतः राष्ट्रीय संघर्षों के साथ-साथ किसानों और मज़दूरों के आर्थिक संघर्षों को भी जोड़ा जाये। अब 'हड़ताल नहीं के दौर' की समाप्ति की घोषणा कर दी गयी थी। इस सन्दर्भ में कम्युनिस्टों की भूमिका को बलपूर्वक रेखांकित करते हुए इस दौर को 'काँग्रेस लीग एकता' के बजाय 'संयुक्त राष्ट्रीय मोर्चा' के रूप में परिभाषित किया गया।[70]

कम्युनिस्ट पार्टी ने आई.एन.ए. के मुक़दमे के दौरान अपनी शक्ति का शानदार प्रदर्शन किया। लोक युद्ध काल में आई.एन.ए. के अपने विरोध को भुलाकर उसने आई.एन.ए. के सैनिकों को सामान्य राष्ट्रवादी भावना के अनुरूप स्वाधीनता संग्राम के सेनानी ही माना। फ़रवरी 1946 में औद्योगिक मज़दूरों की हड़तालों के साथ विद्यार्थियों की हड़तालों को साथ-साथ चलाया गया था। इनके साथ ही बम्बई में नौसेनिक विद्रोह (18-23 फ़रवरी) भी प्रस्फुटित हुआ। काँग्रेस, लीग तथा कम्युनिस्ट झण्डे नौसेना के जहाज़ों और उनके अड्डों पर फहराये गये। कम्युनिस्टों द्वारा नौसैनिकों के समर्थन में आयोजित औद्योगिक मज़दूरों की हड़ताल ने बम्बई के जनजीवन को गतिहीन बना दिया था। सैकड़ों लोग ब्रिटिश सेना की टुकड़ियों और पुलिस के साथ संघर्ष करते हुए मारे गये। ये घटनाएँ राष्ट्रीय आन्दोलन के इतिहास में अपना अक्षुण्ण महत्त्व रखती हैं। चूँकि इन्होंने हमें स्वाधीनता के बहुत क़रीब ला दिया था।

कम्युनिस्टों के नेतृत्व में आर्थिक संघर्ष और भी तेज़ हुए। 1944 में बंगाल में शुरू हुआ तेभागा आन्दोलन जो लगान को पैदावार का एक-तिहाई करने के उद्देश्य से शुरू किया गया था, आगामी तीन वर्षों में बंगाल के बहुत से इलाक़ों में फैल गया। 1944-46 में महाराष्ट्र में वर्ली आदिवासियों ने बेगार, ऊँचे लगान तथा सूदख़ोरी के ख़िलाफ़ हड़तालें कीं। अक्टूबर 1946 में त्रावणकोर-कोचीन के मज़दूरों ने राज्यव्यापी हड़ताल की और आन्दोलन को एक तेज़ राजनीतिक धार दी। वहाँ सेना ने सैकड़ों स्वयंसेवकों को गोली से उड़ा दिया। उन शहीदों को आज पुन्नप्रा-वयलार शहीदों के नाम से जाना जाता है। जुलाई 1946 में निज़ाम और उसके ज़मींदारों के ख़िलाफ़ तेलंगाना आन्दोलन शुरू हुआ,

जो 1951 तक चला। यह आन्दोलन भारतीय इतिहास में किसानों का सबसे बड़ा सशस्त्र संग्राम था।

कम्युनिस्टों ने शेख़ अब्दुल्ला की नेशनल कान्फ्रेंस (मई 1946) के नेतृत्व में चलाये 'क्विट कश्मीर' आन्दोलन में भी भागीदारी की।[71]

कुछ अपवादों को छोड़कर (जैसे—आई.एन.ए. का आन्दोलन तथा कश्मीर छोड़ो आन्दोलन) उक्त सभी कार्यवाहियाँ कम्युनिस्टों के नेतृत्व में सम्पन्न हुईं। इन संघर्षों और आन्दोलनों को काँग्रेस और मुस्लिम लीग का समर्थन नहीं मिला। अंग्रेज़ों नेतृत्व के पास भारतीय जनता के बीच अपने व्यापक जनाधार का बल था और उसी के आधार पर वह स्वतन्त्रता की बात करना चाहता था। मुस्लिम लीग के सीमित साम्प्रदायिक उद्देश्य थे। वह अपने पाकिस्तान के नारे पर बल दे रहा था। 1946 में सीमित मताधिकार के आधार पर हुए चुनावों में साधारण चुनाव क्षेत्र में काँग्रेस का तथा मुस्लिम-बहुल चुनाव क्षेत्रों में मुस्लिम लीग का वर्चस्व था। प्रान्तीय विधानसभा चुनावों में कम्युनिस्टों को सिर्फ़ 2.5 प्रतिशत मत मिले। शिमला सम्मेलन और कैबिनेट मिशन (1946) के आधार पर बनी योजनाओं और प्रति-योजनाओं के तहत सी.पी.आई. के लिए मुस्लिम लीग के रुख़ को समर्थन देना मुश्किल था। इससे यह स्पष्ट था कि मुस्लिम लीग का नेतृत्व पहले की तरह ही प्रतिक्रियावादी था। आर.पी. दत्त ने अपने एक लेख 'फ़्रीडम फ़ॉर इंडिया' (1946) में भी इसी तथ्य को रेखांकित किया था। उन्होंने तत्कालीन लीग के नेतृत्व को बड़े मुस्लिम भू-स्वामियों से निर्मित बताया था।[72] यह समझ 1942 में उक्त नेतृत्व के बारे में अधिकारी के विवेचन से पूरी तरह भिन्न थी। ज़मीनी सच्चाई पाकिस्तान के प्रश्न पर पुनर्विचार की माँग करती थी। रजनी पाम दत्त ने अपनी पुस्तक *इंडिया टुडे* के 1947 वाले संस्करण में समग्रता के साथ विचार किया है। वे राष्ट्रीयता के किसी भी सिद्धान्त के तहत पाकिस्तान की अवधारणा को उचित नहीं मानते।[73] वे अपने इन विचारों को पहले ही *लेबर मन्थली* के (मार्च 1946) अंक में प्रकाशित कर चुके थे। उनके इन विचारों के प्रति पार्टी ने मौन ही धारण किया था।[74] किन्तु कालान्तर में उनके लेखन ने यक़ीनन प्रभाव डाला होगा। अगस्त 1946 की केन्द्रीय समिति के प्रस्ताव पर उस प्रभाव को लक्षित भी किया जा सकता है।[75]

विभाजन से पहले और विभाजन के दौरान होने वाले साम्प्रदायिक दंगों ने काँग्रेस और लीग के बीच के अन्तर को कोई ज़्यादा स्पष्ट नहीं किया था। निस्सन्देह काँग्रेस के अन्दर साम्प्रदायिक भावनाओं का उभार हो रहा था, किन्तु गाँधीजी ने जिस बहादुरी के साथ साम्प्रदायिक हिंसा से हिन्दुओं और मुसलमान

दोनों को बचाया, उसका कोई जोड़ लीग के पास नहीं था। कम्युनिस्टों का जनता में व्यापक जनाधार नहीं था, न प्रभाव था। फिर भी, उन्होंने इस दौर में साम्प्रदायिकता के विरुद्ध जो लड़ाई लड़ी, वह राष्ट्रीय आन्दोलन में उनके योगदान का एक शानदार अध्याय है। उनके इस योगदान को समुचित महत्त्व नहीं मिला है।

जब 'माउंटबेटन अवार्ड' की घोषणा हुई तो पार्टी की केन्द्रीय समिति ने यह प्रस्ताव दिया था कि वह जनतान्त्रिक आधार पर इंडियन यूनियन के राष्ट्रीय नेतृत्व को भारतीय गणराज्य के निर्माण के कार्य में पूरी तरह सहयोग करेगी। राष्ट्रीय नेतृत्व के सामने प्रस्तुत अपने कार्यक्रम में उसने जो माँगें रखीं, वे इस प्रकार हैं : 'मुसलमानों के धार्मिक और सांस्कृतिक अधिकारों की पूर्ण सुरक्षा। मुसलमानों के विरुद्ध नौकरियों अथवा अन्य किसी क्षेत्र में कोई भेदभाव न हो। आर.एस.एस. जैसे संगठनों का तिरस्कार, जो मुसलमानों को भारतीय संघ में विजातीय घोषित करते हैं।'[76]

भारत में बढ़ते साम्प्रदायिक उन्माद तथा बल्लभभाई पटेल के नेतृत्व में काँग्रेस के अन्दर मज़बूत होते दक्षिण पन्थ के मद्देनज़र सी.पी.आई. ने नेहरू को, जो जनता की आवाज़ थे, अपना समर्थन दिया तथा उनके और समाजवादियों (अक्टूबर 1947) के साथ संयुक्त मोर्चा बनाने की आवश्यकता पर बल दिया। अगले महीने बिगड़ते हुए हालात से भयभीत होकर पार्टी ने नेहरू को अपना सहयोग देने का प्रस्ताव रखा और सरकार के प्रगतिशील पुनर्संगठन की आवश्यकता पर बल दिया। 30 जनवरी 1948 को गाँधीजी की हत्या का सबसे गहरा आघात कम्युनिस्टों को लगा था और उन्होंने ही साम्प्रदायिक ताक़तों के विरुद्ध कार्यवाही की माँग को लेकर सबसे ज़्यादा दृढ़ता दिखाई थी।

15 अगस्त 1947 को स्वतन्त्रता मिलने के बाद यह दौर पूरा हुआ। नेहरू की सरकार को स्थायित्व मिल गया था। बड़े पूँजीपतियों, भू-स्वामियों तथा साम्राज्यवादी अवशेषों के विरुद्ध संघर्ष के बड़े मुद्दे सामने थे। 1 दिसम्बर 1947 से पी.सी. जोशी के स्थान पर बी.टी. रणदिवे का अधिक क्रान्तिकारी नेतृत्व आ गया था। प्रकारान्तर से नयी परिस्थितियों के साथ सामंजस्य बिठाने की आवश्यकता महसूस की जा रही थी। राष्ट्रीय आन्दोलन अपने उद्देश्यों को पूरा कर चुका था और अब एक नयी नीति के निर्माण की आवश्यकता थी। ज़ाहिर है कि स्वतन्त्रता तो मिली, किन्तु सत्ता सम्पत्तिशाली वर्गों के हाथों में चली गयी। अभी भी साम्राज्यवादियों का प्रभाव शेष था। कम्युनिस्टों ने दृढ़ निश्चय किया कि वे स्वतन्त्र भारत के उस सपने को साकार करने के लिए संघर्ष करते रहेंगे जिसे चरितार्थ करने की प्रतिज्ञा राष्ट्रीय आन्दोलन ने जनता के सम्मुख की थी।

वे इस संघर्ष को जारी रखने की प्रक्रिया में अपने उस योगदान को भी भूल गये जो उन्होंने स्वयं स्वाधीनता पाने के लिए किया था। मैंने अपनी क्षमता और योग्यता के अनुसार इस सन्दर्भ में रिकॉर्ड को दुरुस्त करने की कोशिश की है। मैं कम्युनिस्ट आन्दोलन के असंख्य सदस्यों और मित्रों के योगदान को याद करते हुए उन सभी को कृतज्ञतापूर्वक श्रद्धांजलि अर्पित करता हूँ।

सन्दर्भ

1. 1853 का महत्त्वपूर्ण 'फ़्यूचर रिजल्ट्स ऑफ़ ब्रिटिश रूल इन इंडिया'। इसी से मैंने उद्धरण दिया है तथा 1857 के विद्रोह के सम्बन्ध में लिखे लेख *कार्ल मार्क्स एंड एंगेल्स, दि फर्स्ट इंडियन वार ऑफ़ इंडिपेंडेंस, 1857-59* में संकलित हैं। (अदिनांकित)
2. एडवर्ड डब्ल्यू, सईद *ओरिएंटलिज़्म,* विंटेज बुक्स, न्यूयॉर्क, 1979, पृ. 153-57 सईद का मार्क्स सम्बन्धी अध्ययन उतना ही सीमित है जैसे उनकी आत्मविश्वास से भरी टिप्पणियाँ। उदाहरण के लिए सईद मार्क्स के 1857 के सम्बन्ध में लिखे लेखों से अवगत नहीं हैं।
3. उद्धृत द्वारा पी.सी. जोशी तथा के. दामोदरन, *मार्क्स कम्स टू इंडिया,* दिल्ली, 1975, पृ. 2
4. *पावर्टी एंड अनब्रिटिश रूल इन इंडिया,* दिल्ली, 1962, पृ. 184
5. देखें, मार्क्स का 19 फ़रवरी 1891 को एन.वाई. डेनियलन्सन को लिखा पत्र। मार्क्स एंड एंगेल्स, *आन कालोनियलिज़्म* में प्रकाशित, मास्को, अदिनांकित, पृ. 304। 1880 के नौरोजी के मैमारेंडम के वक्तव्यों से जो *पावर्टी एंड अनब्रिटिश रूल इन इंडिया* में प्रकाशित हुए, तुलना करें, पृ. 176, 182-83
6. विलियम जे. फोस्टर, *हिस्टरी ऑफ़ थ्री इंटरनेशनल्स,* I दिल्ली (1956), पृ. 216-18
7. वी.आई. लेनिन, *सेलेक्टिड वर्क्स,* लारेंस एंड विशार्ट, लन्दन, 1953, IV, पृ. 297-304
8. लेनिन की वह टिप्पणी याद आती है जो उन्होंने छह वर्ष बाद, 1914 में की थी कि आयरलैंड का मुक्ति आन्दोलन जो बुर्जुआ आन्दोलन था और जब उसने क्रान्तिकारी रूप ग्रहण किया तो मार्क्स को भी आयरिश स्वतन्त्रता का समर्थन करना पड़ा था। *दि राइट ऑफ़ नेशन्स टू सेल्फ़ डिटरमिनेशन,* वही, पृ. 278
9. वही, पृ. 299-300
10. वही, पृ. 278
11. माओ जे दोंग, 'आन दि पीपुल्स डेमोक्रेटिक डिक्टेटरशिप', *सेलेक्टिड वर्क्स,* पीकिंग, 1969, IX, पृ. 413
12. यह थीसिस लेनिन के *सेलेक्टिड वर्क्स,* X, लन्दन, 1946, पृ. 231-38 में प्रकाशित है। उनके भाषण के लिए भी देखें, वही, पृ. 239-44
13. सभी उद्धरण लेनिन के भाषण से दिये गये हैं, पूर्वोक्त, एम.एन. राय की पूरक थीसिस (इसे कोमिन्टर्न द्वारा भी स्वीकार कर लिया गया था) में बुर्जुआ जनतान्त्रिक राष्ट्रीय आकांक्षाओं को लेनिन की तुलना में अधिक आलोचनात्मक दृष्टिकोण

के साथ प्रस्तुत किया गया था। किन्तु जैसी कि ई.एच. कार ने टिप्पणी की है, व्यावहारिक रूप से इस पर ज़्यादा ध्यान नहीं दिया गया *दि बोल्शेविक रिवोल्यूशन,* 1917-23, पेंग्विन बुक्स, 1953, III, पृ. 253-60

14. जे.वी. स्टालिन, *वर्क्स,* मास्को, 1954, VII, पृ. 141। वस्तुतः स्टालिन ने उपनिवेशों में 'वर्कर्स एंड पीजेंट्स पार्टी, बनाने की आवश्यकता पर बल दिया था। ये मध्य वर्ग के अन्तर्गत कम्युनिस्ट और क्रान्तिकारी तत्त्वों के प्रतिनिधि थे (वही, पृ. 149-51)। आदित्य मुखर्जी ने *स्टडीज़ इन हिस्टरी,* III (1-2, 1981) में टेक्स्ट को समीचीन ढंग से प्रस्तुत नहीं किया है। देखें 'विशेषांक', इसके याद यह *लेफ्ट इन इंडिया,* बिपन चन्द्र, में प्रकाशित हुआ। देखें बिपन चन्द्र (सं.), नयी दिल्ली, 1981, पृ. 28 तथा टिप्पणी।
15. बिपन चन्द्र, *दि राइज एंड ग्रोथ ऑफ़ इकोनॉमिक नेशनलिज़्म इन इंडिया : इकोनॉमिक पॉलिसीज ऑफ़ इंडियन नेशनल लीडरशिप,* 1880-1905, नयी दिल्ली, 1966
16. देखें, गंगाधर अधिकारी (सं.) *डॉक्यूमेंट्स ऑफ़ दि हिस्टरी ऑफ़ दि कम्युनिस्ट पार्टी ऑफ़ इंडिया,* II, दिल्ली, 1974, पृ. 431-35
17. जवाहरलाल नेहरू, *एन ऑटोबायोग्राफी,* लन्दन, 1942, पृ. 362-63
18. इसके साथ 1935 में नेहरू की भी सहमति थी 'भारतीय राष्ट्रीय आन्दोलन स्पष्टतः कोई श्रमिक अथवा सर्वहारा का आन्दोलन नहीं है। यह बुर्जुआ आन्दोलन है जैसा कि इसके नाम से ही प्रकट है और इसका लक्ष्य भी सामाजिक परिवर्तन नहीं, अपितु राजनीतिक स्वाधीनता प्राप्त करना है।' (*ऑटोबायोग्राफ़ी,* पृ. 366) 1924 में राय की तुलना में स्टालिन का दृष्टिकोण अधिक उदार था. उन्होंने भारत और चीन के राष्ट्रीय आन्दोलनों के बारे में कहा था कि मुक्ति की दिशा में उनका प्रत्येक क़दम, चाहे वह औपचारिक जनतन्त्र की माँगों के विरुद्ध हो जाता हो, साम्राज्यवाद पर भारी प्रहार है; निश्चित ही क्रान्तिकारी क़दम है (फ़ाउंडेशंस ऑफ़ लेनिनिज़्म इन ज़े. स्टालिन; *वर्क्स,* VI, पृ. 149)।
19. गुलाम हुसैन ने प्रत्यक्षतः अपने भावी आचरण के सन्दर्भ में सभी शर्तों को मान लिया था। अतः उन्हें रिहा कर दिया गया था।
20. आदित्य मुखर्जी, *दि लेफ्ट इन इंडिया* (सं.), बिपन चन्द्र, पृ. 1-40
21. *डॉक्यूमेंट्स ऑफ़ दि कम्युनिस्ट पार्टी ऑफ़ इंडिया* (सं.) गंगाधर अधिकारी, II, (1923-25), पृ. 661-70
22. 21 फ़रवरी 1929 को भारत सरकार ने सभी प्रान्तीय सरकारों को एक नीतिगत पत्र जारी किया जिसमें उसने यह सन्देह व्यक्त किया कि नेहरू जैसे काँग्रेसी कम्युनिस्टों के साथ, जो कलकत्ता और बम्बई के औद्योगिक मज़दूरों के बीच सक्रिय हैं, अस्थायी रूप से गठजोड़ कर सकते हैं। जूडिथ ब्राउन ने *गाँधी एंड सिविल डिसओवीडिएंस* (कैम्ब्रिज, 1977) में पत्र के टेक्स्ट को प्रस्तुत किया है। देखें, पृ. 60
23. मेरठ मुक़दमे से पहले के पेपर्स के लिए देखें, सुबोध राय, *कम्युनिज़्म इन इंडिया,* अनपब्लिश्ड डॉक्यूमेंट्स, 1925-1934, कलकत्ता, 1972-1980, पृ. 89, 163। ब्रिटिश मूवमेंट के तीन क़ैदियों में से लेस्टर हचिंसन के बारे में यह स्थापित नहीं किया जा सकता है कि वे ब्रिटिश कम्युनिस्ट पार्टी के औपचारिक रूप से सदस्य थे।

24. *डॉक्यूमेंट्स* के लिए देखें, वही, पृ. 470-76 तथा 1935 में प्रतिबन्ध के तहत अहमदाबाद में कम्युनिस्टों की गिरफ़्तारी के लिए पृ. 445-59
25. *डॉक्यूमेंट्स ऑफ़ दि हिस्टरी ऑफ़ दि सी.पी.आई.*, II (सी), 1928, पृ. 628
26. जॉन पैट्रिक हैथोक्स से तुलनीय *कम्युनिज़म एंड नेशनलिज़म इन इंडिया।* उक्त प्रश्न के सन्दर्भ में कोमिन्टर्न की छठी काँग्रेस में हुए वाद-विवाद के संक्षिप्त रूप के लिए देखें, *एम.एन. राय एंड कोमिन्टर्न पॉलिसो*, प्रिंस्टन, 1971, पृ. 108-28
27. जवाहरलाल नेहरू, *ऑटोबायोग्राफ़ी*, पृ. 197 (एक कड़वी गोली)।
28. वही, पृ. 259
29. गाँधीजी के अपने समझौतापरक, अपितु एक संरक्षक के अन्दाज़ में दिये उत्तर के लिए देखें, *कलेक्टिड वर्क्स ऑफ़ गाँधीजी*, LXV, पृ. 298-300
30. सुबोध राय, *अनपब्लिश्ड डॉक्यूमेंट्स*, पृ. 389-91
31. *ऑटोबायोग्राफ़ी*, पृ. 361-69, पृ. 365-66
32. वही, पृ. 367
33. मूल प्रस्ताव तथा गाँधीजी का उस पर दिया भाषण देखें, *कलेक्टिड वर्क्स ऑफ़ महात्मा गाँधी*, LXV, पृ. 370-74। अपनी आत्मकथा (पृ. 166) में नेहरू ने यह ठीक ही कहा है कि प्रस्ताव में समाजवाद की अवधारणा प्रस्तुत नहीं की गयी है, किन्तु उनका यह वक्तव्य अति कथन है कि उक्त प्रस्ताव में निहित प्रत्येक चीज़ पूँजीवादी राज्य द्वारा आसानी से स्वीकार्य हो सकती है।
34. जॉन पैट्रिक हैथोक्स, *कम्युनिज़म एंड नेशनलिज़म इन इंडिया*, एम.एन. राय एंड कोमिन्टर्न पॉलिसी, पृ. 1920-39, प्रिंस्टन, 1931, पृ. 164, विशेष रूप से पृ. 225-30
35. भगवान जोश जैसे आलोचकों ने इस तथ्य की उपेक्षा की है, *लेफ्ट इन इंडिया*, पृ. 196। जोश यह भूल जाते हैं कि कम्युनिस्टों का जैसा उत्पीड़न हो रहा था, वैसा तो काँग्रेस के किसी भी वर्ग के लिए अकल्पनीय था।
36. गौतम चट्टोपाध्याय से तुलनीय, *सुभाष चन्द्र बोस एंड इंडियन कम्युनिस्ट मूवमेंट*, नयी दिल्ली, 1987, पृ. 10
37. जे.पी. हैथोक्स से तुलनीय, *कम्युनिज़म एंड नेशनलिज़म इन इंडिया*, पृ. 160-63, 180-84। उक्त विवरण में रायवादियों के प्रति स्पष्ट सहानुभूति झलकती है, जिन्होंने कम्युनिस्टों का विरोध किया था और एटक में दूसरी बार टूट पैदा की थी।
38. भगवान जोश ने इन पत्रों की अन्तर्वस्तु का जो विश्लेषण किया है, वह एकतरफ़ा है (*लेफ्ट इन इंडिया*, पृ. 167-74), हैथोक्स का विश्लेषण अधिक सन्तुलित है। देखें, पृ. 207-8
39. दिमित्रोव की रिपोर्ट की टेक्स्ट के लिए देखें, गंगाधर अधिकारी (सं.), फ्रॉम *पीस फ्रंट टू पीपुल्सवार*, बम्बई, 1944, पृ. 142-49. दिमित्रोव की रिपोर्ट को एक नयी टेक्निकल लाइन के रूप में देखा जाता था, किन्तु अब यह स्पष्ट रूप से लक्षित किया जा सकता है कि यदि उससे कहीं अधिक व्यक्त करती थी।

40. इस लेख का सम्पूर्ण पाठ सी.पी.एम. के मुखपत्र *दि मार्किसस्ट* के अक्टूबर 1995, मार्च 1996 अंक में प्रकाशित हुई है। देखें पृ. 53-66

41. दत्त-ब्रेडले थीसिस के बाद बनने वाली कम्युनिस्ट नीति की जो आलोचना भगवान जोश ने की है, उसका अपना अन्दाज़ है अर्थात् स्वतन्त्र रूप से कम्युनिस्ट पार्टी का निर्माण और संयुक्त मोर्चे का गठन दोनों काम एक साथ नहीं हो सकते थे, देखें *लेफ्ट इन इंडिया*, पृ.110। प्रकारान्तर से संयुक्त मोर्चे के काम को आगे बढ़ाने का अभिप्राय था कम्युनिस्ट पार्टी द्वारा आत्महत्या। संयुक्त मोर्चे की इस नयी नीति के तहत सी.पी.आई. ने 1936 तथा बाद के वर्षों में जो उपलब्धियाँ अर्जित कीं, जोश ने उनकी अनदेखी की है।

42. ई.एम.एस. नम्बूदरीपाद से तुलनीय *हाउ आई बिकेम ए कम्युनिस्ट*, त्रिवेन्द्रम, 1976, पृ. 204-6

43. उदाहरण के लिए ए.आई.सी.सी. के 225 सदस्यों ने मन्त्रालय पद को अस्वीकार करने के लिए मत दिया जबकि 487 सदस्यों ने इसके विरुद्ध।

44. ई.एम.एस. नम्बूदरीपाद, *हाउ आई बिकेम ए कम्युनिस्ट*, पृ. 207-10

45. ये आँकड़े रजनी पाम दत्त की पुस्तक *इंडिया टुडे* (बम्बई, 1947, पृ. 228-337) से लिए गये हैं।

46. भगवान जोश से तुलनीय, *लेफ्ट इन इंडिया*, पृ. 194-95

47. काँग्रेस मन्त्रालयों की श्रमिक कम्युनिस्ट तत्त्वों की घुसपैठ के भय से आक्रान्त थीं। इस सन्दर्भ में देखें, क्लाड मार्कोविट्स, *इंडियन बिज़नेसमेन एंड नेशनल पॉलिटिक्स*, 1931-39, कैम्ब्रिज 1985, पृ. 175-76

48. केरल में सी.एस.पी के रूपान्तरण के सन्दर्भ में देखें, ई.एम.एस. नम्बूदरीपाद, *दि नेशनल क्वेश्चन इन केरल*, बम्बई, 1952, पृ. 149

49. *इंडियन नेशनल मूवमेंट : दि लॉन्ग टर्म डायनेमिक्स*, दिल्ली, 1988 में बिपनचन्द्र ने भारतीय कम्युनिस्टों की यह कहकर आलोचना की है कि काँग्रेस के नेतृत्व के प्रति उनका रवैया पारस्परिक सद्भाव का नहीं था। उत्पल घोष ने उक्त आलोचना के प्रति अपना मौन भाव रखा है। देखें, *दि कम्युनिस्ट पार्टी ऑफ़ इंडिया*, 1937-47, कलकत्ता, 1996, पृ. 78-81। मैं भी उनसे सहमत हूँ।

50. जी. दिमित्रोव ने अपनी रिपोर्ट में बड़े अधिकार के साथ प्रतिपादित किया है। '*दि वार एंड दि वर्किंग क्लास*', 1939। जी. अधिकारी द्वारा सम्पादित, *फ्रॉम पीस फ्रंट टू पीपुल्स वार* में संकलित, पृ. 328-46

51. जी. चट्टोपाध्याय, *सुभाषचन्द्र बोस एंड दि इंडियन कम्युनिस्ट मूवमेंट*, पृ. 15-16

52. देखें गंगाधर अधिकारी (सं.), *फ्रॉम पीस फ्रंट टू पीपुल्स वार*, पृ. 368

53. उक्त दस्तावेज़ के संक्षिप्त रूप के लिए देखें उत्पल घोष, *दि कम्युनिस्ट पार्टी ऑफ़ इंडिया एंड इंडियाज फ्रीडम स्ट्रगल*, पृ. 145-50। बाद में छह महीने के इस विलम्ब की आलोचना सी.पी.आई. में अन्तरराष्ट्रीयतावाद के अभाव के रूप में की गयी। *कम्युनिस्ट का सम्पादकीय*, सं. 2, फ़रवरी 1949, पृ. 63

54. कुछ पंक्तियों के बाद वे लिखते हैं। 'गाँधीजी की सामान्य दृष्टि महत्त्वपूर्ण अन्तरराष्ट्रीय सोच की उपेक्षा करती प्रतीत होती है कि वह राष्ट्रवाद के संकीर्ण दायरे से बाहर नहीं आती। '*डिस्कवरी ऑफ़ इंडिया* चौथा संस्करण, लन्दन, 1956, पृ. 483
55. विलियम एल. शिरर से तुलनीय *दि राइज एंड फाल ऑफ़ थर्ड रीख*, न्यूयॉर्क, 1983, पृ. 1193। 1942 की ग्रीष्म ऋतु के अन्त तक एडोल्फ हिटलर एक बार फिर पूरी दुनिया के शिखर पर दिखाई पड़ता है।
56. *डिस्कवरी ऑफ़ इंडिया*, पृ. 487-89
57. इस सन्दर्भ में कम्युनिस्टों का स्वाभिमान, एम.एन. राय तथा उनके इंडियन फ़ेडरेशन ऑफ़ लेबर (जो नवम्बर 1941 में कम्युनिस्टों के नेतृत्व में गठित एटक के विरोध में स्थापित हुआ था) की तुलना में अपने आप में एक मिसाल था। 1944 में यह उद्घाटित हुआ कि रायवादी संस्था ब्रिटिश सरकार के अनुदान पर जीवित थी, देखें, जे.पी. हैथोक्स, *कम्युनिज़्म एंड नेशनलिज़्म इन इंडिया*, पृ. 297 तथा टिप्पणी।
58. शशि बैराठी, *कम्युनिज़्म एंड नेशनलिज़्म इन इंडिया*, ए स्टडी इन इंटररिलेशनशिप, 1919-47, दिल्ली 199-200 द्वारा उद्धृत।
59. देखें 28 जून (मई) 1945 को कम्युनिस्ट नेता जेड.ए. अहमद से नेहरू की बातचीत, *सेक्यूलर डेमोक्रेसी* में प्रकाशित, XXV (37), 1997, पृ. 19
60. *नेशनल क्वेश्चन इन इंडिया : सी.पी.आई. डॉक्यूमेंट्स*, 1942-47 में पुनर्मुद्रित, (इसके बाद नेशनल क्वेश्चन), (सं.) टी.जी. जेकाब, नयी दिल्ली, 1988, पृ. 16-28
61. देखें, गंगाधर अधिकारी (सं.), *डॉक्यूमेंट्स ऑफ़ दि हिस्टरी ऑफ़ सी.पी.आई.*, 117 सी (1928), पृ. 218
62. तुफ़ैल अहमद ने अपनी पुस्तक *मुसलमानों का रोशन मुस्तक़बिल* के परवर्ती संस्करण में राष्ट्रवादी मुसलमानों की दृष्टि से पाकिस्तान की माँग की आलोचना की है। उक्त पुस्तक मूल रूप से 1934 में प्रकाशित चौथा संस्करण 1944 तक। अली अशरफ़ द्वारा *टुवर्ड्स ए कॉमन डेस्टिनी*, नयी दिल्ली, 1944। शौकतुल्लाह अंसारी ने भी 1944 में अपनी पुस्तक *पाकिस्तान : दि प्रॉब्लम ऑफ़ इंडिया* प्रकाशित की थी।
63. स्टालिन, *वर्क्स*, VII, पृ. 141। अधिकारी की रिपोर्ट में उद्धृत नेशनल क्वेश्चन में पुनर्मुद्रित, पृ. 54
64. श्रीप्रकाश द्वारा स्टालिन की परिभाषा की आलोचना तर्कसंगत ढंग से नहीं की गयी है। देखें *लेफ्ट इन इंडिया*, पृ. 235। उक्त परिभाषा के अन्ध समर्थन में ही सी.पी.आई. ने पाकिस्तान के सम्बन्ध में अपना यह रुख़ नहीं अपनाया, अपितु पाकिस्तान के सम्बन्ध में वह अपनी धारणा पहले ही निर्धारित कर चुकी थी और उसके बाद उसे बल प्रदान करने के लिए उसने स्टालिन की परिभाषा की ग़लत व्याख्या की। ई.एम.एस. नम्बूदरीपाद ने अपनी पुस्तक *हिस्टरी ऑफ़ इंडियन फ़्रीडम स्ट्रगल* (कलकत्ता, 1972, पृ. 39) में पार्टी की पाकिस्तान नीति की संयमित आलोचना की है।
65. देखें *नेशनल क्वेश्चन*, पृ. 98
66. *सेक्यूलर डेमोक्रेसी*, XXV, (3), अप्रैल 1997, पृ. 22
67. *नेशनल क्वेश्चन*, पृ. 117

68. *नेशनल क्वेश्चन,* पृ. 126-27
69. वही, पृ. 159। पी. सुन्दरैया ने इस बैठक के विषय में कहा है कि उसमें केन्द्रीय समिति की युद्धकालीन सुधारवादी नीतियों में संशोधन किया गया था। *तेलंगाना पीपुल्स स्ट्रगल एंड इट्स लेसन्स,* कलकत्ता, 1972, पृ. 39
70. *नेशनल क्वेश्चन,* पृ. 177
71. पी. सुन्दरैया की पुस्तक *तेलंगाना पीपुल्स स्ट्रगल एंड इट्स लेसन्स* (कलकता, 1972) में उस आन्दोलन का विस्तृत ब्योरा है।
72. *नेशनल टुडे,* बम्बई, 1947, पृ. 378-91
73. *इंडिया टुडे,* बम्बई, 1947, पृ. 378-91
74. जावेद अशरफ़ से तुलनीय, देखें *सेक्यूलर डेमोक्रेसी,* मार्च 1997, पृ. 15-16। दत्त के लेख से असहमति पार्टी लेटर नं. 4 (मई 1946) में व्यक्त की गयी थी। उसमें से जे. अशरफ़ ने कुछ उद्धरण दिये हैं। देखें, वही, पृ. 18
75. सी.सी. अब पाकिस्तान के निर्माण को मुस्लिम बुर्जुआजी तथा सामन्ती तत्त्वों के निहित स्वार्थों का परिणाम मानती है। ये तत्त्व भारत के प्रशासन में अपना हिस्सा सुरक्षित करने के लिए साम्राज्यवाद के साथ समझौते का प्रयास कर रहे थे। उद्धृत द्वारा श्रीप्रकाश, *लेफ्ट इन इंडिया,* पृ. 254
76. *नेशनल क्वेश्चन,* पृ. 218-19। दस्तावेज़ में निस्सन्देह यह स्थापित किया गया था कि स्वतन्त्रता कामी साम्राज्यवाद विरोधी पाकिस्तानी जनता को भारत की तुलना में अधिक मुश्किल और ख़तरनाक स्थितियों को झेलना पड़ा। वही, पृ. 220